宁波文化研究工程·专门史研究

宁波对外贸易史

NINGBO DUIWAI MAOYISHI

刘恒武　白　斌　金　城　著

ZHEJIANG UNIVERSITY PRESS
浙江大学出版社

图书在版编目(CIP)数据

宁波对外贸易史 / 刘恒武,白斌,金城著. —杭州:
浙江大学出版社,2021.11
ISBN 978-7-308-21866-5

Ⅰ.①宁… Ⅱ.①刘… ②白… ③金… Ⅲ.①对外贸
易—贸易史—研究—宁波 Ⅳ.①F752.9

中国版本图书馆 CIP 数据核字(2021)第 213539 号

宁波对外贸易史

刘恒武　白　斌　金　城著

策划编辑	吴伟伟
责任编辑	陈　翩
责任校对	丁沛岚
封面设计	项梦怡
出版发行	浙江大学出版社
	(杭州市天目山路 148 号　邮政编码 310007)
	(网址:http://www.zjupress.com)
排　　版	浙江时代出版服务有限公司
印　　刷	杭州良诸印刷有限公司
开　　本	710mm×1000mm　1/16
印　　张	15
字　　数	260 千
版 印 次	2021 年 11 月第 1 版　2021 年 11 月第 1 次印刷
书　　号	ISBN 978-7-308-21866-5
定　　价	68.00 元

浙江大学出版社市场运营中心联系方式　(0571)88925591;http://zjdxcbs.tmall.com

目　录

绪　言

宁波,古称"明州",其港口起源则可追溯至位于姚江之滨的汉晋"句章"。明州以境内四明山为名,《诗·小雅·大东》云:"东有启明。"《左传·昭公二十八年》曰:"照临四方曰明。"句章之"章",通"彰",意为彰明、显著,《左传·襄公二十七年》"赏罚无章"一语疏曰:"章,明也。"可以说,宁波的两个古称——句章、明州,字虽异而义相同。古明州建城于中国东海之滨,立港于我国大陆东南沿海的最东端,是今苏浙闽粤地区最早看到启明星的州府级港城。由于地处整个东亚的十字路口,四明其地,交通八极,是人员、物品的集聚和散播之所;明州其城,照临四方,亦为思想、技术的交融与创生之所。

宁波地势坦阔,江河交错,其北、东、南三面临海,东侧海中有舟山列岛屏护,西端内陆有四明山枕靠,东南沿岸还有天台山系太白山支脉藩蔽。宁郡之山,东太白、西四明,《国语·周语》曰:"明,精白也。"太白西望四明,四明东眺太白,四明、太白之间,三江(甬江、余姚江、奉化江)贯流。可以说,浙东宁波各种地理要素俱全,山海江湖纵横西东,原谷林泉遍布南北。

先秦秦汉之际,四明有句章、鄞、鄮三邑,其中,"鄞"邑在南(今奉化白杜城山),赵晔《吴越春秋》曰:"县有赤堇山,故加邑为鄞。"顾祖禹《读史方舆纪要》亦云:"夏有堇子国,以赤堇山为名,加邑为鄞。"鄞邑邑名或源自赤堇山。若在"堇"的右侧添"力"旁,可得"勤"字;左侧加"言"旁,则为"谨"字。"勤谨"正是宁波人的精神品性。宁波一地,勤勉向学者甚众,专谨兴业者亦多,前者杰出代表当推王阳明、黄宗羲、朱舜水,后者卓越典型应举严信厚、虞洽卿、包玉刚。

贸易八方、兴业济众的道商传统,在宁波亦能寻绎到人文与地理的基因。早期四明三邑中的鄮,其邑名与鄞一样,也是宁波地名的专属用字,蕴含了宁波地域文化的源代码。关于鄮邑(县)地名的来源,南朝梁人顾野王的《舆地志》中言及"邑人以其海中物产于山下贸易,因名鄮县",由此可见,该地名缘于当地的山海贸易。根据宁波当地传说,商圣"陶朱公"范蠡亦曾在古鄮地附近的东钱湖一带留有行迹。

浙东是崇文之地,宁波乃重商之城。自古以来,凭借滨海港口优势,四明商贾周行天下,浙东财货流通四海。所谓甬上之商,背靠内陆,面向大海,若不探明宁波对外航海贸易的脉络,则无法弄清宁波商史的经纬,这正是本书的意义所在。

宁波对外贸易,肇始于秦汉。根据《汉书·地理志》《后汉书·东夷列传》记载,会稽海外岛邦"以岁时来献见",位于会稽海疆的句章、鄮县,正是两汉之际浙东与殊方跨海往来的门户。此外,汉交趾七郡与汉域北方之间有一条经由闽地东冶(今福州)北上的海上路线,浙东滨海城邑也可借此连通南海诸地。到了六朝时期,正如陆云所言,"(鄮县)东临巨海,往往无涯,泛船长驱,一举千里。北接青徐,南通交广,海物惟错,不可称名",宁波已是东海土物、南海珍货的荟萃之地。两晋南朝时期,一方面,百济故地出土的越窑青瓷,印证了海上陶瓷之路肇始,浙东青瓷外输朝鲜半岛;另一方面,宁波各地发现的胡人堆塑罐,反映出南海航路北延甬上,异域人物来航浙东。

唐五代处在宁波对外贸易由发展期向繁荣期过渡的阶段,晚唐时期的9世纪中叶,是这一过渡阶段的关键时间节点。唐商取代新罗海商,开始主导东亚海域,而明州则成为唐商最为重要的滨海据点。与此同时,越窑青瓷行销东南亚各地,并以室利佛逝(三佛齐)的港口为集散地输往印度洋周边地区。

宋元时期是宁波对外贸易的繁荣期。北宋初年,明州市舶司设立,掌控宋商赴日丽贸易,明州作为海丝东海航线枢纽港的地位随之确立,明州—博多航线成为东亚海域交通网络的主干道。往来于明州—博多、明州—开京之间的宋朝海商将瓷器、丝绸、书籍、铜钱、绘刻工艺品等物舶往日本、高丽,自日本运回木材、硫黄、砂金、漆器等日域货品,从高丽舶来高丽瓷器、锦绸、纸张以及各种海东方物。此外,由于明州诸港(含普陀山)地当东亚海航物流的十字路口,来自南海各地的香料、药材以及各种珠贝奇货也在这里集散。到了元代,庆元港(宁波)与泉州、广州并列为三大市舶港,庆元专通日本,成为对日贸易门户。日本方面以寺社为对元贸易主体,向庆元派遣造营料船进行交易,韩国西南木浦海域发现的新安沉船反映出元日之间造营料船航海贸易规模之大。

明清之际,宁波对外贸易进入低谷。有明一代,尽管宁波成为中日勘合朝贡贸易唯一的官方指定港口,但在明廷严控海疆的政策下,宁波更多地担当了海防重镇的角色。晚明时期,浙东民间通航列国的经济诉求与明廷安定海疆的行政意志之间的矛盾逐渐激化,纵横浙闽海上、亦商亦盗的武装私商集团应运而生,宁波沿海随之成为明军与私商集团的角逐之地,正常航海贸易荡然无存。清初,受到清廷迁海令的影响,浙东宁波航海贸易的基础一度遭到彻底摧毁。康熙开海之后,浙海关设于宁波,宁波再度成为浙江对外贸易的中枢。乾隆时期改为广州"一口通商",但宁波仍是对日"棹铜贸易"的口岸,该时期宁波—普陀—乍浦之间的港口联动值得关注。

鸦片战争之后,"五口通商"口岸之一的宁波,设立了浙江第一个近代化西式海关。宁波浙海关的成立与运作,促动了宁波对外贸易的近代化转型。之后,随着上海的崛起,宁波对外贸易及航海人才北徙沪上,而宁波口岸相当比例的外贸业务也转移至上海。20世纪早期,宁波对外贸易继续平稳发展,到了日寇侵华期间,陷入极度凋敝状态。中华人民共和国成立至今,以改革开放为关键节点,随着镇海与北仑的现代化大港建设以及宁波—舟山港口一体化,宁波对外贸易实现了飞跃性发展,步入了新的繁荣期。

考察宁波对外贸易发展的历史轨迹,其特质与精髓何在?在于"以文兴商,以商养文"。追溯浙东海上陶瓷之路开启之初,输出至朝鲜半岛百济地区的越窑青瓷多为贵族专用的精烧良品,具有鲜明的威权象征、文化彰示的意味。唐代明州与日本之间航路的开辟,肇始于鉴真东渡和日使来航,晚唐自明州赴日本的唐商与日僧之间多有诗文唱和。两宋之际,往来于明州—博多之间的海商在经营贸易的同时,或为官方传递消息、购买书籍,借此结识公卿文士;或为僧侣提供渡航之便、施助行旅之资,以期交好硕德学僧。此外,在江南禅茶文化越海东渐、浙东石刻技艺跨岸传播的过程中,明州赴日宋商也都发挥了关键作用。明代日本勘合贸易使团常以高僧大德为正使和要员,与登岸地宁波的地方文人多有诗文酬和。清代的宁波—长崎贸易中,书籍字画仍在大宗的舶载输出物品之列。

对于东亚汉字文化圈而言,海上丝绸之路东海航线不仅是一条越洋商贸路线,更应被视为一条跨海人文纽带。作为海上丝绸之路东海航线枢纽港的宁波,不仅是商贸航海、物流、运营的门户,也是文化创生、交融、传播的平台。因此可以说,宁波对外贸易的发展轨迹与浙东文化对外交流的历史脉络,彼此平行并且相辅相成。

第一章　宁波的港城环境与对外贸易基础

　　宁波位于中国大陆海岸线正中,是联结我国南北航线的重要节点。近代以前的港城宁波,主要利用甬江及其支流的岸线,东出大海,西入内陆。事实上,宁波海滨还拥有我国顶级的深水岸线,为现代港口建设提供了丰足的资源与空间。宁波之东的舟山列岛,既是宁波港的自然屏护,也是浙东通往外洋的天然"栈桥"。如此优越的海航条件,在整个东亚首屈一指。不唯具有得天独厚的海上交通区位优势,宁波与浙东以及江南内陆的水陆联系也十分便利。首先,宁波所在的四明地区三江贯流,甬江河道直通大海,两条支流——余姚江和奉化江,前者联通东西,后者贯穿南北,港汊沟渠勾连三江,河网水路覆盖全域。另外,浙东运河沿余姚江一线向西连接曹娥江,再向西直趋钱塘江,使宁波地区的内河交通网络延伸到了杭嘉湖、苏锡常地区。凭借四通八达的内河航运体系,港城宁波得以拥有包含着三个圈层的腹地:内圈是甬江流域,中圈包括其周边的台州、绍兴和舟山,外圈扩大至整个江南。港城区位、立港条件、水陆交通、经济腹地,宁波对外贸易发展的所有要件可谓齐备具足。

第一节　宁波的地理环境

　　人类进行的经济活动以地理环境作为基盘,地理环境既是经济生业的物质基础,也是商贸活动的承载空间。"百里不同风,千里不同俗"在某种层面上诠释了不同地理环境下经济状貌与人文传统的多样性。区域社会经济发展与其所在自然环境息息相关,尽管区域经济发展受到多种综合因素的影响,但毋庸置疑的是,特定地理环境在很大程度上规定了区域经济发展走向。

明州位于中国沿海中部,紧靠最发达的江南经济区,拥有繁荣的江南腹地。就交通而言,以明州为东端起点的浙东运河与长江水系和京杭大运河相连接,形成了便利的内河航运体系。不仅如此,这座港城还可以通过海上航线,联通日本、朝鲜和东南亚。宁波位于杭州湾南岸宁绍地区,这里甬江水系冲积平原、曹娥江冲积平原以及杭州湾南滩涂湿地连为一片,平原区面积4800多平方公里,为今浙江省第二大平原地带。宁波西与绍兴接壤,其南与台州毗连,其东则与舟山列岛隔海相望。需要指出的是,20世纪中叶以前,舟山一直是宁波的辖地,如果对宁波对外贸易的历史脉络进行梳理,就必须将舟山群岛纳入考察视域。

宁波境内西有四明山,东南为天台山系的支脉太白山,两山拱护的区域为甬江及其支流余姚江、奉化江的冲积平原,亦是宁波全域的核心地带,其东南部的东钱湖是浙江最大的淡水湖。宁波东有穿山半岛伸向大洋,穿山半岛是浙江大陆的最东端,其南与象山半岛隔海相望。自甬江冲积平原向北越过达蓬山、五磊山一线丘陵,即为杭州湾南岸海涂及滨海平原,钱塘—杭州湾的泥沙不断在此淤积,兼之历代拦海筑塘工程的影响,几千年来,杭州湾南海涂一直保持着向北扩展的趋势,滨海平原也随之扩大,此即宁波三北平原。

宁波枕山面海,湾多港深,岛礁棋布,大陆海岸线绵延漫长,长达780多公里,北起钱塘江口附近的余姚西三闸,南至三门湾内的宁海旗门港,自余姚经慈溪,向镇海、北仑一线南北延伸,再由鄞州经奉化,向象山、宁海湾岸东西迁绕。甬江口北,岸线平直,砂质和泥质海岸交杂,陆地开阔,滩涂宽广;甬江口南,岸线曲折,岩质与泥质海岸相间,港湾为丘陵环绕,岛屿如峰峦耸峙。[1]

就气候条件而言,宁波位于北半球中纬度地带,属亚热带季风气候区。夏冬季略长,春秋季稍短,四季分明。光照较多,热量充足,雨量丰沛,空气湿润。每年6月进入梅雨季节,7月"出梅",梅雨期大致持续1个月。常见灾害性天气为台风,年均2～4次,夏季时有暴雨,台风和暴雨会带来洪水和

---

[1]　宁波市地方志编纂委员会编:《宁波市志》,北京:中华书局,1995年版,第155页。

宁波象山海滨

咸潮灾害。[①]　在如此优良的光热条件下,宁波地区生态环境极佳,草木种类丰富,阔叶树种有樟、槭、枫杨、栎、朴等,针叶树种有松、柏、杉等,另外,竹林、灌木密布,植被茂盛。

由此可见,宁波以山海为经,以江湖为纬,平原延伸其里,丘陵错综其间。复杂多样的地理环境与水文条件为栖居于此的人们提供了丰富的生产和生活资源,山民植茶采笋,海人渔捞晒盐,平原百姓则以稻蔬桑麻为生息之本。事实上,早在距今 8000 年前,宁波就有了水稻栽培活动,与之相伴随的是河海渔捞,由于既位于江南,又处在滨海,因此,宁波先民"饭稻鱼羹"且追鲛寻贝,其生业形态兼具水乡与海疆的特征。

第二节　历史上宁波的人口情况

古代衡量区域社会经济发展,往往以人口数量为重要指标。一般来说,

---

　　① 宁波气象志编纂委员会编:《宁波气象志》,北京:气象出版社,2001 年版,第 62—63 页。

传统农业时期,区域人口增长加快,意味着农业生产发展和经济繁荣。人口因素始终处于变化状态,一种社会经济结构形态的形成,在很大程度上受到人口因素的影响。[①] 换言之,人口增长意味着劳动力增多,意味着在经济生产中将会有很多劳动力投入生产中,而扩大了的生产规模需要有与之相匹配的生产组织形式。葛剑雄指出,"人口是社会、自然和人类本身能动作用的复杂产物,人口数量的重要意义在于,它集中反映了人类利用自然条件、从事物质生产、通过一定的社会结构实行管理和控制的能力"[②]。

先秦时期的人口文献有限,因而,相关考察只能从汉代着手。西汉初期,宁波地区属于吴王刘濞辖域,为会稽郡属县,会稽郡内平均每县有 3.9 万余人。[③] 据此推之,句章、鄞、鄮三县合计应有 10 万余人。东汉顺帝永和年间,会稽郡辖 14 县,平均每县 3.4 万余人。[④] 相比西汉初年,东汉时期会稽郡人口呈下降趋势。

三国两晋,战乱频仍,对整个社会冲击尤为剧烈;豪强割据,导致户籍混乱,编户锐减。直到刘宋时期,江南户数才有所恢复,刘宋大明八年(464),会稽领县十,每县平均 3.4 万余人。[⑤] 据此可以推测,经过南朝初期的休养生息,人口呈现出增长态势,浙东滨海的句章、鄮、鄞三县人口数量或已回归至东汉水平。

据《隋书·地理志》载,大业五年(609),会稽郡(越州)统县四,户 2 万余。[⑥] 隋朝时期每户人均口数在 5 人左右。[⑦] 隋末天下大乱亦波及宁波,因而人口有一定程度的损失。

唐天宝元年(742),明州计有 4.2 万余户,人口 20 万余人。[⑧] 但是,安史之乱波及江南社会,导致浙东出现人口下降态势,明州编户不满万户。不

---

①　傅筑夫:《人口因素对中国社会经济结构的形成和发展所产生的重大影响》,《中国社会经济史研究》1982 年第 3 期。

②　葛剑雄:《中国人口发展史》,福州:福建人民出版社,1991 年版,第 9 页。

③　[汉]班固:《汉书》卷二八《地理志上》,北京:中华书局,1962 年版,第 1590—1592 页。

④　[南朝宋]范晔:《后汉书》卷二二《郡国四》,北京:中华书局,1973 年版,第 3486—3490 页。

⑤　[南朝梁]沈约:《宋书》卷三五《州郡一》,北京:中华书局,1974 年版,第 1030—1040 页。

⑥　[唐]魏徵:《隋书》卷三一《地理志》,北京:中华书局,1982 年版,第 877—879 页。

⑦　冻国栋:《中国人口史》(第二卷),上海:复旦大学出版社,2005 年版,第 54 页。

⑧　张剑光:《唐五代江南工业布局研究》,南京:江苏古籍出版社,2003 年版,第 31—34 页。

过,有学者认为元和户数仅指两税法税户,并非当时全部户数,浙东地区户数下降的主要原因,是频繁民变导致政府控制力削弱。① 中唐以后,两浙地区人口数量与密度一直保持到唐末,有些州人户还有所上升。②

吴越钱氏纳土归宋后,太宗太平兴国三年(978),权知两浙诸州事考功郎中范旻奏言朝廷废除该地区原有重赋:"钱氏据两浙逾八十年,外厚贡献,内事奢僭,地狭民众,赋敛苛暴,鸡鱼卵菜,纤悉收取,斗升之逋,罪至鞭背。每笞一人,则诸案吏人各持其簿列于庭,先唱一簿,以所负多少量为笞数,笞已,次吏复唱而笞之,尽诸簿乃止,少者犹笞数十,多者至五百余。迄于国除,民苦其政。旻既至,悉条奏,请蠲除之,诏从其请。"③浙地人民负担减轻,在相当长时间内地方太平,社会安定。真宗朝蠲免吴越时期"丁壮钱"④,大中祥符间,朝廷诏"除丁钱,而米输如故。至天圣中,始并除婺、秀二州丁钱"⑤,这有利于促进两浙路人口增长。

根据表 1-1 可知,在浙东地区各州中,从太宗太平兴国五年(980)到神宗元丰元年(1078)的近百年和平时期内,浙东各地人口年均增长率保持两位数以上,多数州的人口密度由北宋初期每平方公里不满 10 户到北宋中期大部分地区每平方公里超过或接近 15 户。但是,北宋中期以后,浙东地区各州人口增长缓慢,部分州人口年均增长率出现负增长。需要指出的是,浙东地区人口依然在全国占有优势。

宋室南渡后,明州人口增长出现波动,建炎年间金兵南下,先后攻下建康、杭州、越州、明州、秀州、平江、常州等地,沿途大肆烧杀,两浙路地区人口损失严重,民生凋敝。如建炎四年(1130),金人破明州,"搜山检海","虏遂焚其城,惟东南角数佛寺,与僻巷居民偶有存者。城之始破也,守者奔凑东南,缒城而出,或浮木渡江,生死相半而奔逃村落者,与贼遇,由是,遍州之境,深山穷谷,平时人迹不到处,皆为虏人搜剔,杀掠不可胜数"。⑥ 随着南宋

---

① 刘丽、张剑光:《唐代后期江南户数新论》,《上海师范大学学报·哲学社会科学版》2011 年第 2 期。

② 冻国栋:《中国人口史》(第二卷),上海:复旦大学出版社,2005 年版,第 265 页。

③ [宋]李焘著,上海师范大学古籍所、华东师范大学古籍所点校:《续资治通鉴长编》卷一九,太宗太平兴国三年五月丙戌条,北京:中华书局,2004 年版,第 428 页。

④ [宋]文莹撰,郑世刚点校:《湘山野录》卷上,北京:中华书局,1984 年版,第 11 页。

⑤ [元]脱脱:《宋史》卷一七四《食货上二》,北京:中华书局,1977 年版,第 4208 页。

⑥ [宋]李心传编撰,胡坤点校:《建炎以来系年要录》卷三一,建炎四年二月丙子,北京:中华书局,2013 年版,第 717 页。

政权的逐渐稳定,北方士人避居江南,平江、常、润、湖、杭、明、越等七府州"号为士大夫渊薮,天下贤俊,多避地于此"①。士大夫选择到南方地区避难求存,大量普通百姓当然也会向南迁徙躲避兵燹。大量北方士民南徙浙东,明州人口随之逐渐增长。有学者认为,明州人口在宝庆年间已经超过 80 万人②,这也从侧面反映出当时明州社会经济发展水平。

表 1-1　北宋时期浙东地区的户数和年均增长率

州府	户数(人口密度,户/每平方公里)			年均增长率(‰)	
	A 太平兴国五年	B 元丰元年	C 崇宁元年	A→B	B→C
越州	56491 (7.0)	152922 (18.9)	279306 (34.5)	10.0 (10.21)	13.0 (25.41)
明州	27681 (5.8)	115208 (24.0)	116140 (24.2)	14.7	0.4
台州	31941 (2.9)	145713 (13.3)	156792 (14.4)	15.6	3.1
婺州	33046 (3.5)	138097 (14.6)	134080 (14.1)	14.7	−1.2 (−1.30)
衢州	19859 (2.4)	86797 (10.3)	107903 (12.8)	15.1	9.1
温州	40740 (3.7)	121916 (11.0)	119640 (10.8)	11.2	0.8 (−0.81)

注:表中年均增长率(‰)括号内为修正后数据。

资料来源:吴松弟:《中国人口史》(第三卷),上海:复旦大学出版社,2000 年版,第 465—466、474—475 页。

到了元代,江浙地区人口稠密,达到每平方公里约 91 人。③ 元末明初,浙江甬、台、温等沿海城市,都聚集了大量人口,"其中都鄙或与城市半,或十之三,咸大姓聚居"④。

明洪武二十六年(1393),浙江人口密度上升到每平方公里 114.38 人,

---

① [宋]李心传编撰,胡坤点校:《建炎以来系年要录》卷二〇,建炎三年二月庚午,第 471 页。

② 陆敏珍:《宋代明州的人口规模及其影响》,《浙江社会科学》2006 年第 2 期。

③ 白斌、刘玉婷、刘颖男:《宁波海洋经济史》,杭州:浙江大学出版社,2018 年版,第 11 页。

④ [明]王士性:《广志绎》卷四《江南诸省》,北京:中华书局,1986 年版,第 73 页。

迨至万历早期,浙江人口密度跃居全国第一位,一直延续到清初浙江人口密度仍居全国第一。就宁波人口而言,乾隆四十一年(1776),其人口密度达到每平方公里 313.5 人,远高于浙江全省 222.6 人的人口密度。嘉庆二十五年(1820)和道光三十一年(1831)宁波人口密度分别增加到每平方公里 396.8 人和 444.8 人,其人口增速为浙府之首,人口规模远超浙东其他地区。① 宋以后宁波的人口资源优势,为社会经济发展奠定了坚实基础。

第三节　宁波港城的变迁与对外贸易的发展

宁波历史文化悠久,是我国史前稻作文化的发源地之一。近年发现的余姚井头山遗址,距今大约 8300—7800 年,是已知我国大陆滨海地区年代最早的贝丘遗址。② 由遗址中出土的大量海洋活动遗存可知,宁波史前文化在初始阶段就已经显示出鲜明的海洋特征。

宁波港口城邑的起源可以追溯至春秋晚期,《后汉书·臧洪传》章怀太子注引文:"《十三州志》云:句践之地南至句余,其后并吴,因大城之,章霸功以示子孙,故曰句章。"③据此推测,四明古邑句章由句践在灭吴后建成,目前宁波考古学研究者已探明古句章位于今天宁波市江北区慈城镇王家坝村与乍山翻水站一带,并根据出土遗物推论其"始建年代至迟在战国中晚期,废弃年代约在东晋以后"④。古句章故城遗址位于余姚江北岸,是已知宁波境域内出现最早的滨江城邑。

秦始皇统一六国,建立中央集权封建制国家,分设郡县。《史记·秦始皇本纪》有载,"王翦遂定荆江南地,降越君,置会稽郡"⑤,下辖 22 个县,其中

---

① 吴建华:《明清江南人口社会史研究》,北京:群言出版社,2005 年版,第 93—94 页。

② 浙江省文物考古研究所等:《浙江余姚井头山发现史前贝丘遗址》,《中国文物报》2020 年 6 月 19 日第 1 版。

③ [南朝宋]范晔:《后汉书》卷五八《臧洪传》,第 1884—1885 页。

④ 王结华、许超、张华琴:《句章故城考古的主要收获与初步认识》,《南方文物》2012 年第 3 期;王结华、许超、张华琴:《句章故城若干问题之探讨》,《东南文化》2013 年第 2 期;王结华:《"句章故城考古调查与勘探成果论证会"会议纪要》,《东南文化》2013 年第 2 期;宁波市文物考古研究所:《句章故城:考古调查与勘探报告》,北京:科学出版社,2014 年版。

⑤ [汉]司马迁:《史记》卷六《秦始皇本纪第六》,北京:中华书局,1959 年版,第 234 页。

甬江流域置句章、鄞、鄮三县。在汉代,句章、鄞、鄮三邑仍属汉代会稽郡治下。[1]

鄮县县治在鄮山山麓,位于今鄞州区宝幢附近,其县域北部有小浃江通海,据文献解释,"鄮"通"贸",因"海人持货贸易于此"而得名。[2] 据此推测,秦汉时期,滨海而居"海人"持鱼盐等海货来"鄮"交易,古鄮县的生业形态亦有海洋属性。作为地名的"鄞",始见于《国语》,越国勾践时期的疆域范围,"东至于鄞"[3]。根据考古资料来看,秦汉鄞县在今鄞州和奉化一带,奉化白杜发现了汉代至南朝的鄞城故址,就其方位而言,汉至六朝的鄞城并非滨海城邑。[4]

汉武帝元鼎六年(前 111)秋,东越王余善反叛,武帝"遣横海将军韩说出句章,浮海从东方往;楼船将军杨仆出武林;中尉王温舒出梅岭;越侯为戈船、下濑将军,出若邪、白沙。元封元年冬,咸入东越"[5],最终平定叛乱。这条史录可证,句章在西汉时期是东南沿海一个官船启航出海的地点。《后汉书》记曰:"阳嘉元年(132)二月,海贼曾旌寇会稽,杀句章、鄞、鄮三县长。"[6] 另外,《三国志·吴志》记载:"[吴景帝永安七年(264)]夏四月,魏将新附督王稚浮海入句章,略长吏赏林及男女二百余口。"[7]曾旌海寇集团以及之后的王稚水师自海上攻掠句章之际,很可能利用了甬江—余姚江水路。由此可见,汉代至三国时期,句章一直是会稽郡的海上门户。

三国孙吴时期,会稽郡治山阴,领句章、鄞、鄮等 29 个属县。太康元年(280),晋武帝出军一举平吴,统一南北,在行政区划上沿袭旧制,会稽郡仍治山阴,下辖山阴、始宁、余姚、句章、鄞、鄮、诸暨、永兴、剡。

东晋安帝时代,孙恩率军与晋军在句章一带交战。《宋书·武帝本纪》

① [汉]班固:《汉书》卷二八《地理志》,第 1590—1591 页。

② [清]光绪《鄞县志》引《十道四藩志》:"以海人持货贸易于此,故名。县居鄮山之阴,乃加邑为鄮。"《宝庆四明志》卷一《叙郡上·风俗》:"古鄮县乃取贸易之义,居民喜游贩鱼盐。"多种史籍均有载。

③ [战国]左丘明:《国语》卷二十《越语上·勾践灭吴》,上海:上海古籍出版社,2015 年版,第 426 页。

④ 张华琴:《鄞县故城考》,《南方文物》2020 年第 1 期;张伟、刘恒武:《宁波区域文化资源概览》(宁波事卷),杭州:浙江大学出版社,2019 年版,第 59—60 页。

⑤ [汉]司马迁:《史记》卷一一四《东越列传》,第 2982—2983 页。

⑥ [南朝宋]范晔:《后汉书》卷六《孝顺孝冲孝质帝纪第六》,第 259 页。

⑦ [晋]陈寿:《三国志》卷四八《吴志·孙休传》,北京:中华书局,1982 年版,第 1161 页。

载:隆安四年(400)五月,刘牢之"使高祖(刘裕)戍句章城,句章城既卑小,战士不盈数百人,高祖常披坚执锐为士卒先,每战辄摧锋陷阵,贼乃退还浃口"。又载:"五年(401)春,孙恩频攻句章,高祖屡摧破之,恩复走入海。"① 关于隆安五年句章之战,《宋书·刘敬宣传》则记为:"五年,孙恩又入浃口,高祖戍句章,贼频攻不能拔。敬宣请往为援,贼恩于是退远入海。"② 由此可见,句章是孙恩军从海上入浃口攻略浙东内地的首要目标,同时说明,句章到了晋代仍是边海要埠。从文献中可以推定,孙恩军驾船由海上进入浃口(今宁波镇海甬江口),沿甬江逆流而上,至三江口转而西向,再溯余姚江直指句章,撤军时则由原路顺流而下,从浃口避入海上。值得一提的是,为抵御孙恩水军来犯,刘牢之还在三江口西侧营造了一道南北向的"筱墙",借此屯兵备防。③

南朝宋明帝泰始年间(465—471),浙东海滨又发生"田流之乱",明帝派遣大将周山图率兵屯驻浃口,扼控江口海路,这是甬江口设戍之始,也是镇海立港的肇端。④ 作为管制甬江水系的军事设施,浃口戍与三江口筱墙形成呼应。

隋开皇九年(589),鄞、鄮、余姚并入句章。唐武德四年(621),析句章设鄞州、姚州,武德八年(625)改鄞州为鄮县。唐开元二十六年(738)设明州,目前已有研究者对明州初治小溪(今宁波海曙区鄞江镇)的旧说提出了质疑。⑤ 不过,可以肯定的是,唐鄮县时期三江口的环境就已开始得到整治。元和四年(809),明州在甬江口设望海镇,甬江口一带开始成为一个地方行政单元。⑥ 浙东观察使薛戎奏曰:"当置望海镇(即今镇海),去明州七十余

---

① [南梁]沈约:《宋书》卷一《武帝本纪》,北京:中华书局,1974年版,第2—3页。

② [南梁]沈约:《宋书》卷四七《刘敬宣传》,第1410页。

③ 张伟、刘恒武:《宁波区域文化资源概览》(宁波事卷),杭州:浙江大学出版社,2019年版,第85—86页。

④ 张伟、刘恒武:《宁波区域文化资源概览》(宁波事卷),杭州:浙江大学出版社,2019年版,第63—64页。

⑤ 有研究者提出明州初治"三江口"说。参见王结华、许超、张华琴:《句章故城若干问题之探讨》,《东南文化》2013年第2期;许超、张华琴、王结华:《唐代明州初治地望考辨》,《东南文化》2016年第1期。

⑥ 张伟、刘恒武:《宁波区域文化资源概览》(宁波事卷),杭州:浙江大学出版社,2019年版,第29—30页。

里,俯临大海,与新罗、日本诸蕃接界。"①这条材料可证明州治下望海镇在唐朝边海的重要地位。长庆元年(821),明州迁治三江口,《唐会要》载:"长庆元年三月,浙东观察使薛戎上言,明州北临鄞江,城池卑隘,今请移明州于鄞县置,其旧城近南高处置县,从之。"②同时营建子城,子城北不足 1 公里即余姚江畔的泊船岸线,自此,明州城依港立,港因城荣,开始成为一个真正意义上的港城。9 世纪 30 年代,它山堰建成,四明山之水引入明州城,城市淡水得以确保。

就明州港的结构而言,其特点是主辅相成、两点一线,主港在三江口,辅港为甬江入海口,二者居甬江西东两端,一水相连,海舟往返其间,甬江潮起则逆流而入,甬江潮落则顺流而出。由三江口向西、向南可循余姚江和奉化江深入浙东内陆。虽然明州城旁的三江口港埠具有河港属性,但若将甬江口港埠视为明州港的有机组成部分,则明州港显然是一座海港。9 世纪 40 年代,唐朝海商开始以明州港为海上交通据点,控制了东亚航海贸易。

唐代海洋贸易船的主要停靠地在接近三江口交汇处的余姚江西南岸。③之所以如此,首先是因为当时浙东的大宗外销货品为越窑青瓷,而越窑青瓷主要依靠余姚江水系从慈溪、余姚一带的窑场运输至明州港,三江口一带余姚江岸是青瓷河运的终点,自然也是青瓷海运的起点。另外,子城距余姚江岸线较近,外洋船聚泊于此,便于官方查验与管控。9 世纪末,黄晟修筑罗城之后,三江口港区前临江岸、后倚城墙,空间边界得以明确。

唐安史之乱后,随着经济重心南移,江南地区得到有力的经济开发。经过唐宋变革,我国沿海明州、台州、温州、泉州等港口城市所处的位置逐渐由王朝行政的边缘转变为海域交流的前沿。

入宋之后,明州设立市舶司,其衙署位于子城东南,紧倚罗城东墙,有专设的城门(来安门,位于灵桥门北)通往奉化江江滨,因此,宋代外洋船港区移至三江口附近奉化江西岸东渡门—灵桥一带,海舶集中停靠于此接受查验,办理各种市舶手续。南宋孝宗乾道年间(1165—1173),在灵桥北奉化江滨特设来远亭作为查验海舶的专门设施。宋代外洋船的船体规模和舶载量

---

　　① ［元］袁桷:《延祐四明志》卷一《沿革考》,《宋元方志丛刊》,北京:中华书局,1990 年版,第 6134—6135 页。

　　② ［宋］王溥:《唐会要》卷七一《州县改置》,台北:中文出版社,1978 年版,第 1273 页。

　　③ 刘恒武:《唐宋明州港区变迁的考察》,见包伟民主编:《中国城市史研究论文集》,杭州:杭州出版社,2016 年版,第 336—350 页。

增大,需要与之相应的深水岸线作为泊岸地,而三江口附近奉化江比余姚江水流更深,而且江岸少淤泥,更符合宋代海船的寄泊要求。此外,宋代越窑青瓷的生产中心已经由上林湖转移至东钱湖,东钱湖窑场位于明州东南,这里的青瓷产品,主要利用与奉化江水系相连的鄞东水网,载入奉化江水道,再运至三江口输出海外。① 宋代明州海运外输的凝灰岩质石材——梅园石,出产于鄞江镇一带,其水运也要借助奉化江及其支流鄞江。由此可见,东渡门—灵桥奉化江滨对于宋代越窑青瓷和梅园石的外输更为方便。②

宋代明州港区空间肌理更为丰实,贸易海船泊岸所需要的各种设施均已完备,其中包括:船埠、修船场、市舶贸易管理机构(市舶司、来安亭)、官营仓储设施(市舶库)。光宗绍熙二年(1191),又在来远亭北建成航海祈福设施——天后宫。东渡门—灵桥港区与灵桥门附近的延庆寺、吉祥院等佛寺,以及咸塘街、车桥街、石板巷等坊巷联系密切,共同构成了明州士民与番商海客的交流场域。

与唐代明州三江口、望海镇主辅相成、两位一体的港口结构不同,宋代明州港转变为三江口主港、定海辅港、舟山列岛外港(以普陀山为主)三位一体的结构。这一时期,明州(庆元)治下舟山列岛的优良港埠得到充分利用,舟山诸岛由西南向东北分布伸向外洋,与日本九州西北的五岛列岛以及朝鲜半岛西南的济州岛遥相呼应,这种天然的地理优势使得明州成为对日、丽海交的最佳门户。事实上,宋代明州—博多(日本福冈)航线成为东亚海域交通的主干线,而明州—礼成江口(朝鲜开城西)航线则是宋丽航海贸易的干线。

明洪武十四年(1381),为避讳国号,取"海定则波宁"意,改明州府为宁波府。明代宁波府下辖鄞县、慈溪、奉化、定海、象山,宁波行政区域由此固定下来。③ 永乐时期以后,宁波成为中日勘合朝贡贸易的官方唯一指定港口。由于明代倭寇为患,海疆不宁,因此作为东南沿海大埠,宁波还担当了明代浙东海防体系重镇角色。与宋元时期一样,明代宁波三江口港区的位置仍在奉化江滨东渡门—灵桥江厦一带。特别是在 16 世纪,宁波府管辖的双屿港(今六横岛)崛起,一度成为国际私商贸易的据点。

---

① 关于东钱湖越窑青瓷窑场,参见王结华、罗鹏:《青瓷千年映钱湖》,宁波:宁波出版社,2020 年版。

② 刘恒武:《旅日宋人的活跃与浙东石刻艺术的东渐》,《南开日本研究》2014 年第 1 期;刘恒武、陈竞翘:《萨摩塔与宋日海上丝绸之路》,《日语学习与研究》2015 年第 5 期。

③ [清]张廷玉等:《明史》卷四四《地理五》,北京:中华书局,1974 年版,第 1101—1116 页。

宁波三江口

　　明末清初海禁厉行,宁波一度闭港。清康熙开弛海禁,康熙三十七年(1698)在宁波设置浙海关,宁波再次成为对日贸易枢纽,清前期宁波—普陀山—乍浦的三港联动值得注意。鸦片战争之后,作为"五口通商"的口岸之一,宁波在三江口北侧甬江西岸划出一片西人营商居留的区域,即"江北老外滩"。西人在此建造了拥有1000吨级靠泊能力的新式趸船码头,后来又扩建升级为3000吨级。自此之后,江北岸轮船码头逐渐取代了三江口南侧奉化江滨的江厦帆船码头,成为宁波来航外洋船的核心港区。19世纪50年代,北洋船帮和南洋船帮在外滩对面的甬江西岸建立庆安会馆、安澜会馆,与江对岸的西船公司拮抗。以今天的眼光来看,这两座会馆是帆船时代在宁波港留下的最后遗产。

　　近代以前,宁波一直是浙东乃至环太湖地区最重要的出海口。宁波港借助浙东运河联结绍兴、杭州,再通过京杭大运河抵达江南与江北各地。上海崛起之后,宁波港的江南海上门户地位被上海港取代,杭嘉湖和苏锡常等富庶地带均成为上海的腹地。温州、芜湖开埠之后,宁波港的腹地更加缩小,宁波港的地位也随之进一步下降。① 清末民国期间,宁波港出口贸易能力呈衰落态势,日渐成为一个商品转运港。② 不过,宁波的轮船航运业依然繁荣,到 1911 年止,浙江各地创办了 51 家轮船航运企业,其中宁波有 12 家,占比超过 1/4。

20 世纪 70 年代,宁波先后在镇海、北仑兴建新的港区,而且港务重心转移至北仑深水港,自此之后,宁波港逐渐嬗变为一座现代化国际大港。为配合北仑港的发展,90 年代初在港区南侧设立宁波保税区,参照国际自由贸易区进行运作,对外贸易与港口运营互动互荣。21 世纪初,浙江省开始推进宁波—舟山港一体化建设,这样,近代以前三江口(主港)—甬江口(辅港)—舟山(外港)的联动组合,转变为了北仑(主港)—镇海(辅港)—舟山(外港)的一体化构造。2008 年,宁波梅山保税港区获批成立,保税港区的建成和运行为浙江海洋经济发展提供了动能,港区本身也成为当代宁波对外贸易的新引擎。同年,杭州湾跨海大桥通车运行,宁波港同杭州湾北杭嘉湖与苏锡常地区之间的往来更加便捷,同时加强了与上海之间的各种联系。随着 2019 年前湾新区的设立,宁波作为长三角南翼南大都市、大港口的宏大格局得以展开。

综上,宁波区位优势显著,北赴苏鲁沿海,南往闽粤诸港,均通达无碍。境内的甬江全河道通航条件良好,其东端的甬江口可出海,西端的三江口可入陆。宁波东侧的舟山群岛既为藩篱,又为栈桥。四明三江地区物阜民丰,生业长期繁荣,民户持续增长,是为对外贸易发展的基盘。就宁波港城与对外贸易的互动关系而言,以长庆元年(821)明州迁治三江口为时间节点,明州开始转变为一座屹立东亚的港城,城以港兴,港因城荣,而为港城兴荣赋能的正是对外贸易运营。宋元时期,宁波对外贸易进入全盛期,港城规模及其影响力亦随之不断拓展与增大。道光二十二年(1842)"五口通商"之后,随着江北岸(老外滩)轮船码头建成、浙海关设立,宁波港口和对外贸易的模式都完成了近代化转型。20 世纪 70 年代后镇海、北仑两个港区的建设,则标志着宁波港的现代化嬗变。

---

① 王列辉:《近代宁波港腹地的变迁》,《中国经济史研究》2008 年第 1 期。

② 王荣华、俞旭辉:《竞争中求生存——以宁波港口贸易(1875—1896)为中心的考察》,《宁波大学学报·人文科学版》2016 年第 2 期。

第二章　秦汉至隋唐五代时期宁波对外贸易

我国是一个拥有辽阔海域的国家,海上交通便利,海洋环境优越。自史前至先秦、秦汉,我国沿海先民持续不断地对海域进行探索,逐渐从滨水行舟渔捞的阶段,步入远航扬帆贸易的时期。就宁波而言,宁波对外贸易伴随着社会经济的发展而不断拓展提升。下文将对宁波早期对外贸易进行详细论述。

第一节　秦汉六朝宁波对外航海经济交流

由于地处海滨,宁波史前先民就已经有了以渔捞为主的涉海活动。到了先秦时期,越国舟师已能进行远距离的近海航行。然而,尚无证据表明,先秦浙东滨海地区已有了长距离航海交易活动。我们认为,秦汉至六朝是宁波对外贸易的初始期。

一、秦汉时期宁波地区航海经济交流的肇始

宁波地区早在河姆渡时期就已经掌握了船舶制造和航行技术,这意味着古代宁波先民已经可以驾舟易物,从而丰富生活需求。实际上,早在先秦时期,就已经有史料表明,当时的越人具备高超的船舶驾驶技术。史料记云:"水行而山处,以船为车,往若飘风,去则难从。"①由此可知,越国地区民

---

① ［汉］袁康:《越绝书》卷八《越绝外传记越地传》,上海:商务印书馆,1937年版,第39页。

众生活中常以舟船为伴。依据考古资料,宁波地区建设最早的城池为先秦时越国兴建的句章城。现有考古发掘资料表明,句章故城的具体位置在今宁波市江北区慈城镇王家坝村与乍山翻水站一带。[①] 换言之,越国兴建的句章城依据交通位置而建,可以沿余姚江循甬江口至海口。另外,宁波东距舟山群岛较近,可以凭借舟山为中继站远赴外海。[②] 越国水军可以顺海道北抵山东半岛南端。《国语》《吴越春秋》分别载有越国水师沿海入吴、驻船琅琊的记录;《史记·越王勾践世家》所载"商圣"陶朱公范蠡浮海至齐、致产千万的故事更是广为流传。[③] 我们推测,早在越国时期,句章故城在城市功能上除了具备地方行政和军事防务外,或应具备一定的港埠贸易功能。

秦一统六国,大一统局面有助于社会经济发展。秦始皇三十七年(前210)东巡至会稽后北上,还一度乘船出海。据《史记·秦始皇本纪》载:"上会稽,祭大禹,望于南海","还过吴,从江乘渡,并海上,北至琅琊",又由芝罘"遂并海西,至平源津"。[④] 二世元年(前209)春,"东行郡县,李斯从。到碣石,并海,南至会稽,而尽刻始皇所立刻石,石旁著大臣从者名,以章先帝成功盛德焉"[⑤]。上述文献表明,秦代会稽是重要的交通节点,联结陆路与海道,秦始皇出巡路线中有一段是从江入海,出巡队伍乘船北上至琅琊。换言之,秦始皇的出巡路线,不仅是皇帝个人意志的表现,也间接反映出秦代造船技术和航海技术的发展,秦人已经具有很强的驾船能力,能够负担起将庞大的出巡队伍涉海航行。同时,从上述史料中还可推断,吴越沿海已有成熟的海上航线,因此,秦始皇出巡船队可以平安出海北上山东海滨。

今宁波海滨还有两处与徐福东渡传说有关的地点:一处是慈溪的达蓬山;另一处是象山的蓬莱山。宁波地方流传的徐福东渡传说还被列入第二

① 王结华、许超、张华琴:《句章故城考古的主要收获与初步认识》,《南方文物》2012年第3期。

② 王结华:《从句章到明州——宁波早期港城发展的考古学观察》,《中国港口》2017年第S1期;刘恒武、王力军:《试论宁波港城的形成与浙东对外海上航路的开辟》,宁波"海上丝绸之路"申报世界文化遗产办公室等:《宁波与"海上丝绸之路"国际学术研讨会论文集》,北京:科学出版社,2007年版,第134—143页。

③ 刘恒武:《宁波古代对外文化交流——以历史文化遗存为中心》,北京:海洋出版社,2009年版,第23—25页。

④ [汉]司马迁:《史记》卷六《秦始皇本纪第六》,北京:中华书局,1963年版,第260—264页。

⑤ [汉]司马迁:《史记》卷六《秦始皇本纪第六》,第267页。

批国家级非物质文化遗产名录。尽管徐福是否在宁波海滨留下行迹已无从稽考,但可以肯定的是,相关传说折射出浙东沿海地区早期跨海交流的历史光影。

到了汉代,宁波地区的海上航线向南拓展。《史记·东越列传》载,汉武帝元鼎六年(前111),东越王余善谋反,武帝"遣横海将军韩说出句章,浮海从东方往"①。元封元年(前110),与其他几路军队一起,"咸入东越",最终汉军平定叛乱。汉军由海路进军,这说明汉代句章已是浙东地区滨江达海的重要城邑,有文献云:"旧交趾七郡贡献转运,皆从东冶泛海而至。"②句章与东冶(福州)之间的线路畅通,而东冶与交趾有往来,因此在汉武帝时期,句章的南线至少就能到达南洋交趾一带。《后汉书》卷八五《东夷列传》载:会稽海外有东鳀人,分为二十余国。又有夷洲及澶洲……人民时至会稽市。③ 会稽下辖县不少,而海外居民前来交易,必然以沿海的鄞、鄮和句章为贸易场所。有学者认为,秦汉时期,朝廷已经开始关注海洋,"反映了当时社会海洋意识的觉醒","东洋和南洋航运的开发和繁荣,体现出汉文化面对海洋的进取精神"④;特别是在汉武帝时期,朝廷通过大规模"楼船军"的调动,借助海路控制了南越和朝鲜,并且开启了"东洋与南洋航运事业"⑤。

宁波南门祖关山、大禹王庙等地汉晋墓葬出土水晶、玛瑙、琉璃等,这些物品中的一部分可能是海外输入的舶来品。⑥ 宁波出土的堆塑罐上塑有胡人形象,而此类有胡人形象的文物沿海多、内陆少,考古出土文物表明,宁波当时的对外经济交流已经发展起来,并且域外贸易品开始进入普通民众的生活中。⑦

二、六朝时期宁波与海上陶瓷之路的发端

魏晋南北朝时期,北方地区遭受兵燹,社会离乱,大批北人举族南迁。

---

①　[汉]司马迁:《史记》卷一一四《东越列传》,第2982—2983页。

②　[南朝宋]范晔撰,[唐]李贤等注:《后汉书》卷三三《郑宏传》,北京:商务印书馆,1965年版,第1165页。

③　[南朝宋]范晔:《后汉书》卷八五《东夷列传》,第2822页。

④　王子今:《秦汉时期的海洋开发与早期海洋学》,《社会科学战线》2013年第7期。

⑤　王子今:《汉武帝时代的海洋探索与海洋开发》,《中国高校社会科学》2013年第7期。

⑥　林士民:《宁波考古新发现》,《宁波文史资料》1984年第2期。

⑦　刘恒武:《宁波古代对外文化交流——以历史文化遗存为中心》,北京:海洋出版社,2009年版,第26—34页;梅依洁:《浙东地区出土吴晋时期魂瓶上的胡人形象及其相关问题》,《中国港口》2018年第S1期。

北人南渡,不但进一步改变了人口分布状况,而且为原本发展滞后的江南地区带来了先进的农业生产技术,促使江南地区逐渐得到开发。

在六朝时期的江南,句章是浙东的通海玄关。《三国志》载:"吴景帝永安七年(264)"夏四月,魏将新附督王稚浮海入句章,略长吏赏林及男女二百余口。将军孙越徼得一船,获三十人。秋七月,海贼破海盐,杀司盐校尉骆秀"①。三国时期,句章不仅是军队驾船出海的港口,海盗也经此港登陆劫掠。如《宋书·武帝本纪》载:"(隆安)五年春,孙恩频攻句章,高祖屡摧破之,恩复走入海","十一月,高祖追恩于沪渎,及海盐,又破之。三战,并大获,俘馘以万数。恩自是饥馑疾疫,死者太半,自浃口奔临海"。②《宋书·刘敬宣传》则记为:"五年,孙恩又入浃口,高祖戍句章,贼频攻不能拔。敬宣请往为援,贼恩于是退远入海。"③依据上述文献可知,浃口是重要的出海口,孙恩领导的队伍经常乘船经浃口登岸,而侵攻句章城。宁波地方史料载:"晋刘东讨孙恩实戍句章,每战阵,贼乃退还浃口。今定海县大小浃口也。是时孙恩泛海出没,御之,当据要冲。"④这表明在浙东沿海地区句章直联河道、近通海路,军事意义非常重要。孙恩败后,其妹夫卢循领导队伍,"寇暴不已",不断地渡海袭扰,最后"循浮海南走"。⑤

隋灭陈后,隋廷特意下诏将吴越地区大船收缴国有:"吴、越之人,往承弊俗,所在之处,私造大船,因相聚结,致有侵害。其江南诸州,人间有船长三丈以上,悉括入官。"⑥据此可见,吴越地区有发达的造船业,民间拥有的船只规模数量庞大。总之,魏晋南朝时期,包括宁波在内的江南地区社会经济得到发展,江南地区开发也逐步得到发展,特别是以丝织业、造船业以及制瓷业为代表的手工业成为江南地区经济发展的重要产业。

六朝之际,日本列岛经朝鲜半岛南部横渡黄海的海上航线得以开辟。据《文献通考》卷三二四载:"倭人初通中国也,实自辽东而来。至六朝及宋,

---

① [晋]陈寿:《三国志》卷四八《吴书·孙休传》,北京:中华书局,1964 年版,第 1161 页。

② [南朝梁]沈约:《宋书》卷一《武帝本纪》,北京:中华书局,1974 年版,第 2—3 页。

③ [南朝梁]沈约:《宋书》卷四七《刘敬宣传》,第 1410 页。

④ [宋]罗濬:《宝庆四明志》卷十七《慈溪县志第二·存古》,《宋元方志丛刊》,北京:中华书局,1990 年版,第 5222 页。

⑤ [南朝梁]沈约:《宋书》卷一《武帝本纪》,第 4 页。

⑥ [唐]魏徵:《隋书》卷二《高祖纪》,北京:中华书局,1982 年版,第 43 页。

则多从南道,浮海入贡及通互市之类,而不自北方,则以辽东非中国土地故
也。"①由此可知,该时期日本已有海上航线到达中国进行朝贡和贸易。早期
甬上三邑(句章、鄮、鄞)之一的鄮县,在六朝时期海交系统中地位重要,正如
陆云《答车茂安书》所言:"(鄮)县去郡治,不出三日,直东而出,水陆并通",
"东临巨海,往往无涯,泛船长驱,一举千里。北接青徐,南通交广,海物惟
错,不可称名"②,因而其很可能是六朝对倭与百济贸易口岸之一。

　　日本发现的三角缘神兽镜,被认为是魏晋时期中日跨海交流的物证。
这些铜镜或为吴地工匠东渡日本铸造,或为吴地铸造完成之后贸易输出至
日本,个别日本三角缘神兽镜上有铭曰:"吾作明镜真大好,浮由天下(敖)四
海,用青铜,至海东。"另有铭云:"镜陈氏作甚大工,型模周(刻)用青铜,君宜
高官,至海东。"③六朝时期所谓"吴地"也包含了浙东四明地区,"海东"当指
朝鲜半岛和日本列岛,就吴地与海东之间的航线而言,长江口、杭州湾北岸
以及杭州湾南岸都有便利的寄泊点,其中,杭州湾南岸的句章与鄮县拥有舟
山诸港作为候风放洋之所,是最为适宜的启航之地。总之,三角缘神兽镜相
关考古发现,为我们探讨宁波东向航线的海交活动拓展了想象空间。

　　在各种文物资料中,各地出土的宁绍(宁波—绍兴)一带所产六朝越窑
青瓷,最能反映该时期宁波对外经济交流的延伸范围。其中,朝鲜半岛发现
的越窑青瓷表明,六朝时期浙东宁波沿海与朝鲜半岛之间已存在舟舶往来
和物品交换。朝鲜半岛发现的六朝时期越窑遗物,集中分布于半岛西南的
百济故地。韩国研究者赵胤宰曾在论文中列举了朝鲜半岛考古发现的代表
性越窑青瓷遗物④:韩国首尔南部的梦村土城(遗址主体年代大致相当于中
国的两晋时期)发现了越窑的青瓷盘口壶残片;韩国首尔石村洞古墓群出土
了东晋中晚期的中国青釉瓷;韩国开城附近发现一件年代为两晋之交的越
窑青瓷虎子;韩国江原道原州法泉里曾出土 4 世纪中期的青瓷羊,与浙江余

---

　　① [宋]马端临著,上海师范大学古籍所、华东师范大学古籍所点校:《文献通考》卷三
二四《四裔考一·倭》北京:中华书局,2011 年版,第 8919 页。
　　② [晋]陆云撰,黄葵点校:《陆云集》卷一〇《答车茂安书》,北京:中华书局,1988 年版,
第 174—175 页。
　　③ 王仲殊:《论日本出土的青龙三年铭方格规矩四神镜——兼论三角缘神兽镜为中国
吴的工匠在日本所作》,《考古》1994 年第 8 期;白云翔:《从韩国上林里铜剑和日本平原村铜
镜论中国古代青铜工匠的两次东渡》,《文物》2015 年第 8 期。
　　④ (韩)赵胤宰:《略论韩国百济故地出土的中国陶瓷》,《故宫博物院院刊》2006 年第
2 期。

姚市文管会所藏的东晋青瓷羊如出一窑;韩国全罗北道的扶安竹幕洞祭祀遗址出土了东晋青瓷罐残片;韩国忠清南道公州市武宁王陵出土了2件青釉六耳瓷罐。

韩国一些博物馆藏有六朝时期越窑及越窑系青瓷器物,其中包括:韩国国立中央博物馆藏忠清南道天原郡城南面花城里所出中国东晋越窑青瓷、圆光大学博物馆藏4世纪中晚期青瓷鸡首壶、韩南大学博物馆藏5世纪前期青瓷鸡首壶、韩国国立中央博物馆藏分属4世纪后期和5世纪中晚期的2件青瓷鸡首壶。

上述于朝鲜半岛出土的考古实物表明,魏晋南朝时期,越窑瓷器已经作为来自中国的珍物,流通于朝鲜半岛上层社会。需要指出的是,以浙东宁波—绍兴为制作中心地的越窑青瓷出现于朝鲜半岛,其历史背景是六朝时期我国东南沿海与朝鲜半岛之间人与物的往来。《宋书》卷九七记曰:

> 义熙十二年(416),以百济王余映为使持节、都督百济诸军事、镇东将军、百济王。高祖践阼,进号镇东大将军。少帝景平二年,映遣长史张威诣阙贡献。元嘉二年,太祖诏之曰:"……累叶忠顺,越海效诚,远王纂戎,聿修先业,慕义既彰,厥怀赤款,浮桴骊水,献琛执贽,故嗣位方任,以藩东服,勉勖所莅,无坠前踪……"其后,每岁遣使奉表,献方物。①

《梁书》卷五四载:

> 齐永明中,除太都督百济诸军事、镇东大将军、百济王。天监元年,进太号征东将军。寻为高句骊所破,衰弱者累年,迁居南韩地。普通二年,王余隆始复遣使奉表,称"累破句骊,今始与通好",而百济更为强国。其年,高祖诏曰:"行都督百济诸军事、镇东大将军、百济王余隆,守藩海外,远修贡职,乃诚款到,朕有嘉焉。宜率旧章,授兹荣命。可使持节、都督百济诸军事、宁东大将军、百济王。"五年,隆死,诏复以其子明为持节、督百济诸军事、绥东将军、百济王。……中大通六年、大同七年,累遣使献方物;并请《涅盘》等经义、《毛诗》博士,并工匠、画师等,敕并给之。太清三年,不知京师寇贼,犹遣使贡献;既至,见城阙荒毁,并号恸涕泣。侯景怒,囚执之,及景平,方得还国。②

---

① [南朝梁]沈约:《宋书》卷九七《夷蛮列传》,第 2393—2394 页。

② [唐]姚思廉:《梁书》卷五四《诸夷列传》,北京:中华书局,1974 年版,第 804—805 页。

百济向南朝遣使"献方物",南朝必以江南物产回赐,梁武帝中大通、大同年间,甚至应百济之请,派遣儒士、工匠、画师前往彼国。见于朝鲜半岛史迹的六朝越窑青瓷是当时双方人物往来、器物交换的物证。百济故地发现的南朝陶瓷在空间分布上以百济王都最为密集,这体现出南朝陶瓷以百济京畿为核心流通圈。①

两晋时期越窑青瓷开始向朝鲜半岛输出,意味着我国陶瓷海路外输的肇始,最初输往朝鲜半岛的瓷器与丝绸以海外权力集团为主要接受对象。②另外,宁波汉晋墓葬中出土的小件玛瑙、琉璃等装饰品,为我们探讨宁波南海航线提供了线索。③ 不过,相关认知的丰富还有待于新资料的发现与积累。

第二节　隋唐五代宁波对外贸易

隋唐五代时期,东南沿海地区农业发展上的突破,带动了社会经济进一步发展,为开展海上贸易和对外交流的发展提供了坚实的物质基础。这一时期亦是中国古代社会和文化高速发展期,对东亚地区产生重要影响。下文将针对该时期的社会经济、贸易政策、宁波对外贸易路线和贸易商品等进行详细探究。

一、隋唐五代时期江南社会经济

隋唐五代时期,随着我国经济重心逐渐南移,江南地区人口趋于稠密,土地开发率提高,水利工程、农业技术等方面进步显著,尤其是太湖流域低地圩田垦辟,粮食产量提高。

水利工程方面,有学者认为唐代前期北方兴建大量水利工程,而中唐以后太湖周边区域和浙北平原异军突起,广修塘浚。④ 这些水利设施不仅分布

---

① （日)门田诚一:《古代東アジア地域相の考古学的研究》,东京:学生社,2006 年版,第 191—192 页。

② 刘恒武:《越窑青瓷的海外输出与浙东海上交通的变迁》,《西北大学学报·哲学社会科学版》2010 年第 4 期。

③ 林士民:《宁波考古概略》,《浙东文化》1994 年第 1、2 期合刊。

④ 张剑光:《关于唐代水利建设重心的一些思考——以浙东、浙西和河南、河东四道为核心》,《山西大学学报·哲学社会科学版》2012 年第 4 期。

广,而且规模大,如鄞县东钱湖塘岸长 80 里,孟渎长 41 里,泰伯渎长 81 里。① 江南沿海地区海塘工程也有所建设,如盐官县"有捍海塘堤二百十四里,开元元年重筑"②;会稽郡防海塘,"东北四十里有防海塘,自上虞江抵山阴百余里,以畜水溉田,开元十年令李俊之增修,大历十年观察使皇甫温、大和六年令李左次又增修之"③。郑学檬认为,唐五代太湖地区水利工程建设为水田生产服务,主要表现有三:一是改进以江东犁为代表的农业生产工具,促使太湖地区农业发展到新水平;二是江南地区亩产量提高,推断中唐时期湖州、苏州、常州等地水稻产量应为 4～6 斛;三是太湖地区实行稻麦连作制或早晚稻接续种植技术,水稻种植技术提高。④

安史之乱再次掀动北人南迁风潮,渡江南下的北方移民群体为南方农垦带来新动能、输入新技术,提升了南方地区的农业生产力水平。中唐以来南渡的北方农人也为水利工程建设补充了劳力,这一时期太湖流域塘浦水利体系形成。⑤ 李伯重对唐代江南地区农业发展的研究充分说明一点:该地区传统稻作方面取得巨大发展。在稻作劳作中,单位稻田劳动力和资本投入都增加,水稻生产出现集约化模式,水稻亩产量提高。⑥

隋唐五代时期,江南地区农业发展为手工业发展奠定了坚实的经济基础。江南地区以丝瓷业为核心的手工业发展尤为显著,逐步成为隋唐时期的中心经济区。特别是,唐代江南地区蚕丝业迅速普及,并已成为著名丝绸产地。据《新唐书·地理志》记载,浙东余姚的丝绸土贡有"吴绫、交梭绫",越州上缴丝绸土贡是"宝花、花纹等罗,白编交梭、十样花纹等绫,轻容,生縠,花纱,吴绢等"。⑦ 浙东地区所产丝绸可就近从明州港取道海路销往外埠。

另外,江南地区制瓷业发展迅速,越窑青瓷成为当时市场上的畅销品。浙东越窑的庞大生产区包括明州、余姚、上虞、慈溪、诸暨、绍兴、镇海、鄞县、

---

① 李伯重:《唐代江南农业的发展》,北京:北京大学出版社,2009 年版,第 58—65 页。
② [宋]欧阳修:《新唐书》卷四一《地理五》,北京:中华书局,1975 年版,第 1059 页。
③ [宋]欧阳修:《新唐书》卷四一《地理五》,第 1061 页。
④ 郑学檬:《中国古代经济重心南移和唐宋江南经济研究》,长沙:岳麓书社,2003 年版,第 203—204 页。
⑤ 刘丽:《7—10 世纪苏州发展研究》,北京:中国社会科学出版社,2013 年版,第 44—50 页;刘丽:《唐代苏州农业发展原因述略》,《中国经济史研究》2015 年第 6 期。
⑥ 李伯重:《唐代江南农业的发展》,北京:北京大学出版社,2009 年版,第 99—112 页。
⑦ [宋]欧阳修:《新唐书》卷四一《地理志五》,第 1061—1062 页。

奉化、临海等地。唐代明州制瓷业以上林湖为中心，不断向周围的古银锭湖、白洋湖、里杜湖地区扩展。依据现有考古资料可知，上林湖窑区唐代窑址众多，数量达到近百处，年代跨越初唐、盛唐、中唐和晚唐。从上林湖窑址分期统计数据可知，初唐、盛唐时期上林湖地区的制瓷业规模有限，中晚唐时期瓷窑林立，意味着该片区瓷器产量扩大，制瓷业进入鼎盛时期。①

　　除了上林湖，古银锭湖、白洋湖和里杜湖也是唐代明州越窑青瓷的重要产区。这4个窑区生产的瓷器各有特色。上林湖窑的瓷窑主要制造圈足碗、罐等器物，器表无装饰，均为素面，大部分仍采用明火叠烧。至中唐时期，上林湖制瓷业取得技术上的突破，形成以宽足碗和翻口、深腹、圈足碗为主打产品的生产特色。这一时期烧制的器物以素面为主，刻划花次之。烧制工艺上采用匣钵装烧。唐代中期古银锭湖窑崛起，以敞口外翻、坦腹、宽矮圈足碗为主要产品，瓷器以素面为主，有少量刻花，在烧制工艺上则是部分为明火叠烧，部分为匣钵装烧。白洋湖窑规模较小，以侈口、浅弧腹、低矮圈足碗为大宗，产品刻划花纹饰精美，烧制工艺上普遍使用匣钵装烧。中唐时期里杜湖窑规模较大，烧制的产品造型、种类、制作工艺及装烧技术与上林湖瓷窑产品相似。② 唐代明州地区窑址分布众多，这说明唐代时期明州瓷器生产技术发达，且瓷器产能很大。1973年和义路地段进行考古发掘时，在唐代文化层中清理出800多件瓷器，其中大多数是越窑青瓷，还有相当数量的长沙窑瓷器，器物品类包括碗、壶、罂、罐、杯、盘、钵、盆、托具、唾盂、器盖、盒、水盂、灯盏、瓶等。③ 这些出土的唐瓷中以越州窑青瓷为最多。这说明，三江口姚江西南岸（今和义路附近）成为唐代明州外销瓷航运港区的核心片区。明州不仅是越窑青瓷就近外销的口岸，还是长沙等内地陶瓷产品的输出港。

　　明州成为唐代沿海地区重要的港口城市，不仅与陶瓷外销有关，还与其自身造船业发展紧密相关。隋唐时期，江南地区造船业繁荣。江南民间原本拥有较高的造船技术和很强的制舟能力。隋朝为了稳固刚刚平定的南方

---

　　① 苏金花：《唐宋明州制瓷业发展述论——以考古资料为主的考察》，《中国经济史研究》2019年第5期。

　　② 苏金花：《唐宋明州制瓷业发展述论——以考古资料为主的考察》，《中国经济史研究》2019年第5期。

　　③ 林士民：《再现昔日的文明——东方大港宁波考古研究》，上海：上海三联书店，2005年版，第111—147页。

地区统治,曾一度颁诏禁止民间私造船只,并将大船收归官府。如开皇十八年(598),隋文帝下诏令:"吴、越之人,往承敝俗,所在之处,私造大船,因相聚结,致有侵害。其江南诸州,人间有船长三丈已上,悉括入官。"①隋朝出于维护官造船舶垄断地位考虑,着意遏制吴越地区民间造船业发展。相关史料也从侧面反映出当时包括浙东在内的江南地区造船业的繁荣景况。另外,浙东越地是造船原始木材的主要出产地之一。大业元年(605),隋炀帝为巡游江都,建造龙舟及各种游船数万艘,特"遣黄门侍郎王弘、上仪同于士澄往江南采木,造龙舟、凤艒、黄龙、赤舰、楼船等数万艘"②。可见隋代江南地区已经有强大的造船能力,不仅可以建造民用船只,还可以建造皇帝出巡的大型龙舟、赤舰和楼船等战舰。隋炀帝东征朝鲜半岛时需要的军队给养物资由江南地区运输。大业七年(611)七月,朝廷征召发江、淮以南民夫及船舶调运军粮到北方前线,"舳舻相次千余里"③,足见江南造船船只之多、水上运力之强。

唐代造船业进一步发展,江南地区船场广布,建造的船舶数量众多,并且船舶的载重量庞大。如《旧唐书·崔融传》载:"天下诸津,舟航所聚,旁通巴、汉,前指闽、越,七泽十薮,三江五湖,控引河洛,兼包淮海。弘舸巨舰,千轴万艘,交贸往还,昧旦永日。"④崔融在奏文中指出唐域船只虽多,但不应课之以税,否则将会导致天下不安,"一朝失利,则万商废业,万商废业,则人不聊生"⑤。实际上,这反映出唐代船业已经成为沿海地区重要的民间生计。明州商团中的造船师甚至留居日本,负责船舶监造,将船舶制造技术和航海技术传播到日本。以李邻德、张支信、李延孝等为首的大唐商团,往来于明州港、值嘉岛和博多津,他们在商贸之余还能建造、修理大型船舶,不仅在明州有航运基地,在日本也留下了船舶建造的痕迹。目前,日本五岛列岛的奈留岛(浦)等地还留有当时的造船遗迹。

唐代越州地区是当时重要的造船基地之一,这和浙东地区舟行水上的传统密不可分。唐太宗时期,出于战争原因,发举国之力赶制大船。贞观十

---

① [唐]魏徵:《隋书》卷二《高祖纪》,第 43 页。

② [唐]魏徵:《隋书》卷三《炀帝纪》,第 63—64 页。

③ [宋]司马光编著,[元]胡三省音注:《资治通鉴》卷一八一《隋纪四》,北京:中华书局,1956 年版,第 5654 页。

④ [后晋]刘昫:《旧唐书》卷九八《崔融传》,北京:中华书局,1975 年版,第 2998 页。

⑤ [后晋]刘昫:《旧唐书》卷九八《崔融传》,第 2998 页。

八年(644),张亮"帅江、吴、京、洛募兵凡四万,吴艘五百"①。贞观二十一年
(647),敕宋州刺史王波利等"发江南十二州工人造大船数百艘"②,含句章、
鄮、酇、余姚诸地在内的越州就属江南十二州之一。贞观二十二年(648),朝
廷又诏令:"敕越州都督府及婺、洪等州造海船及双舫千一百艘。"③初唐,鄮
县阿育王寺的山栖旷和尚有声名,"中宗孝和皇帝亲降玺书,愿同金辇,击鼓
而陈其入国,造船而捧其登座"④。唐代浙江等沿海地区负责制造战船主要
有"舴艋""大船""双舫""楼船""海船"等,这些船只以船身大、容积广著称,
大的船舶长达 20 丈,可载六七百人,载货万斛。唐末五代时期,《太平寰宇
记》卷九八《江南东道十》记载,明州贡物中有"船舶"一项,且江南地区仅有
明州以"船舶"上贡,可见,明州的船舶制造技术居于上乘。

目前,全国范围内,暂时没有发现唐代海船出土资料,但宁波发现唐代
造船遗址,并且发掘到唐代船舶实物。从 1973 年底到 1975 年 7 月底,宁波
考古人员对西起解放桥、东至东门口的和义路段进行考古发掘,在和义路遗
址第二发掘区唐代第三文化层发现造船场遗迹。遗迹文化层内出土了经刀
削加工的木渣、碎板,木板上留有的铁钉锈迹及油灰等痕迹,另外,遗址内还
留有大约 30 厘米粗的柱桩遗迹。结合文献记载推测,该遗迹单位应是唐宋
时期维修、建造船舶的工房遗存。⑤

在和义路遗址发掘区,还出土了长 11.5 米、型宽 0.95 米、型深 0.35 米
的船舶,根据伴出"大中二年"铭文碗来判断,该船的制作时间在大中年间或
其前后。根据测量数据可知,该船应该是一条用于内河水行的独木龙舟,载
重量为 1.5 余吨,可载员 10 余名。⑥ 该舟以红松制成,内壁留有均匀平整的
斧痕。⑦ 中唐以后,当时的船场已能建造载重为 25～50 吨的海船,商船能乘

---

① [宋]欧阳修:《新唐书》卷二二〇《东夷列传·高丽》,第 6189 页。

② [宋]司马光编著,[元]胡三省音注:《资治通鉴》卷一九八《唐纪十四》,第 6249 页。

③ [宋]司马光编著,[元]胡三省音注:《资治通鉴》卷一九九《唐纪十五》,第 6261 页。

④ [唐]万齐融:《大唐越州都督府鄮县阿育王寺常住田碑》,见《宁波历代文选》编委会
编:《宁波历代文选·散文卷》,宁波:宁波出版社,2010 年版,第 27 页。

⑤ 林士民:《再现昔日的文明——东方大港宁波考古研究》,上海:上海三联书店,2005
年版,第 114 页。

⑥ 林士民:《再现昔日的文明——东方大港宁波考古研究》,上海:上海三联书店,2005
年版,第 147 页。

⑦ 林士民:《宁波造船史》,杭州:浙江大学出版社,2012 年版,第 73—74 页。

40～60 人①,海船的体量及规模要远远超过出土龙舟,其制造与维修工艺技术更为复杂和精妙。此外,唐代沿海地区已经掌握了水密隔舱技术,船板使用铁钉进行接合,缝隙用桐油石灰填塞腻平,增强了船舶在海上航行的抗沉性,从而保障船只航行中的安全性。

吴越钱氏在政策上采取保境安民、兴修水利等系列措施,经济得到发展。吴越地区交通便捷,杭州是重要的海上贸易港口,"东眄巨浸,辏闽粤之舟橹;北倚郭邑,通商旅之宝货"②,"滨海郡邑,皆有两浙回易务,厚取民利"③。钱氏纳土归宋时,"吴越地方千里,带甲十万,铸山煮海,象犀珠玉之富,甲于天下"④。吴越钱氏采取通商富民的经济发展方针,使得吴越财政收入大增,也有助于吴越钱氏发展海外贸易。

二、隋唐五代时期对外贸易政策

整体而言,隋唐两个朝代是积极对外开放时期。特别是唐朝,对外开放已经成为基本国策,在对外贸易方面采取很多优惠政策。一是对外来贸易的海外商人礼遇有加,交易过程中给予优惠。唐朝政府规定不允许对海外商人征收重税。文宗太和八年(834)下诏曰:"南海蕃舶,本以慕化而来,固在接以恩仁,使其感悦。如闻比年,长吏多务征求,嗟怨之声,达于殊俗。况朕方宝勤俭,岂爱遐琛。深虑远人未安,率税犹重,思有矜恤,以示绥怀。其岭南福建及扬州蕃客,宜委节度、观察使常加存问,除舶脚、收市、进奉外,任其来往通流,自为交易,不得重加率税。"⑤由此可知,唐朝政府考虑到这些海外商人"慕华"远来不易,需要进行优抚,因而明文规定,禁止向这些海外商人课征"舶脚、收市、进奉"之外的税收。二是保护海外商人的合法利益。如保护他们在中国的遗产。《新唐书·孔戣传》记载:"旧制,海商死者,官籍其资,满三月无妻子诣府,则没入。戣以海道岁一往复,苟有验者不为限,悉推与。"⑥上述材料表明,唐朝政府已经制定并实行保护海外商人合法利益的法

① 乐承耀:《宁波经济史》,宁波:宁波出版社,2010 年版,第 58 页。

② [唐]罗隐著,李定广校注:《罗隐集系年校笺》,北京:人民出版社,2013 年版,第 942 页。

③ [宋]薛居正:《旧五代史》卷一〇七《汉书九》,北京:中华书局,1976 年版,第 1415 页。

④ 《表忠观碑》,见[宋]苏轼著,张志烈等主编:《苏轼全集校注》(第 12 册),石家庄:河北人民出版社,2010 年版,第 1798 页。

⑤ [宋]宋敏求编,洪丕谟等点校:《唐大诏令集》卷十《太和八年疾愈德音》,上海:学林出版社,1992 年版,第 58—59 页。

⑥ [宋]欧阳修:《新唐书》卷一六三《孔戣传》,第 5009 页。

令。地方官员针对"旧制"法令中存在的缺陷提出修改意见。三是为更好地发展对外贸易，唐朝在沿海地区设置官方机构，负责管理进出口贸易、征收税赋等事宜。唐代朝廷在广州、岭南设置市舶使，负责管理沿海地区的对外贸易。唐朝在沿海地区设置官方贸易机构，这意味着国家层面不再仅仅注重陆上的对外交流与贸易，而是将国家的发展转向海上。

五代时期诸侯割据，钱镠占据两浙地区，为获得更多财富而倚重海外贸易，朝贡中原，"俶势益孤，始倾其国以事贡献"①。因而，钱氏大量发展海上贸易，"航海所入，岁贡百万。王人一至，所遗至广，故朝廷宠之，为群藩之冠"②。《辽史》载："吴越、南唐航海输贡。"③这说明吴越国曾以输贡的名义前往辽国易货，其路线应自浙闽沿海驾舟北上，抵登莱岸，再至燕冀海滨或辽东半岛。同时，吴越国还与日本保持着通商贸易和书函外交往来。④

总之，隋唐五代时期航海贸易发展迅速，其原因有二：一是隋唐五代时期经济发展水平不断提高，生产力较六朝时期显著进步。该时期社会产能生产出的物资不仅能够满足本国百姓的内部消费，还可以满足对外销售需求，特别是江南地区的经济已经崛起，成为国家税赋中心。二是隋唐五代时期，在政治上采取对外开放政策，外邦诸国慕华来朝，海内外航路四通八达。对外贸易活动不仅促进了先进生产技术的推广，还有助于对外传播中华思想文化，进一步加深中外各族群间的相互认知和了解。

三、隋唐五代时期宁波的港口、对外航线及航海贸易

上文已经对唐朝在沿海地区的社会经济、贸易政策进行了整体论述。隋唐五代时期浙东地区具备"人和"优势，朝廷在政治上支持对外交流，在经济上发展航海贸易，浙东地方政府及权力集团也因循了这一施政导向。"地利"优势在于，明州地处东海之滨，逐渐成为浙东沿海地区的经济和文化中心。四明三江地区原本就具备良好的海航贸易条件，唐开元二十六年（738），明州设立，在行政上统辖甬江流域与舟山列岛，有利于聚合浙东沿海及附近岛屿的港口、海舶、船手和海商资源，使域内诸城在涉海举措上协调一致。唐长庆元年（821），明州移治三江口，港依城兴，城因港荣，明州逐渐

---

① ［宋］欧阳修：《新五代史》卷六七《吴越世家第七》，北京：中华书局，1974 年版，第 844 页。
② ［宋］薛居正：《旧五代史》卷一三三《世袭列传二》，第 1774 页。
③ ［元］脱脱：《辽史》卷三七《地理志一》，北京：中华书局，1974 年版，第 437 页。
④ 刘恒武：《五代时期吴越国与日本之间的"信函外交"》，《社会科学战线》2009 年第 1 期。

担当起东亚枢纽港的角色。

（一）隋唐五代宁波（句章/明州）的港口

隋代四明三江地区的句章、鄮、鄞、余姚合并为句章，后世称为"大句章"。唐武德四年（621），析句章置鄞州，辖句章、鄮、鄞故地，余姚划出。武德八年（625），降鄞州为鄮县。开元二十六年（738），以鄮县辖域置明州。[①]这段时期，句章—鄮县—明州均利用甬江及其支流余姚江、奉化江的岸线，开航线、立港埠。明州三江口，实为奉化江、余姚江汇流之处，两江在此合为甬江，这里三江六岸，立港条件优越，古来即是舟楫辐辏之地。自唐代开始，三江口港埠一方面可以借助浙东运河航运对接杭州，连通大运河，将腹地延伸至整个江南，成为两浙货殖的滨海集散地；另一方面，又可以顺甬江河道东出镇海口，东赴日丽，营商海东，南下闽粤，易货南洋。所谓"海道辐凑之地，故南则闽广，东则倭人，北则高句丽，商舶往来，物货丰衍。东出定海，有蛟门虎蹲天设之险。亦东南之要会也"[②]。

唐以前，三江口易受甬江河道海溢之灾，难防两江岸线洪流之害。经过7—8世纪的水环境整治，港城的条件得到改善。考古资料表明，唐代明州三江口外洋船港区在今余姚江西南岸靠近两江合流处的地段（今解放桥至新江桥和义大道江滨），这里曾出土大量唐代外销瓷，还发现了唐代修造船工房遗迹。[③] 如果说，三江口地带余姚江滨的港埠是明州的主港，那么甬江入海口西岸招宝山下的海船寄碇之处则是明州的辅港，三江口与镇海口两点，由甬江河道一线相连，构成明州出入海洋的廊道，舟山列岛则成为明州港前往外洋的天然栈桥。

隋唐五代时期，作为海上丝绸之路始发港之一的明州，已确立了3条对外贸易航线，分别延伸至朝鲜半岛、日本和东南亚及环印度洋地区。

---

① 张伟、刘恒武：《宁波区域文化资源概览》（宁波事卷），杭州：浙江大学出版社，2019年版，第28—29页。

② ［宋］张津：《乾道四明图经》卷一《分野》，《宋元方志丛刊》，北京：中华书局，1990年版，第4877页。

③ 刘恒武：《宁波——港通天下》，《华夏地理》2014年第5期；刘恒武：《唐宋明州港区变迁的考察》，见包伟民主编：《中国城市史研究论文集》，杭州：杭州出版社，2016年版，第336—350页。

（二）隋唐五代明州的对外航线

1. 明州—朝鲜航线

往返朝鲜航线的主要线段位于近海，由明州港出发沿海北上，经登州至朝鲜半岛。具体航线是："登州东北海行，过大谢岛、龟歆岛、末岛、乌湖岛三百里，北渡乌湖海，至马石山东之都里镇二百里，东傍海壖，过青泥浦、桃花浦、杏花浦、石人汪、橐驼湾、乌骨江八百里。乃南傍海壖过乌牧岛、贝江口、椒岛，得新罗西北之长口镇，又过秦王石桥麻田岛、古寺岛、得物岛千里，至鸭绿江唐恩浦口。"[①]朝鲜半岛自古以来与中国来往密切，入唐以后，唐与新罗之间海上交通以登州为枢纽。樊文礼《登州与唐代的海上交通》一文指出，除了蓬莱港，登州出海口还包括今天荣成境内的成山、赤山浦。唐代登州航线向东连接朝鲜半岛和日本列岛，向北到达辽东半岛都里镇，向南连接海州（今连云港）、楚州（今淮安）、杭州、明州等地。[②] 之后，樊文礼还进一步撰文阐明，唐代前期赴朝鲜半岛的航路，是以登州北部蓬莱、黄县的出海口为起点，沿庙岛群岛、辽东半岛和朝鲜西海岸的近海海面延伸；后期则从登州南部的牟平、文登境内的出海口出发，直渡黄海，抵达朝鲜半岛。[③] 唐代山东半岛与朝鲜半岛之间的航线，南段连接明州的北向航线。10 世纪以后，中国海商还开辟了由苏浙闽沿海直趋朝鲜半岛西南的航线。

2. 明州—日本航线

关于通往日本的海上航线，据《隋书》载："上遣文林郎裴清使于倭国，度百济，行至竹岛，南望耽罗国，经都斯麻国，迥在大海中。又东至一支国，又至竹斯国，又东至秦王国，其人同于华夏，以为夷洲，疑不能明也。又经十余国，达于海岸。自竹斯国以东，皆附庸于倭。"[④]由此可见，当时中日海上往来一般经由朝鲜半岛西南。

自 8 世纪起，日本遣唐使船主要取道九州西北的五岛列岛和九州西南诸岛出航或返航，在这种情况下，日本使船的中国着岸地和发舶地均有很大的不确定性，其中包括海州、楚州、扬州、苏州、越州和明州。尽管如此，由于

---

①　[宋]欧阳修:《新唐书》卷四三《地理志七》,第 1147 页。

②　樊文礼:《登州与唐代的海上交通》,《海交史研究》1994 年第 2 期。

③　樊文礼:《唐代"登州海行入高丽道"的变迁与赤山法华院的形成》,《中国历史地理论丛》2005 年第 2 辑。

④　[唐]魏徵:《隋书》卷八一《东夷·倭国》,第 1827 页。

明州位于中国大陆海岸线正中,且有舟山列岛伸向外洋、接引海舶,故而是日使十分适宜的经行地和启/返航地。唐天宝二年(743)末,鉴真开启第二次东渡之旅,从长江口扬帆行至舟山列岛未能放洋,被岛民救送至明州阿育王寺安置。后来鉴真弟子记录描述了他们在阿育王寺的所见所闻。唐玄宗天宝十一年(752),日本遣唐使舶航抵明州;德宗贞元二十年(804),日本桓武朝遣唐使舶中的一艘在明州靠岸,翌年遣唐使自明州归航。① 鉴真大师挂锡明州、日使来航甬上,客观上提升了明州及其航线在海内外的知名度。

9世纪中期以后,明州(含舟山列岛)—五岛列岛—大宰府鸿胪馆航线成为唐商往返中日之间的干线,9世纪文献史料记载的海上航路比较明确,以下择取相关典型航海记录做一列举:

847年,唐商张支信赴日船:明州望海镇(今镇海)→远值嘉岛那留浦(今日本五岛列岛的奈留岛)→大宰府。②

849年,唐客徐公祐赴日船:明州→大宰府鸿胪馆。③

858年,慧萼所乘返日船:明州→普陀山→日本。④

862年,真如亲王所乘唐商张支信回航船:鸿胪馆→远值嘉岛→明州扬扇山(今洋山岛)→明州。⑤

865年,唐商李延孝赴日船:福州→明州望海镇→值嘉岛→鸿胪馆。⑥

关于五代时期吴越海商赴日启航港,史料未有记载,推测以吴越辖域内的明州等江浙港口为主,日本一侧的目的地仍是大宰府鸿胪馆。

晚唐至五代时期,我国沿海地区民众已经对海洋有深入了解,能够掌握季风规律,并将这一规律运用到航海中。这一时期,中国海商东航日本,多于旧历六月暮夏启程,利用东亚海域的西南季风驾船东行;归船主要选择旧历八月末及九月晚秋季节回航,借助日本九州沿海的东北风或北风扬帆返唐。

3.明州—东南亚及环印度洋地区航线

唐五代时期,明州是东亚海域的要港,对于南海航线而言,则处于边缘。

---

① 郑绍昌:《宁波港史》,北京:人民交通出版社,1989年版,第26页。

② (日)《入唐五家传》之一《安祥寺慧运传》,承和十四年六月二十二日条。

③ (日)空海:《高野杂笔集》附载《唐人书简》。

④ (日)虎关师炼:《元享释书》卷十六《力遊》。

⑤ (日)《入唐五家传》之四《真如亲王入唐略记》,贞观四年七月至九月条。

⑥ (日)《入唐五家传》之四《真如亲王入唐略记》,咸通六年六月条;《三代实录》,元庆八年三月二十六日条。

自明州发船前往南洋,需经由福州、泉州、广州等闽粤大港。根据越窑青瓷在东南亚各地的出土情况来看,明州南下的航线及其支线可能伸及的区域有:菲律宾吕宋岛南部、马来西亚沙捞越地区(加里曼丹岛北部)、印度尼西亚爪哇岛、印度尼西亚苏门答腊岛南部。这一航线系统的延伸线向西穿过马六甲海峡,可达印度、斯里兰卡、巴基斯坦、波斯湾沿岸以及东北非沿岸。

(三)隋唐五代明州的对外贸易

1.对日贸易

自9世纪中期起,明州成为赴日华商的海航据点,既是进出口贸易品的口岸,也是舶来与输出货物的集散地。

关于唐日之间的物品交换,可以从日本遣唐使贡品和唐朝回赐物的品目中窥知概况。日方向唐朝进献的物品以日本出产的绢帛、纻布和生丝等为大宗,其他包括银、水晶、玛瑙、铁材、漆等。日本文献《延喜式》记载了遣唐使携往中国的物品清单:

> 皇银大五百两、水织绝、美浓绝各二百匹、细绝、黄绝各三百匹、黄丝五百绚、细屯绵一千屯、别送彩帛二百匹、叠绵二百帖、屯绵二百屯、纻布卅端、望絁布一百端、木绵一百帖、出火水晶十颗、玛瑙十颗、出火铁十具、海石榴油六斗、甘葛汁六斗、金漆四斗。[①]

根据日本奈良正仓院所藏唐朝文物,唐朝给遣唐使的回赐物以及遣唐使从中国采办回国的物品林林总总、种类繁多,几乎包含了能够具现唐朝文化的大多数代表性器物。其中包括各种材质的生活器具、工艺美术品、乐器、香药和书籍等。[②]

9世纪中期以后,往返于明州——鸿胪馆的唐商运往日本的商品主要有:瓷器、丝绸、经卷、佛像、药材和香料等。从日本舶回的物品为:砂金、水银、锡、丝绵、绢等。[③] 值得一提的是,8世纪后半叶至9世纪后半叶,日本用于交易唐朝货品的支付物逐渐由丝织品转变为砂金。[④] 到了10世纪的五代,

---

① (日)藤原时平、藤原忠平编:《延喜式》三十《大藏省》。相关研究参见:(日)木宫泰彦:《日华文化交流史》,东京:富山房,1955年版,第117—121页。

② (日)奈良国立博物馆:《正仓院展》(系列图录),奈良:奈良国立博物馆,1982—1995年。

③ (日)木宫泰彦:《日华文化交流史》,东京:富山房,1955年版,第134—135页。

④ (日)田岛公:《大宰府鸿胪の終焉——八世纪—十一世纪の对外交易システムの解明》,《日本史研究》1995年第389号。

包括明州在内的吴越国诸港对日贸易的状况大抵同于唐代。

日本大宰府出土的越窑青瓷

2. 对新罗贸易

唐与新罗之间的官方往来和贸易活动，主要通过登州口岸进行。不过，唐代中后期，山东半岛的登、莱、密、淄诸州以及江苏北部的楚州（今淮安）遍布新罗移民聚居点——新罗坊，新罗移民集团活跃于齐鲁、江浙海上，往来唐罗之间，其活动在 9 世纪上半叶达到极盛。浙东明州处在新罗船团构筑的航海商贸网络之中，山东烟台昆嵛山《唐光化四年无染院碑》碑铭曰："鸡林金清押衙，家别扶桑，身来青社，货游鄞水，心向金田，舍青凫择郢匠之工，凿白石竖竺乾之塔。"碑文中的"鸡林""扶桑"均指新罗，"青社"则指山东，"鄞水"是明州甬江/奉化江的古称，明州域内有鄞地。由此可知，新罗人金清很可能往来于明州、山东、新罗之间从事贸易。①

3. 南海航线贸易

关于隋唐时期明州早期对南洋的贸易活动，文献中无线索可寻。但是从目前考古资料可以看出，自晚唐时期起，浙东明州地区的越窑青瓷开始顺海路销往东南亚以及环印度洋地区。世界各地出土 9—10 世纪越窑青瓷的状况如下：

---

① 相关研究参阅刘凤鸣：《唐中后期东方海上丝绸之路繁荣原因探析》，《中国高校社会科学》2015 年第 6 期。

菲律宾:吕宋(Luzon)岛南部八打雁(Batangus)地区劳雷尔遗址(9 至
10 世纪前期)中发现了越窑青瓷棱浅钵;棉兰老岛西北部武端地区安邦干—
利伯特沉船中发现越窑青瓷壶(9—10 世纪)。[1]

马来西亚:沙捞越河口遗址发现 9—10 世纪的越窑青瓷[2],现存沙捞越
古晋国立博物馆。

印度尼西亚:中爪哇日惹地区的帕兰邦南寺院遗址、西爪哇雅加达湾东
北端加拉璜地区、东爪哇古港口锦石(Gresik)、苏门答腊南部的巨港和占碑
等地出土了越窑青瓷。[3]

印度:印度东南海港城市本地治里的阿里卡美都遗址发现了 9—10 世
纪的越窑瓷片,遗物现藏于当地博物馆。[4]

斯里兰卡:位于科伦坡之东的德地卡玛发现有越窑瓷碗残片[5];安努拉
达普拉的阿巴亚格里佛教遗址、吉特凡那遗址、达戈遗址中出土有越窑
青瓷。[6]

伊拉克:巴格达阿拉伯博物馆藏有 9—10 世纪的越窑瓷器[7];巴格达东
南的阿比鲁塔遗址采集到 9—10 世纪的褐色越窑瓷片。[8]

伊朗:伊朗东北部的内沙布尔遗址出土有越窑遗物,其中一些遗物现藏
美国纽约密特罗波利坦博物馆[9];德黑兰附近的赖伊遗址出土有唐代后期越
窑瓷器,遗物现藏于美国波士顿美术馆。[10]

埃及:福斯塔特(开罗南)遗址出土了大量质量精良的唐末至五代越窑

---

[1]　(日)三上次男:《晚唐五代时期的陶瓷贸易》,《文博》1988 年第 2 期。

[2]　(日)三上次男:《陶瓷之路》,李锡经、高喜美译,北京:文物出版社,1984 年版,第 140 页。

[3]　(日)三上次男:《晚唐五代时期的陶瓷贸易》,《文博》1988 年第 2 期。

[4]　(日)三上次男:《陶瓷之路》,李锡经、高喜美译,北京:文物出版社,1984 年版,第 126 页。

[5]　(日)三上次男:《陶瓷之路》,李锡经、高喜美译,北京:文物出版社,1984 年版,第
131—132 页

[6]　(日)三上次男:《斯里兰卡发现中国瓷器和伊斯兰国家陶瓷——斯里兰卡出土的中
国瓷器调查纪实》,《南方文物》1986 年第 1 期。

[7]　(日)三上次男:《陶瓷之路》,李锡经、高喜美译,北京:文物出版社,1984 年版,第 79 页。

[8]　(日)三上次男:《陶瓷之路》,李锡经、高喜美译,北京:文物出版社,1984 年版,第 82 页。

[9]　(日)三上次男:《陶瓷之路》,李锡经、高喜美译,北京:文物出版社,1984 年版,第
97—98 页。

[10]　(日)三上次男:《陶瓷之路》,李锡经、高喜美译,北京:文物出版社,1984 年版,第 101 页。

青瓷制品①;濒临红海的库赛尔港城址发现唐末宋初的越窑系青瓷②。

苏丹:红海岸线的爱扎布港遗址发现有越窑青瓷碎片。③

关于晚唐中国对外陶瓷贸易的整体状貌,可从东南亚海下沉船出水文物资料窥知一二。例如:印尼勿里洞岛海域(位于苏门答腊岛与加里曼丹岛之间)发现的"黑石号"沉船,出水 67000 多件陶瓷制品,其中 98% 是中国陶瓷,长沙窑瓷约 56500 件。出水器型以碗为主,其次为执壶。有件瓷碗带有"宝历二年七月十六日"铭文,宝历二年(826)为唐敬宗年号。这些出土瓷器带有阿拉伯风格的图案和装饰,说明唐代瓷窑已经为适应西亚市场需求而调整产品设计。距离印尼井里汶(位于爪哇岛北部岸线中段)外海约 100 海里处的"井里汶"沉船,年代比"黑石号"稍晚,约为 10 世纪。该处共打捞出水遗物 49 万余件,共 521 种④;另外,发现于雅加达以北约 150 公里邦加岛(Bangka Island)附近的印坦沉船,与井里汶沉船年代相近。船货包括金、银、铜、锡、铅、陶器以及中国陶瓷器。据统计,该沉船共出水瓷器 7309 件,其中产地为广东的青黄釉小罐数量为 4855 件,占比超过总瓷器数的六成,剩下的器物以越窑青瓷为主,占比在两至三成,另有少量青白瓷和白瓷。⑤

通过以上海洋考古发现,可知该时期中国产的瓷器已经大量输出。虽然上述地区出土的越窑青瓷并不一定是由宁波海船舶出的,但应是由宁波港与泉州、广州等华南港口联合完成的。诚如有学者认为的,宁波无疑是越窑青瓷外销的始发港,贸易陶瓷到达泉州、广州等港口之后,再被转运至东南亚的吕宋、沙捞越、爪哇等地,然后沿巨港、占碑等苏门答腊岛的古代港口出马六甲海峡,到达斯里兰卡海滨或印度东南的本地治里地区。斯里兰卡是这条陶瓷之路的中继站,自此沿印度西南海岸可达印度河口,也可以借助信风经霍尔木兹海峡进入波斯湾,或经亚丁附近进入红海。驶入红海的陶

---

① (日)三上次男:《陶瓷之路》,李锡经、高喜美译,北京:文物出版社,1984 年版,第 14—15 页。

② (日)三上次男:《陶瓷之路》,李锡经、高喜美译,北京:文物出版社,1984 年版,第 26 页。

③ (日)三上次男:《陶瓷之路》,李锡经、高喜美译,北京:文物出版社,1984 年版,第 21 页。

④ 辛光灿:《9—10 世纪东南亚海洋贸易沉船研究——以"黑石号"沉船和"井里汶"沉船为例》,《遗产与保护研究》2019 年第 10 期。

⑤ 项坤鹏:《管窥 9—10 世纪我国陶瓷贸易的域外中转港现象——以东南亚地区为焦点》,《东南文化》2018 年第 6 期。

瓷贸易船在红海西岸的爱扎布港或库赛尔港泊岸,再由驼队将瓷器运至尼罗河畔的阿斯旺、库斯等地,最终销售到北埃及的各个城市。尼罗河下游的福斯塔特可以被视为越窑陶瓷之路西线的终端。[①]

　　综上所述,自 8 世纪起,在众多中国海路外销物品中,以瓷器最负盛名,是海上贸易的大宗商品。有学者指出,9 世纪时,在海上贸易中长沙窑的瓷器大量输出;但是,到了 10 世纪,越窑青瓷迅速成为当时最重要的外销产品。[②] 唐代越窑青瓷在国际贸易中大量出口标志着中国瓷器外销步入一个新阶段。中国海上陶瓷之路肇始于两晋时期越窑青瓷向朝鲜半岛的输出,由于宁波慈溪、余姚以及绍兴上虞是越窑青瓷的生产中心,余姚江畔的句章很可能即是海上陶瓷之路最早的起点。晚唐时期,明州港成为大唐海商船团最重要的启航地,随着海上航线的不断开辟,越窑青瓷输出范围扩大至日本,晚唐至五代,越窑青瓷外销空间延伸到东南亚及印度洋沿岸,浙东越窑青瓷的海外行销与明州港城的发展繁荣,是两条相辅相成的历史脉线。[③] 秦大树等人的最新研究也证实了上述观点。[④] 日本福冈的鸿胪馆遗址出土的大量 9 世纪后期的越窑青瓷,证明了晚唐时期浙东明州向日本北九州陶瓷输出的史实。[⑤]“黑石号”沉船和印坦沉船的考古发现,则反映出明州港与苏门答腊岛室利佛逝王国港口之间海上贸易往来的可能性。[⑥]

　　正如上文所言,明州城市的发展与对外贸易的繁荣是相互促进关系。晚唐时期,明州迁治三江口,新建子城。《宝庆四明志》载:“城四周围四百二十丈,环以水。长庆元年刺史易县治为州,撤旧城,筑新城。设有东南西北四门。”[⑦]后唐乾宁五年(898),刺史黄晟又筹建罗城,“罗城周围长二千五百

　　① 刘恒武:《越窑青瓷的海外输出与浙东海上交通的变迁》,《西北大学学报·哲学社会科学版》2010 年 4 期。

　　② 秦大树:《拾遗南海 补阙中土——谈井里汶沉船的出水瓷器》,《故宫博物院院刊》2007 年第 6 期。

　　③ 刘恒武:《越窑青瓷的海外输出与浙东海上交通的变迁》,《西北大学学报·哲学社会科学版》2010 年第 4 期。

　　④ 秦大树、任林梅:《早期海上贸易中的越窑青瓷及相关问题讨论》,《遗产与保护研究》2018 年第 3 期。

　　⑤ (日)田中克子、横田贤次郎:《太宰府·鸿胪馆出土の初期贸易陶磁の検討》,《贸易陶瓷研究》1994 年第 14 号。

　　⑥ 李鑫:《唐宋时期明州港对外陶瓷贸易发展及贸易模式新观察——爪哇海域沉船资料的新启示》,《故宫博物院院刊》2014 年第 2 期。

　　⑦ [宋]罗濬:《宝庆四明志》卷三《叙郡下·子城》,第 5023 页。

宁波鼓楼(明州子城南门故址)

二十七丈许,计一十八里。奉化江自南来限其东,慈溪江自西来其限北,西与南皆它山之水环绕,唐末刺史黄晟所筑"①。黄晟墓碑云:"此郡先无罗城,郭民若野居。晟筑金汤壮其海峤,绝外寇窥觎之患,保一州生聚之安。"五代时,"钱氏据有吴越,明为属郡,后且以子弟镇之,城郭增壮自此始矣"②。明州城市建设的不断发展,浙东内河运输系统将各地产区物品转运至明州港口,再通过中外商人、使节的船只将不同货物运销海外。有学者指出,自晚唐起,明州依靠浙东运河的通航能力,转运南北货物至长三角腹地。③ 事实上,明州凭借着港口区位优势,将中国生产货物通过海上航线直抵日本、朝鲜半岛和东南亚诸国。港口贸易的繁荣,反过来又使明州得以吸引人口、积蓄财富,向城市发展的更高层级迈进。

---

① [宋]罗濬:《宝庆四明志》卷三《叙郡下·城郭》,第 5020 页。

② [宋]罗濬:《宝庆四明志》卷三《叙郡下·城郭》,第 5020 页。

③ 丁雨:《晚唐至宋初明州城市的发展与对外陶瓷贸易刍议》,《故宫博物院院刊》2014年第 6 期。

第三章　宋元时期宁波对外贸易

宋元时期是海上丝绸之路的繁荣期,也是我国古代对外贸易发展历史曲线的最高段。较之前代,宋元时期对外航海贸易在很多方面都有显著增长与提升。就浙东宁波而言,宁波港口在宋元时期发展成熟,与广州、泉州并列为我国古代对外航海贸易最为重要的三大港口,不论是进出口贸易规模,还是贸易范围都有很大增拓。

第一节　宋代宁波对外贸易

宋代社会经济的繁荣为对外贸易发展创造了物质基础,宋朝官方对于航海贸易的积极态度也为沿海各地海商提供了广阔的开拓空间,浙闽粤边海民众不仅将营商范围扩展至东亚、东南亚各地,还留居异域,建构起联结内外的贸易网络。

一、宋代宁波对外贸易发展的背景

(一)宋代两浙社会经济的繁荣

宋代繁荣发展的社会经济为对外贸易奠定了物质基础。随着宋政权平定南方割据势力,五代十国的离乱局面基本终结,社会的安定保障了经济发展。宋朝鼓励垦荒,实行"不抑兼并"的土地制度,确立土地私有产权制,民间出现了"千年田换八百主",土地流转异常活跃,正如《袁氏家范》所言:"贫富无定势,田宅无定主,有钱则买,无钱则卖。"①宋廷不仅制定了适应农业发展的土地政策,而且将土地政策法制化,释放了农业生产的动能。

宋廷非常重视农业发展,积极引进新的水稻品种,如真宗大中祥符五年(1012)五月,两浙路等地因"稍旱即水田不登",水稻产量受制于自然因素,真宗派官员从福建取耐旱早熟的占城稻种三万斛,分给三路,各转运司出种法揭榜谕民,"令择民田高仰者府之"②。不仅如此,朝廷兴工改善农业基础设施,大力兴修农田水利,如神宗熙宁三年(1070)至九年(1076),两浙地区兴修水利设施达"一千九百八十处"③。南宋孝宗时期,浙西地区进行了2100次大小水利工程建设。④ 宋廷对两浙地区农田水利系统的建设和维护,不仅有助于扩大耕地面积,也有利于提升农业生产效率。就两浙地区而言,农业经济有巨大增长,所谓"苏湖熟,天下足"。北宋时,"自祖宗以来,军国之费,多出于东南"⑤,范仲淹曾言:"苏、常、湖、秀,膏腴千里,国之仓庾也。"⑥神宗时,两浙路转运漕粮 150 万石岁供京师。⑦ 南宋时,高宗南渡,"席东南地产之饶,足以裕国"⑧。苏、湖、常、秀所产"为两浙之最"⑨,"国家根本,仰给东南"⑩。绍兴五年(1135),湖州知州李光曾经说过:"浙江每岁秋租大数不下百五十万斛,苏、湖、明、越,其数大半,朝廷经费之源,实本于此。"⑪宋代财政收入与粮食产量呈相同趋势增长,李心传云:"国朝混一之

---

① [宋]袁采:《袁氏家范》卷三《治家·富家置产当存仁心》,北京:中华书局,1985 年版,第 62 页。

② [宋]李焘著,上海师范大学古籍所、华东师范大学古籍所点校:《续资治通鉴长编》卷七七,大中祥符五年五月戊辰,北京:中华书局,2004 年版,第 1764 页。

③ [清]徐松辑,刘琳等校点:《宋会要辑稿》食货六一,上海:上海古籍出版社,2014 年版,第 7475 页。

④ 方健:《南宋农业史》,北京:人民出版社,2010 年版,第 64 页。

⑤ [宋]李焘著,上海师范大学古籍所、华东师范大学古籍所点校:《续资治通鉴长编》卷四六六,元祐六年九月甲寅,第 11141 页。

⑥ [宋]范仲淹著,李勇光、王蓉贵点校:《范仲淹全集·范文正公文集》卷十一《上吕相公并呈中丞咨目》,成都:四川大学出版社,2002 年版,第 376 页。

⑦ [宋]沈括著,侯真平校点:《梦溪笔谈》一二《官政二》,长沙:岳麓书社,2002 年版,第 95 页。

⑧ [元]脱脱:《宋史》卷一七三《食货上一》,北京:中华书局,1977 年版,第 4156 页。

⑨ [清]徐松辑,刘琳等校点:《宋会要辑稿》食货八,第 6153 页。

⑩ [元]脱脱:《宋史》卷三三七《范祖禹传》,第 10796 页。

⑪ [清]徐松辑,刘琳等校点:《宋会要辑稿》食货七,第 6138 页。

初,天下岁入缗钱千六百余万,太宗皇帝以为极盛,两倍唐室矣。天禧之末,
所入又增至二千六百五十余万缗。嘉祐间,又增至三千六百八十余万缗。
其后月增岁广,至熙、丰间,合苗、役、易、税等钱,所入乃至六千余万。元祐
之初,除其苛急,岁入尚四千八百余万。渡江之初,东南岁入不满千万,逮淳
熙末,遂增六千五百三十余万焉。"①可以肯定地说,宋朝财税的增长得益于
粮食产量的稳定提升。

　　更为重要的是,宋代农业在发展中种植结构调整,农产品商品化趋势明
显,单一粮食生产无法实现土地利用效率最大化,而在市场需求刺激下,商
品化农事生产开始具备规模,甚至已经有专职从事商品化产业户,如"茶园
户""渔户""橘园户""花户"等②。一些农户由纯粮生产农户向兼业农户转
变,再向专职商品化产业农户身份变化,这反映出宋代农业经济转型,意味
着商品化农业生产已具备了一定的市场深度和广度。正如宋人所言:"今之
农与古之农异。秋成之时,百逋丛身,解偿之余,储积无几,往往负贩佣工以
谋朝夕之赢者,比比皆是也。"③宋代农人的生业不局限于粮食生产,他们还
将产品和劳力投入市场以获取收益。

　　宋代商品化农业发展程度,反映在茶叶、柑橘、蔬菜等主要经济作物的
种植面积上,也体现于养殖业和桑蚕业的生产规模上。关于两浙路商品化
农业经济发展,陈旉《农书》总结道:"凡从事于务者,皆当量力而为之,不可
苟且,贪多务得,以致终无成遂也","农之治田,不在连阡跨陌之多,唯其财
力相称,则丰穰可期番矣"。④ 由此可见,宋人在农业上不再仅强调增量,而
是注重提质,讲求其中的经营之道。换言之,宋代传统农业结构调整,甚至
剥离出能够撬动宋代整个经济结构重组的新"支点",进而优化各种经济要
素的配置,提升社会经济的发展水平。

---

　　① 　[宋]李心传著,徐规点校:《建炎以来朝野杂记》卷一四《国初至绍熙天下税收数》,
《唐宋史料丛刊》,北京:中华书局,2006 年版,第 289 页。
　　② 　胪列几例研究,文中不再赘述,如丁建军、华仙:《一个面向市场的新型种植行业:宋
代的花卉种植业》,《中国经济史研究》2006 年第 1 期;魏华仙:《宋代花卉的商品性消费》,《农
业考古》2006 年第 1 期;蒲三霞:《宋代花卉交易盛行原因》,《西昌学院学报·社会科学版》
2016 年第 1 期;姜莉:《花卉与宋代社会生活》,成都:四川大学出版社,2018 年版。
　　③ 　[宋]王柏:《鲁斋集》卷七《社仓利害书》,《景印文渊阁四库全书》集部第 1186 册,台
北:台湾商务印书馆,1986 年版,第 113 页。
　　④ 　[宋]陈旉著,万国鼎校注:《陈旉农书校注》卷上《财力之宜篇第一》,北京:中国农业
出版社,1965 年版,第 23 页。

宋代农业经济发展为手工业振兴奠定了经济基础，大量富余的农业产品和手工业产品则使商业贸易规模的扩大成为必然。就丝织业而言，宋代纺织业迅速发展，特别是苏杭、成都等地发展成纺织业中心，如高宗绍兴十七年(1147)，"东南诸路岁额绸三十九万匹，浙东上供八万，淮衣、福衣八千，浙西上供九万二千，淮衣万六千……绢二百六十六万匹，浙东上供四十三万六千，淮衣、福衣五万三千，天申、大礼八千，浙西上供三十八万一千，淮衣、福衣十三万八千，天申、大礼八千……绫、罗、绝三万余匹。浙西绫八千七百，婺州罗二万"①。有学者对宋代东南沿海地区丝织品产量进行估算，认为宋代东南沿海地区丝织品产量在 3000 万匹到 4000 万匹之间。②此外，宋代制盐业③、酿酒业④、矿冶业⑤等行业都有很大发展。总之，宋代官私各手工业部门得到较为全面的发展，为宋朝对外贸易提供了充足的商品。

宋代打破坊市制度，城乡市场繁荣。一般来说，市镇兴起的动力来自经济形态多元化、人口增长以及地域深度开发等进程。新生的城市一市镇空间体系成为孕育大小市场的母体，"在以城市为中心，由城市、镇市和墟市而构成的多层次、网络状的地方市场日益发展之下，宋代的区域性市场也形成起来了"⑥，东南地区市镇发展尤其迅速，正如有学者指出的："农村市场的发育促进了乡村中心地的兴起，经济型市镇的初兴成为宋代异乎往代的重要历史现象。市镇成为城乡经济联系的中介，城市市场获得发展的新的动力。中唐以来中国城市市场发生的深刻革命，至宋代基本完成，从此开启了城市市场的新纪元。……城乡市场经济交流成为市场发展的强劲推动力"⑦，"城乡之间的市场联系增强，随着各级中心地成长及其经济功能强化，城乡市场网络渐趋细密"⑧。事实如此，宋代随着商品流通空前活跃，两浙地区形成"环城卫星市镇、农村工商业市镇、港口市镇和乡村墟市等不同类型，初步形

---

①　[宋]李心传著，徐规点校：《建炎以来朝野杂记》甲集卷一四《东南折帛钱》，第 291 页。

②　黎海波、熊燕军：《宋代东南沿海地区丝织业发展状况》，《华南农业大学学报》2004年第 3 期；熊燕军：《宋代东南沿海地区丝织品的生产与外销》，《农业考古》2008 年第 1 期。

③　郭正忠：《宋代盐业经济史》，北京：人民出版社，1990 年版。

④　李华瑞：《宋代酒的生产和征榷》，保定：河北大学出版社，1995 年版。

⑤　王菱菱：《宋代矿冶业研究》，保定：河北大学出版社，2005 年版。

⑥　漆侠：《宋代经济史》，上海：上海人民出版社，1988 年版，第 940 页。

⑦　龙登高：《江南市场史十一至十九世纪的变迁》，北京：清华大学出版社，2003 年版，第 22—23 页。

⑧　龙登高：《宋代东南市场研究》，昆明：云南大学出版社，1994 年版，第 53 页。

成较为完整的两级市场网络,并与发达的城市市场结合,进而形成了区域性多层次的等级市场体系"①。两浙路水陆交通便利,成为连接"区域性多层次的等级市场体系"的必要保障,"浙江之地,崇山巨浸,包络四维,而临安实为都会,右峙重山,左连大泽,水陆接集,居然形胜。嘉兴则接壤苏、松,运道之咽喉也。然而湖州一隅,北逾震泽则迫毘陵,走阳羡,可以震建康;西出安吉则道广德,指东坝,亦可以问金陵矣"②,两浙地区河海运联通,水上交通很发达,海外贸易尤其繁盛。南宋时期,临安更是成为陆路、内河及海洋交通网络体系中心。③ 两浙路市场射辐范围宽广,如同江南水网延伸至每个乡村社会,涵盖大部分农村人口。

两浙路"区域性多层次的等级市场体系"建立在乡镇基层市场网络基础之上,基层市场促动了农产品的商品化。就宋代两浙路沿海地区而言,市场流通性非常显著,两浙滨海接近丝、瓷等商品产地,又有航海贸易的地利,随着海上丝绸之路的持续开拓与延伸,明、台、温、泉州等港城及浙闽滨海地域社会融入并主导了东亚海域经济交流圈。总之,宋朝社会经济发展、市镇兴起、"海上丝绸之路"繁荣,为对外贸易奠定了坚实的经济基础和物质基础。

(二)宋代浙东造船业及海航技术的发展

宋代造船业非常发达,为海上交通和航海贸易提供了技术支撑。目前学界对宋代造船业已经有深入研究,如葛金芳考察了宋代7种船舶造价及经费来源④;何锋认为,北宋末年沿海地区的舰船数约为1万艘,建炎年间沿海新增舰船约7000艘,南宋朝廷拥有1.8万余艘舰船⑤;黄纯艳则从造船业视域考察宋代社会经济发展⑥,其估算出北宋内河纲船超过1.5万艘,南宋长江中下游战船超过3万艘,浙东沿海民间海船超过2万艘,并保守估算得

---

①　陈国灿有多篇关于两浙路市镇发展的相关研究,如:《论宋代两浙路的城镇发展形态及其等级体系》,《浙江学刊》2001年第1期;《宋代两浙路的市镇与农村市场》,《浙江师大学报·社会科学版》2001年第2期;《略论南宋时期江南市镇的社会形态》,《学术月刊》2001年第2期;《宋代太湖流域农村城市化现象探析》,《史学月刊》2001年第3期;《宋代江南城市研究》,北京:中华书局,2002年版。

②　[清]顾祖禹撰,贺次君、施和余点校:《读史方舆纪要》卷八九,北京:中华书局,2005年版,第4118—4119页。

③　张锦鹏:《南宋交通史》,上海:上海古籍出版社,2008年版,第48—67页。

④　葛金芳:《南宋手工业史》,上海:上海古籍出版社,2008年版,第153页。

⑤　何锋:《12世纪南宋沿海地区舰船数量考察》,《中国社会经济史研究》2005年第3期。

⑥　黄纯艳:《造船业视域下的宋代社会》,上海:上海人民出版社,2017年版。

出南宋全国海船总数七八万艘①。陈高华、吴泰《宋元时期的海外贸易》②和李金明、廖大坷《中国古代海外易史》③等书对宋代海上交通都有过相关论述。下文将以宋代浙东造船业为重点展开论述。

宋代浙东沿海地区造船技术和造船业发展非常迅速,浙东沿海已经成为重要造船中心。北宋哲宗元祐五年(1090),朝廷诏令:"温、明州岁造船以六百只为额。"④徽宗政和四年(1114),朝廷诏令"两浙路转运司各打造三百料三百只"⑤。绍兴二年(1132)十二月,浙东差吕源提领明州,"令吕源于已到岸海船内择近下料例船一百只"⑥。据《宝庆四明志》记载,宋代明州官营造船厂位于"城外一里,甬东厢"⑦。考古资料表明,在1979年宁波东门口海运码头遗址发掘出残船残件,此残船长9.3米,残高1.14米。根据留存部分可以推测,该船水线长在13米以上,排水量在40吨以上,是一艘尖头、尖底、方尾的三桅外海船。⑧

浙东明州是宋代非常重要的造船基地,《宝庆四明志》卷三《官僚造船官》记载:

> 国朝皇祐中,温、明各有造船场。大观二年,以造船场并归明州,买木场并归温州,于是明州有船场官二员,温州有买木官二员,并差武臣。政和元年,明州复置造船、买木二场官各一员,仍选差文臣。二年,为明州无木植,并就温州打造,将明州船场兵级及买木监官前去温州勾当。七年,守楼异以应办三韩岁使船,请依旧移船场于明州,以便工役。寻又归温州。宣和七年,两浙运司乞移明温州船场并就镇江府,奏辟监官二员,内一员兼管买木。未几又乞移于秀州通惠镇,存留船场官外省

---

① 黄纯艳:《宋代船舶的数量与价格》,《云南社会科学》2017年第1期。
② 陈高华、吴泰:《宋元时期的海外贸易》,天津:天津人民出版社,1981年版。
③ 李金明、廖大坷:《中国古代海外易史》,南宁:广西人民出版社,1995年版。
④ [宋]李焘著,上海师范大学古籍所、华东师范大学古籍所点校:《续资治通鉴长编》卷四三七,元祐五年正月庚午,第10525页。
⑤ [清]徐松辑,刘琳等校点:《宋会要辑稿》食货五〇,第7123页。
⑥ [清]徐松辑,刘琳等校点:《宋会要辑稿》食货五〇,第7123页。
⑦ [宋]罗濬:《宝庆四明志》卷三《叙郡下·官僚》,《宋元方志丛刊》,北京:中华书局,1990年版,第5031页。
⑧ 林士民:《再现昔日的文明——东方大港宁波考古研究》,上海:上海三联书店,2005年版,第178、189页。

宁波东门口海运码头遗址所在地（图右端桥头路口即东门口）

罢，从之。中兴以来，复置监官于明州。①

　　依据上述材料可知，北宋时期，明州造船基地经历了几次变化，特别是在徽宗朝时期，明州造船场因木料缺乏一度转移到温州，后又转移到秀州。南宋时期，明州造船场一直存在。2003 年，宁波和义大道抢救性考古发掘中，出土了一条船体残长约 9.2 米、最宽处约 2.8 米、深约 1.2 米的南宋古船。②

　　浙江沿海地区民众生于滨海、长于海滨，出行营生皆依赖船舶，因此船只保有数量巨大。根据文献所载，"沿海土豪谙海道之险，仰海食之利，皆能役使船户"③。沿海民众多以渔盐为业，"浙东所管七州，而四州濒海，既是产

---

①　[宋]罗濬：《宝庆四明志》卷三《叙郡下·官僚》，第 5031 页。

②　王结华：《宁波文物考古研究文集》，北京：科学出版社，2008 年版，第 183—188 页。

③　[宋]徐鹿卿：《清正存稿》卷一《四年丁酉六月轮对第二札》，南昌：南昌古籍书店；杭州：杭州古籍书店，1985 年版。

盐地分","故贩私盐者百十成群,或用大船般载"①,"永嘉县有田产船户,每船所用水手,则又泛差诸县濒海之细民为之。此曹各有渔业,深惮此行"②。那么,宋代两浙沿海地区有多少船只呢?其总体船只数量无从考证,以下提取南宋方志相关数据制成南宋嘉熙年间庆元府(宁波)船只数量表以资参考。

从表 3-1 可知,南宋嘉熙年间庆元府民船一丈以上船只为 1728 艘,一丈以下 6198 艘。这只是官府统计数据,据此可知宁波地区船只之多。每至春天潮汛,浙东地区渔船纷纷出海,"舟人连七郡出洋取之者,多至百万艘"③。浙东沿海地区出洋捕鱼船队声势浩大,百万虽为虚指,但舟船众多确是实情。

表 3-1 南宋嘉熙年间庆元府各县船只数量

单位:只

县名	船只尺寸		总计
	一丈以上	一丈以下	
鄞县	140	484	624
定海	387	804	1191
象山	128	668	796
奉化	411	1288	1699
慈溪	65	217	282
昌国	597	2737	3334

数据来源:《开庆四明续志》卷六《三郡隘船》《省割》,《宋元方志丛刊》,北京:中华书局,1990 年版,第 5991 页。

宋代造船业发达,造船技术高超,并且宋代已经能够建造体量硕大的船舶。宋人沈括云:"国初,两浙献龙舟,长二十余丈,上为宫室层楼,设御榻以

---

① [宋]朱熹:《晦庵先生朱文公文集(一)》卷一八《奏盐酒课及差役利害状》(第二十册),见朱杰人、严佐之、刘永翔编:《朱子全书》,上海:上海古籍出版社;合肥:安徽教育出版社,2002 年版,第 821—822 页。

② [宋]楼钥:《楼钥集》卷二〇《乞罢温州船场》(第二册),杭州:浙江古籍出版社,2010 年版,第 409 页。

③ [宋]罗濬:《宝庆四明志》卷四《郡志四·叙产》,第 5041 页。

备游幸。"①吴自牧在《梦粱录》中明确记载了远洋船舶巨大的载重量："海商之舰，大小不等，大者五千料，可载五六百人；中者二千料至一千料，亦可载二三百人；余者谓之'钻风'，大小八橹或六橹，每船可载百余人。"②徽宗宣和六年(1124)出使高丽的"神舟"是当时建造的超大型海船，其"巍如山岳，浮动波上，锦帆鹢首，屈服蛟螭"，到达高丽时，引得当地百姓"倾国耸观而欢呼嘉叹"③。

宋代制造海船材料是"皆以全木巨枋揍叠而成，上平如衡，下侧如刃，贵其可以破浪而行也"④。造船选用巨木建造，坚实耐用。此外，宋代海船建造中特意设计水密隔舱，增强抗沉性和横向强度，先进技术的运用为沿海地区以船为生的社群提供了更多安全保障。⑤ 目前，考古资料已经证明宋代船只运用了水密隔舱技术。⑥ 宋人还使用铁锚用于停泊，"其铁猫(锚)大者重数百斤"⑦。

宋代海船中，以船主、纲首为核心的领导层，以梢工、招头、作头、碇手、贴客、水手、火儿等组成的船中杂事和船只操作人员，共同构成一个临时海上社会，负责海上航行中的掌舵、使帆、用橹、起碇、判断风讯海情等各种船上作业。⑧ 宋人在航海过程中应用指南针辨别航向，"舟师识地理，夜则观星，昼则观日，阴晦观指南针。或以十丈绳钩取海底泥嗅之，便知所至"⑨，"舟舶来往，惟以指南针为则，昼夜守视唯谨，毫厘之差，生死系焉"⑩。徽宗

---

① [宋]沈括著，侯真平校点：《梦溪笔谈·补笔谈》卷二《权智》，长沙：岳麓书社，2002年版，第228—229页。

② [宋]吴自牧：《梦粱录》卷一二《江海船舰》，杭州：浙江人民出版社，1980年版，第111页。

③ [宋]徐兢：《宣和奉使高丽图经》卷三四《海道一》《神舟》，北京：中华书局，1985年版，第115—117页。

④ [宋]徐兢：《宣和奉使高丽图经》卷三四《客舟》，第117页。

⑤ 黄纯艳：《宋代船舶与南方民众的日常生计》，《中国社会经济史研究》2016年第2期；黄纯艳：《造船业视域下的宋代社会》，上海：上海人民出版社，2017年版，第356—368页。

⑥ 包春磊：《南海"华光礁Ⅰ号"沉船水下考古试析》，《南海学刊》2015年第3期；齐吉祥：《中国古代船舶的两项重大发明——舵和水密隔舱》，《历史教学》2005年第4期。

⑦ [宋]周密撰，王根林校点：《癸辛杂识》续集上《海蛆》，上海：上海古籍出版社，2012年版，第88页。

⑧ 黄纯艳：《宋代海船人员构成及航海方式》，《海交史研究》2015年第2期。

⑨ [宋]朱彧：《萍洲可谈》卷二《舶船航海法》，《宋元笔记小说大观》(第二册)，上海：上海古籍出版社，2001年版，第2309页。

⑩ [宋]赵汝适：《诸蕃志》卷下《海南》，北京：中华书局，1985年版，第40页。

宣和五年(1123),徐兢出使高丽,夜间航行则使用指南针导航,"是夜,洋中不可住维,视星斗前迈。若晦冥,则用指南浮针,以揆南北"①。宋人在航海中利用指南针辨别方位,这是整个航海史上的重大变革,提高了海上航行的安全性和航行效率。此外,宋人航行时还利用信鸽保持联络,"贾人舶船浮海,亦以鸽通信"②。

综上所述,宋代迅速发展的造船业、先进的航海技术和海上通信方式,都是宋人赖以发展进出口贸易的重要手段,也是宋人从事航海事业的保障。

(三)宋朝的对外贸易方针

宋朝自建立之初,就重视海外贸易。政府力图开辟财政增收的渠道,积极鼓励对外贸易。《宋史》卷一八六记载:"雍熙中,遣内侍八人资救书金帛,分四路招致海南诸蕃。"③《宋会要辑稿》则详细记载了这次"招商"活动,朝廷派遣有关人员携带珍贵物品到南海"招商"。实际上,朝廷这次遣内侍八人前往南海藩国主要是"购物","各往海南诸蕃国勾招进奉,博买香药、犀牙、真珠、龙脑"④。从清单上可以看出,这些物品以香料和药材为主,宋朝境内没有,需要依靠国外进口。为管理进出口贸易,宋廷颁布管理制度:"商人出海外蕃国贩易者,令并诣两浙市舶司请给官券,违者没人其宝货。淳化二年,诏广州市舶,除榷货外,他货之良者止市其半。大抵海舶至,十先征其一,价直酌蕃货轻重而差给之。"⑤凡是从事海外贸易的商人,都需要由官府颁发凭证,并缴纳关税,税率大致为"十先征其一,价直酌蕃货轻重而差给之"。在宋初对外贸易中,朝廷获得丰厚财税,"岁约获五十余万斤、条、株、颗"⑥。正是高额的对外贸易回报,吸引了宋廷积极鼓励发展对外贸易。

至道元年(995)四月,朝廷"令金部员外郎王瀚与内侍杨守斌往两浙相度海舶路"。同年九月,王瀚等使还,帝谕以"言事者称海商多由私路经贩,可令禁之",瀚等言:"取私路贩海者不过小商,以鱼干为货。其大商自苏、杭取海路,顺风至淮、楚间,物货既丰,收税复数倍。若设法禁小商,则大商亦

---

① [宋]徐兢:《宣和奉使高丽图经》卷三四《海道一》,第120页。

② [宋]江少虞:《宋朝事实类苑》卷六一《风俗杂志》《鸽寄书》,上海:上海古籍出版社,1981年版,第508页。

③ [元]脱脱:《宋史》卷一八六《食货下八》,第4559页。

④ [清]徐松辑,刘琳等校点:《宋会要辑稿》职官四四,第4204页。

⑤ [元]脱脱:《宋史》卷一八六《食货下八》,第4559页。

⑥ [元]脱脱:《宋史》卷一八六《食货下八》,第4559页。

不行矣。"①上述材料表明,因有官员奏对海商走私活动,建议朝廷严禁。但经过王淮等人实地考察,认为所谓海商走私只是小商小贩的经营生计,不应当实行海禁,一旦海禁,会影响到国家税赋征收。朝廷听从金部员外郎王淮建议,不禁止海上贸易。

太宗朝的"对外招商"尝试,获得成功,宋廷正式开启对外贸易活动。实际上,宋代沿海地区除旧有港口之外,还新开放众多新港口,依次有登州、密州、江阴军、镇江府、平江府、华亭、澉浦、杭州、台州、明州、温州、福州、泉州、漳州、广州、钦州、海南等。这些沿海地区港口成为对外航海贸易的前沿。沿海地区港口开发,为宋朝带来丰厚财政收入,如"皇祐中,总岁入象犀、珠玉、香药之类,其数五十三万有余。至治平,又增十万"②。

北宋中期海外贸易发展为朝廷带来丰厚财赋。如熙宁五年(1072),发运使薛向曰:"东南之利,舶商居其一。"③神宗曾说:"东南利国之大,舶商亦居其一焉。昔钱、刘窃据浙、广,内足自富,外足抗中国者,亦由笼海商得术也。"④上述材料说明神宗已经意识到发展对外贸易对扩充财税的重要性,海上贸易具有丰厚可观利润,能为朝廷带来大量财税。神宗要求发运使"宜创法讲求,不唯岁获厚利,兼使外藩辐辏中国"⑤,制定合适的外贸管理政策,促进对外贸易,吸引海外商人。熙宁九年(1076),朝廷通过海外贸易获得巨大财赋,"是年,杭、明、广三司舶,收钱、粮、银、香、药等五十四万一百七十三缗、匹、斤、两、段、条、个、颗、脐、只、粒,支二十三万八千五十六缗、匹、斤、两、段、条、颗、脐、只、粒"⑥。神宗朝加强了进出口贸易管理,由市舶司负责颁发给商人允许出海的"引"作为凭证,并且要求有人担保,"引"相当于现代的外贸许可证书。如元丰二年(1079),朝廷出台外贸管理政策,要求超过五千缗以上货物需要"保人",由明州市舶司颁发"引",无"引"者按盗算,"贾人入高丽,资及五千缗者,明州籍其名,岁责保给引发船,无引者如盗贩法"⑦。

①　[清]徐松辑,刘琳等校点:《宋会要辑稿》职官四四,第4203—4204页。
②　[元]脱脱:《宋史》卷一八六《食货下八》,第4559页。
③　[元]脱脱:《宋史》卷一八六《食货下八》,第4560页。
④　[清]黄以周等辑注,顾吉辰点校:《续资治通鉴长编拾补》卷五,神宗熙宁二年九月壬午记事,第1册,北京:中华书局,2004年版,第239—240页。
⑤　[清]黄以周等辑注,顾吉辰点校:《续资治通鉴长编拾补》卷五,神宗熙宁二年九月壬午记事,第239—240页。
⑥　[元]脱脱:《宋史》卷一八六《食货下八》,第4560页。
⑦　[元]脱脱:《宋史》卷一八六《食货下八》,第4560页。

元丰三年(1080),朝廷制定出台《市舶法》,其中在很多方面对民商船市舶贸易作出明确规定。在此基础上,宋代市舶司制度更加完善。宋朝大力发展海外贸易,制定一系列鼓励贸易发展措施,建立起完备的贸易管理制度。

南宋时期,北土丢失,地域狭小,朝廷为扩大财源,增加税收,积极发展对外贸易,对外贸税赋也有很大依赖。高宗曾言明市舶贸易的好处:"市舶之利最厚,若措置得宜,所得动以百万计,岂不胜取之民!朕所以留意于此,庶几可以少宽民力尔。"①因而,高宗积极支持吸引外商来华进行贸易,高宗曾指出发展市舶贸易关键是"招商"和"阜通货贿","市舶之利,颇助国用,宜循旧法,以招徕远人"。②孝宗隆兴二年(1164)七月,有臣僚指出,市舶司在抽解之外还有其他盘剥,导致商旅不来,贸易难通,提出应当沿用神宗时期贸易政策:"熙宁初,创立市舶一司,所以来远人、通物货也。旧法,抽解既有定数,又宽期纳税,使之待价,此招致之方也。迩来州郡官吏趣办抽解之外,又多名色,兼迫其输纳,货滞则减价求售,所得无几。恐商旅自此不行,欲望戒敕州郡,推明神宗皇帝立法之意,使商旅懋迁,以助国用。"③该臣僚的建议得到朝廷批准,并在"广南、福建、两浙路转运司并市舶司钤束,所属州县场务,遵守见行条法施行,毋致违庚"④。漆侠认为,"宋代市舶司收入占百分之四五。到南宋中叶六千多万缗总收入中,占百分之三左右。从这方面说,宋政府通过市舶司达到了它垄断海外贸易利润的目的"⑤。

总之,宋廷大力鼓励民间商贾从事航海贸易,从而使朝廷获得丰厚税赋收入。同时,为了保障外贸税收、维护营商秩序,宋朝设立市舶司强化对外贸易管理。

二、宋代明州(庆元)市舶司

(一)明州(庆元)市舶司的设立及其辖属关系

宁绍平原地势平坦,物阜民丰,市镇集聚,城市经济发达,特别是明州,素有经商传统。《乾道四明图经》称:"明之为州,实越之东部,观舆地图,则僻在一隅。虽非都会,乃海道辐凑之地,故南则闽广,东则倭人,北则高句

---

① [清]徐松辑,刘琳等校点:《宋会要辑稿》职官四四,第4213—4214页。
② [清]徐松辑,刘琳等校点:《宋会要辑稿》职官四四,第4216页。
③ [清]徐松辑,刘琳等校点:《宋会要辑稿》职官四四,第4217页。
④ [清]徐松辑,刘琳等校点:《宋会要辑稿》职官四四,第4217页。
⑤ 漆侠:《宋代经济史》,上海:上海人民出版社,1988年版,第1044页。

丽,商舶往来,物货丰衍。东出定海,有蛟门、虎蹲天设之险。亦东南之要会也。"①由此可知,宋代"僻在一隅"的宁波凭借扼控海道的优势,尽享"商舶往来"之利,"余杭、四明,通蕃互市,珠贝外国之物,颇充于中藏云"②,交通十分便利。宁波商船由海路北上可至北方登、莱地区,南下闽、广地区;同时,商船可以沿着浙东运河西入内陆,过曹娥江、钱塘江而达杭州,再溯江南运河到汴水而至汴京。上述条件使宁波成为对高丽和日本贸易主要港口,并跻身宋代三大贸易港行列。

初设于杭州的两浙市舶司,是两浙路最早的市舶贸易管理中枢。端拱二年(989)五月,太宗下诏:"自今商旅出海外蕃国贩易者,须于两浙市舶司陈牒,请官给券以行,违者没入其宝货。"③朝廷规定两浙路商旅在经营进出口贸易时需到两浙市舶司申请外贸凭证,否则官府依法罚没财货。随着航海贸易的蓬勃发展,淳化三年(992),朝廷将两浙市舶司移至明州定海县,但次年又移回杭州。④ 咸平中,朝廷决定将两浙路市舶司一分为二,分别在杭、明两州设立市舶司。⑤《宋会要辑稿》亦载,真宗咸平二年(999)九月,两浙转运使副王渭言:"奉敕相度杭、明州市舶司,乞只就杭州一处抽解。诏杭州、明州各置市舶司,仍取蕃客稳便。"⑥设立市舶司,是宁波对外贸易发展迅速,对外贸易地位迅速上升的体现。

从上述材料可以看出,宋代咸平之前,宋廷在两浙路市舶司的驻地安排上摇摆不定,这是因为当时朝臣对于杭、明诸州在对外贸易中的角色并不十分清楚。但是,随着宋朝对外贸易活动的全面开展,明州市舶司的重要性日益凸显,朝廷言及市舶事务,往往杭、广、明三司并提。大中祥符二年(1009)八月九日,诏杭、广、明州市舶司:"自今蕃商赍锗石至者,官为收市,斤给钱五百。"⑦另外,天禧元年(1017)六月,三司言:"大食国蕃客麻思利等回,收买到诸物色,乞免缘路商税。今看详麻思利等将博买到真珠等,合经明州市舶

---

① ［宋］张津:《乾道四明图经》卷一《分野》,《宋元方志丛刊》,北京:中华书局,1990年版,第4877页。

② ［元］脱脱:《宋史》卷八八《地理四》,第2177页。

③ ［清］徐松辑,刘琳等校点:《宋会要辑稿》职官四四,第4204页。

④ ［宋］张津:《乾道临安志》卷二《廨舍》,《宋元方志丛刊》,北京:中华书局,1990年版,第3224页。

⑤ ［清］徐松辑,刘琳等校点:《宋会要辑稿》职官四四,第4203页。

⑥ ［清］徐松辑,刘琳等校点:《宋会要辑稿》职官四四,第4204页。

⑦ ［清］徐松辑,刘琳等校点:《宋会要辑稿》职官四四,第4204页。

司抽解外,赴阙进卖。今却作进奉名目,直来上京,其缘路商税不令放免。"①
据此可知,当时已有阿拉伯(大食国)客商赴明州市舶司接受抽解。一般而
言,阿拉伯客商在广州市舶司完成抽解手续并进行贸易更为方便,他们之所
以北上明州,应是为了加程转赴汴京(今开封),从而获取最大的交易收益。
杭州、明州两市舶司相比较,杭州虽有取道江南运河赴京的便利,但其钱塘
江水道与港埠并不适合海外大舶出入和停靠,而明州的港口和航道在接待
海舶方面拥有显著的优势。

　　北宋初置市舶司后,主管官员经历几次变化。在元丰之前,市舶司主管
是由知州、通判和路转运使兼任,"知州领使","通判兼监,而罢判官之名"。②
此外,朝廷还会"遣京朝官、三班、内侍三人专领之","每岁止三班、内侍专
掌,转运使亦总领其事"。③ 由此可知,在宋初市舶司官员没有主官任职,主
要由州府官员兼职,或由中央委派京官任职。真宗朝时开始对市舶司官员
进行奖惩考核,天禧四年(1020)六月,右谏议大夫李应机言:"广州通判系审
官院差,缘兼市舶公事,望自今中书选差。候得替日,如不亏递年课额,特与
改官,优加任使。其市舶使臣亦候得替,依押香药纲使臣例,迁转亲民任
使。"朝廷诏令:"广州通判于京朝官中选累有人奏举者,具名取旨。其市舶
依所请施行。"④元丰之后,朝廷对市舶司主管官员进行调整。元丰三年
(1080),转运使或副使直接兼管市舶业务,同时不再委任知州、通判的兼职
市舶。同年八月,神宗诏两浙路以转运副使周直孺分别兼两浙路提举市舶
使。⑤ 徽宗崇宁元年(1102)七月,诏杭州、明州市舶司依旧复置,所有监官、
专库、手分等,依逐处旧额。⑥ 这说明,此前杭、明两地市舶司一度遭到罢废。
崇宁三年(1104)七月,诏罢两浙路提举市舶官,令提举常平官兼,专切提举,
通判管勾。⑦ 由此可见,徽宗朝时曾专设两浙路提举市舶官,之后又以提举
常平官兼任。从元丰以后宋廷对市舶司主管官员的人事调整可以看出,宋
廷日益重视发展对外贸易。

　　宋室南移,东南沿海诸路"号为腹心,根本所当固结者,不过两浙、福建、

①　[清]徐松辑,刘琳等校点:《宋会要辑稿》职官四四,第 4204—4205 页。
②　[清]徐松辑,刘琳等校点:《宋会要辑稿》职官四四,第 4203 页。
③　[清]徐松辑,刘琳等校点:《宋会要辑稿》职官四四,第 4203 页。
④　[清]徐松辑,刘琳等校点:《宋会要辑稿》职官四四,第 4204—4205 页。
⑤　[清]徐松辑,刘琳等校点:《宋会要辑稿》职官四四,第 4206 页。
⑥　[清]徐松辑,刘琳等校点:《宋会要辑稿》职官四四,第 4207 页。
⑦　[清]徐松辑,刘琳等校点:《宋会要辑稿》职官四四,第 4207 页。

江湖数路。而两浙为畿内,福建、江东为近畿"①。建炎二年(1128)五月,高宗诏依旧复置两浙、福建路提举市舶司;六月十日,诏给度牒、师号,十万贯付福建路,十万贯付两浙路,专充市舶本钱。②

乾道二年(1166),臣僚言:"两浙路惟临安府、明州、秀州、温州、江阴军五处有市舶。祖宗旧制,有市舶处,知州带兼提举市舶务,通判带主管,知县带监,而逐务又各有监官。市舶置司,乃在华亭,近年遇明州舶船到,提举官者带一司公吏留明州数月,名为抽解,其实搔扰。……惟是两浙路置官,委是冗蠹,乞赐废罢。"③有臣僚认为,华亭市舶置司官员在明州驻留数月,对当地实为负担,应当裁撤。六月三日,朝廷诏罢两浙路提举市舶司,"所有逐处抽解职事,委知、通、知县、监官同行检视而总其数,令转运司提督"④。同月二十七日,两浙转运使姜诜奉旨处理罢废两浙路市舶司后的交接事宜:

> 奉旨提督两浙市舶事务,今条具下项:一、今来市舶司废罢,行移文字欲就用转运司印记,元印合行缴纳。一、市舶司每岁天申圣节及大礼,各有进奉银、绢,欲依旧例,将市舶钱收买发纳。一、市舶司元于见任官内差一员兼主管文字,点检帐状,今欲就委转运司属官。提举官廨宇,今欲充市舶务库,安顿官物。旧务却有监官廨宇。一、市舶司元管都吏、前后行、贴司、书表、客司共一十一名,今欲于内存置前行手分、贴司各一名,其余并罢。⑤

一方面,两浙路市舶司罢废后,由转运司负责市舶事务,文书改用转运司公印,原有市舶司官员则转为转运司属官,但对部分吏员进行裁撤,原市舶提举公廨充作市舶务库;另一方面,保留每岁天申圣节及大礼各项进奉。翌年(1167)四月,姜诜言:"明州市舶务每岁夏汛,高丽、日本外国舶船到来,依例提举市舶官于四月初亲去检察,抽解金、珠等起发。上件今来拨隶转运司提督,欲选差本司属官一员前去。"⑥南宋中期,"宁宗皇帝更化之后,禁贾舶泊江阴及温、秀州,则三郡之务又废。凡中国之贾高丽,与日本诸蕃之至

---

① [宋]吴潜:《徐国公奏议》卷一,北京:中华书局,1985年版,第17页。
② [清]徐松辑,刘琳等校点:《宋会要辑稿》职官四四,第4209页。
③ [清]徐松辑,刘琳等校点:《宋会要辑稿》职官四四,第4209页。
④ [清]徐松辑,刘琳等校点:《宋会要辑稿》职官四四,第4218页。
⑤ [清]徐松辑,刘琳等校点:《宋会要辑稿》职官四四,第4217—4218页。
⑥ [清]徐松辑,刘琳等校点:《宋会要辑稿》职官四四,第4218页。

中国者,惟庆元得受而遣焉"①。宁宗在一段时间内将温、秀州等诸市舶机构撤销,仅保留明州市舶务一处,足见明州在南宋对外贸易中的重要地位。绍熙五年(1194),明州"以宁宗潜邸,升为府"②,原明州市舶务改为庆元府市舶务。

上述材料表明,宋廷依据实际情况对两浙路各处市舶司(务)进行立除,因而市舶司的职官也经过数度变动。但是,明州(庆元)市舶司在衙司和职事上保持了相对的稳定,这是因为明州在两宋对外贸易与税收体系中拥有非同寻常的地位。

三江口南奉化江西岸市舶务和来安亭故址

(二)宋代明州(庆元)市舶司的职能

宋代朝廷在沿海地区设置市舶司机构,"掌蕃货海舶征榷贸易之事,以来远人,通远物"③,市舶司主要负责管理对外贸易。宋代市舶司的具体职能可以概括为三个方面。

---

① [宋]罗濬:《宝庆四明志》卷六《叙赋下·市舶》,第5054页。

② [元]脱脱:《宋史》卷八八《地理四》,第2175页。

③ [元]脱脱:《宋史》卷一六七《职官七》,第3971页。

1.负责检验货物,并对商品征税

"州领蕃舶,每商至,则择官阅实其货。"①朱彧《萍洲可谈》亦载:"凡舶至,帅漕与市舶监官在阅其货而征之,谓之抽解。"②宋代称对商品课税为"抽解",且将商品分为细色和粗色两大类进行征税:"旧系细色纲,只是珍珠、龙脑之类,每一纲五千两,其余如犀牙、紫矿、乳香、檀香之类,尽系粗色纲,每纲一万斤。"③北宋淳化二年(991),朝廷规定进口货物二分抽解,"始立抽解二分"④。太平兴国初,朝廷考虑到民间缺乏药品,因而规定,除药品可以在民间自由贸易外,其他商品则官府继续禁榷,"诏民间药石之具恐或致阙,自今惟珠贝、瑁、犀牙、宾铁、龟皮、珊瑚、玛瑙、乳香禁榷外,他药官市之余,听市货与民。……大抵海舶至,十先征其一,其价直酬蕃货轻重而差给之"⑤。仁宗时,抽解税率又降一分,即"海舶至者,视所载十算其一而市其三"⑥。后又将抽解改为无论粗细、精粗,都是"十五取一"⑦。到北宋晚期,抽解比例视其物品粗细而定,朱彧《萍洲可谈》载,"以十分为率,真珠、龙脑凡细色,抽一分;玳瑁、苏木凡粗色,抽三分"⑧。可知当时市舶司对进口细色物品抽解比例是抽一分,对进口粗色物品抽解比例是抽三分。

南宋绍兴六年(1136)十二月,户部言:"'两浙市舶司申,看详到泉州相度,乞今后蕃商贩到诸杂香药除抽解外,取愿不以多少博买外,其抽解将细色直钱之物,依法十分抽解一分,其余粗色并以十五分抽解一分,若依所乞,即于本路委是利便等事。'送户部勘当。本部言:'欲下三路市舶司更切契勘,如委实可行,不致亏损课息,即依所乞施行,仍仰今后博买物货,照应前后节次已降指挥博买施行,毋致枉有占压本钱,除象牙、乳香、真珠、犀是实

① [元]脱脱:《宋史》卷四四六《苏缄传》,第13156页。

② [宋]朱彧:《萍洲可谈》卷二《船舶航海法》,第2308页。

③ [清]徐松辑,刘琳等校点:《宋会要辑稿》职官四四,第4218页。

④ [宋]马端临著,上海师范大学古籍研究所、华东师范大学古籍所点校:《文献通考》卷二〇《市籴考一》,北京:中华书局,2011年版,第588页。

⑤ [清]徐松辑,刘琳等校点:《宋会要辑稿》职官四四,第4203页。

⑥ [宋]马端临著,上海师范大学古籍研究所、华东师范大学古籍所点校:《文献通考》卷二〇《市籴考一》,第589页。

⑦ [宋]马端临著,上海师范大学古籍研究所、华东师范大学古籍所点校:《文献通考》卷二〇《市籴考一》,第591页。

⑧ [宋]朱彧:《萍洲可谈》卷二《船舶航海法》,第2308页。

宝货之物,合依旧分数抽解外,其诸杂香药物货,欲依已勘当事理施行。'"①
上述史料表明,南宋户部制定了进口商税细则,进一步降低进口商品的抽解
比例,即细色物品为十分抽解一分,粗色物品为十五分抽解一分。

孝宗隆兴元年(1163)十二月十三日,臣僚言:"舶船物货已经抽解,不许
再行收税,系是旧法。缘近来州郡密令场务勒商人将抽解余物重税,却致冒
法透漏,所失倍多。宜行约束,庶官私无亏,兴贩益广。"②孝宗时期市舶司场
务"致冒法透漏",户部整顿市舶司场务的抽解,户部看详:"在法,应抽解物
不出州界货卖更行收税者,以违制论,不以去官、赦降原减。欲下广州、福
建、两浙转运司并市舶司,钤束所属州县场务,遵守见行条法指挥施行。"③孝
宗时期,有官员在抽解基础上再次私自抽解,严重阻碍对外贸易发展,因此
孝宗要求户部严加申明,并"钤束所属州县场务,遵守见行条法指挥施行",
如果有违背朝廷的贸易规则,违法人员"去官、赦降原减"。次年(1164),有
官员认为"熙宁初,创立市舶一司,所以来远人、通物货也。旧法,抽解既有
定数,又宽期纳税,使之待价,此招致之方也。迩来州郡官吏趣办抽解之外,
又多名色,兼迫其输纳,货滞则减价求售,所得无几,恐商旅自此不行。欲望
戒敕州郡,推明神宗皇帝立法之意,使商贾懋迁,以助国用"④。该官员认为
神宗朝制定的对外贸易章程有利于吸引商旅前来贸易、增加国库收入,因此
希望朝廷可以继续沿用神宗朝对外贸易管理制度,朝廷同意此建议。户部
要求市舶司"钤束所属州县场务遵守见行条法施行,毋致违戾"⑤。同年八
月,两浙路市舶司对抽解作了明确规定:

> 条具利害:一、抽解旧法,十五取一,其后十取其一,又其后择其良
> 者,谓如犀象十分抽二分,又博买四分,真珠十分抽一分,又博买六分之
> 类。舶户惧抽买数多,所贩止是粗色杂货。照得象牙、珠、犀系细色,抽
> 买比他货至重,非所以来远人,欲乞十分抽解一分,更不博买。⑥

上述材料表明,原本市舶司规定的抽解是"十五取一","其后十取其一"
提高了关税,之后又依据货物成色,在提高抽解外进行博买,导致"舶户惧抽

---

① [清]徐松辑,刘琳等校点:《宋会要辑稿》职官四四,第 4213 页。

② [清]徐松辑,刘琳等校点:《宋会要辑稿》职官四四,第 4217 页。

③ [清]徐松辑,刘琳等校点:《宋会要辑稿》职官四四,第 4217 页。

④ [元]脱脱:《宋史》卷一八六《食货下八》,第 4566 页。

⑤ [清]徐松辑,刘琳等校点:《宋会要辑稿》职官四四,第 4217 页。

⑥ [清]徐松辑,刘琳等校点:《宋会要辑稿》职官四四,第 4217—4218 页。

买数多,所贩止是粗色杂货"。针对这种情况,两浙路市舶司不得不进行抽解改革,将抽解改为"十分抽一,更不博买",这项规定在很大程度上减轻了商人负担,有利于吸引海内外商人往来贸易。

一般而言,宋廷制定进出口税务章程,明州市舶司(务)则遵循朝廷规则办事。但是,明州(庆元)市舶司(务)有决定和买份额的权力。如《宝庆四明志》卷六载:

> 舶务旧法:应商舶贩到物货内,细色五分抽一分,粗色物货七分半抽一分,后因舶商不来申明。户部乞行优润续准。户部行下不分粗细。优润抽解高丽、日本船,纲首、杂事十九分抽一分,余船客十五分抽一分,起发上供。每年遇舶船至,舶务必一申明。蒙户部行下令证条抽解施行。窃见旧例抽解之时,各人物货分作一十五分,舶务抽一分起发上供,纲首抽一分为船脚糜费,本府又抽三分,低价和买,两僻厅各抽一分,低价和买,共已取其七分,至给还客旅之时止有其八,则几于五分取其二分。①

明州(庆元)市舶司和买的份额太重,导致来航商旅一度减少。面对这种情况,庆元府知州胡榘采取"沿海招诱,明谕以本府断不和买分文,抽解上供之外,即行给还客旅,舶舟方次第而来,其通判蔡奉议亦能奉承本府招诱优恤之意,舶舟才至,即约守僻同下务公平抽解,更无留滞,并不强买即行给还以,故舶货之价顿减而商舶往来流通,今年抽解最轻。……抽解分数只证递年例十五分抽一,纲首、杂事十九分抽一,以为招诱商舶之计,其海南船及诸蕃舶自证年例抽解"②。庆元府知府胡榘取消了本府和买份额,还利于商民,从而吸引了大量舶商前来贸易。

2.主管进出口贸易许可证发放与检视

宋代进出口许可证有不同名称,如官方将进出口许可证一般称为"公据",市舶司官员发放进出口对外贸易许可证并没有货量规定,"随其多寡,填给公据,许得贸易"③。来航商舶必须持公据在市舶司所在州办理勘验手续,朝廷也考虑到海洋贸易过程中,商人驾船出洋,乘风破浪,难免出现偏离

① [宋]罗濬:《宝庆四明志》卷六《叙赋下·市舶》,第5054—5055页。
② [宋]罗濬:《宝庆四明志》卷六《叙赋下·市舶》,第5054—5055页。
③ [宋]周行己撰,周梦嵩笺校:《周行己集》卷一《上皇帝书二》,上海:上海社会科学院出版社,2002年版,第8页。

既定航线等情况,因而对此作了说明,如熙宁七年(1074)正月,朝廷下诏:

> 诸舶船遇风信不便,飘至逐州界,速申所在官司,城下委知州,余委通判或职官,与本县令、佐躬亲点检。除不系禁物税讫给付外,其系禁物即封堵,差人押赴随近市舶司勾收抽买。诸泉、福缘海州有南蕃海南物货船到,并取公据验认,如已经抽买,有税务给到回引,即许通行。若无照证及买得未经抽买物货,即押赴随近市舶司勘验施行。诸客人买到抽解下物货,并于市舶司请公凭引目,许往外州货卖。如不出引目,许人告,依偷税法。①

神宗熙宁时期,一旦出现商舶遭风飘泊他处的情况,则由当地知州、通判等官员负责检查飘风商舶,并引送至附近市舶司办理相关手续。朝廷严厉打击商旅的走私活动,规定办理完抽解手续需有回引,方可到他处售卖。

宋代官方颁发对外贸易许可证亦称"官券""引""公凭""公验"。相关文献列举如下:

端拱二年(989)五月,朝廷下诏:"自今商旅出海外蕃国贩易者,须于两浙市舶司陈牒,请官券以行,违者没入其宝货。"②

元丰二年(1079),"贾人入高丽,货及五千缗者,明州籍其名,岁责保给引发船,无引者如盗贩法"③。

崇宁三年(1104)五月二十八日,诏"应蕃国及土生蕃客愿往他州或东京贩易物货者,仰经提举市舶司陈状本司勘验诣实给与公凭,前路照会,经过官司常切觉察,不得夹带禁物及奸细之人,其余应有关防约束事件,令本路市舶司相度申尚书省"④。

乾道三年(1167)四月二十二日,福建路市舶程祐谏议:"诏广南、两浙市舶司所发船回日内,有妄托风水不便、船身破漏、墙桅损坏,即不得拘截抽解。若有别路市舶司所发船前来泉州,亦不得拘截,即委官押发离岸,回元来请公验去处抽解。"⑤

另外,也有一份凭证上同时出现三种称谓的情况。崇宁四年(1105),宋商李充泛海到日本,提举两浙路市舶司颁发给他"公凭",公凭文首段落就有

---

① [清]徐松辑,刘琳等校点:《宋会要辑稿》职官四四,第4205—4206页。
② [清]徐松辑,刘琳等校点:《宋会要辑稿》职官四四,第4204页。
③ [元]脱脱:《宋史》卷一八六《食货下八》,第4566页。
④ [清]徐松辑,刘琳等校点:《宋会要辑稿》职官四四,第4207页。
⑤ [清]徐松辑,刘琳等校点:《宋会要辑稿》职官四四,第4218页。

"乞出给公验前去者",后文又云:"诸商贾于海道,典贩经州,投状,州为验实条送,愿发舶,州置簿抄上,仍给公据,方听行。延日,公据纳任舶州市舶。即不请公据而擅行,或乘船自海道入界河,及往登、莱州界者,徒二年,不请公据而未行者减贡等,往大辽国者,徒三年,仍奏裁,并许人告捕,给船物半价充赏,内不请公据未行者,减擅行之半,其已行者,给赏外,船物仍没官。其余在船人虽非船物主,各杖捌拾已上,保人并减犯人参等。"文末则曰:"右出给公凭,付纲首李充。"①

依据上述史料可知,宋代官方对贸易许可证有多种名称,并不统一。许可证具有法律效力,如果没有官方颁发贸易许可证,其贸易行为属于非法走私活动,将会受到官府处罚。宋朝政府多次强调海外商旅要严格遵守《市舶法》规定:"商贾许由海道往来,蕃商兴贩,并具人船物货名数、所诣去处申所在州,仍召本土物力户三人委保,州为验实,牒送愿发州舶置簿,发公据听行。"②宋廷规定鼓励他人揭发无证交易,海商不请"公据"而进行贩卖,属于违法贸易,一旦查出则船物没官,人则"徒二年,五百里编管,许人告捕,给舶物半价充赏。其余在船人虽非船物主,并杖八十,即不请公据而未行者徒一年,邻州编管,赏减擅行之半。保人并减犯人三等"③。

3. 负责边海禁榷和博买的执行

宋代制定了禁榷制度,即朝廷对有些进口货物实行专买专卖,不允许民间进行买卖。北宋初期,朝廷在京师"置榷易院,乃诏诸蕃国香药宝货至广州、交趾、泉州、两浙,非出于官库者,不得私相市易。后又诏民间药石之具恐或致阙,自今惟珠贝、玳瑁、犀牙、宾铁、龟皮、珊瑚、玛瑙、乳香禁榷外,他药官市之余,听市货与民"④。太宗太平兴国七年(982)闰十二月,朝廷下诏列示禁止民间贸易物品清单:

> 凡禁榷物八种:玳瑁、牙犀、宾铁、龟皮、珊瑚、玛瑙、乳香。放通行药物三十七种:木香、槟榔、石脂、硫磺、大腹、龙脑、沉香、檀香、丁香、丁香皮、桂、胡椒、阿魏、蔚萝、荜澄茄、诃子、破故纸、豆蔻花、硼砂、紫矿、葫芦芭、芦会、荜拨、益智子、海桐皮、缩沙、高良姜、草豆蔻、桂心、苗没

① (日)《朝野群载》(新订增补国史大系第廿九卷上)卷二〇《大宰府附异国大宋商客事》,东京:吉川弘文馆,1938年版,第452—455页。

② [清]徐松辑,刘琳等校点:《宋会要辑稿》职官四四,第4207页。

③ [清]徐松辑,刘琳等校点:《宋会要辑稿》职官四四,第4207页。

④ [清]徐松辑,刘琳等校点:《宋会要辑稿》职官四四,第4203页。

药、煎呑、安息香、黄熟香、乌木、降真香、琥珀。后紫矿亦禁榷。①

宋朝实行禁榷给朝廷带来丰厚收益。如崇宁元年（1102），时任右仆射蔡京说："祖宗立禁榷法，岁收净利凡三百二十余万贯，而诸州商税七十五万贯有奇，食茶之算不在焉，其盛时几五百余万缗。"②正是因宋廷禁榷物品有着巨大利益可图，中外商人往往铤而走险进行走私贸易。哲宗元祐三年（1088）三月十八日，户部坦言："海商之来，凡乳香、犀、象、珍宝之物，虽于法一切禁榷，缘小人逐利，梯山航海，巧计百端，必不能无欺隐透漏之弊。"③因此，市舶司需要确保沿海贸易活动切实贯彻禁榷制度。

宋朝市舶司还负责博买，即朝廷强制性收购某类商品。如高宗绍兴二年（1132）正月二十六日，朝廷诏令户部"取会两浙等三路提举市舶司，酌中年分起发上京物数并抽解博买实用过钱数及卖过物色若干等，自权住起发后来所有抽解买卖到息钱，并依此开具申尚书省。内两浙系近便，仍责限回报，先次措置"④。绍兴三年（1133）十二月十七日，户部记曰：

> 勘会三路市舶除依条抽解外，蕃商贩到乳香一色及牛皮、筋、角堪造军器之物，自当尽行博买。其余物货，若不权宜立定所起发窠名，窃虑枉费脚乘。欲令三路市舶司，将今来立定名色计置起发，下项名件，欲令起发赴行在送纳：金银、真珠、玉、乳香、牛皮、筋角、象牙、犀、脑子、庸香、沉香、上中次笺香、檀香、乌文木、鹏砂、朱砂、木香、人参、丁香、琉璃、珊瑚、苏合油、白豆蔻、牛黄、膃肭脐、龙涎香、藤黄、血碣、荜澄茄、安息香、缩砂、降真香、肉豆蔻、诃子、舶上茴香、茯苓、菩萨香、鹿茸、黑附子、油脑、苁蓉、琥珀、上等螺犀、中等螺犀、下等螺犀、水银、上等药犀、中等药犀、下等药犀、鹿速香、赤仓脑、米脑、脑泥、木扎脑、夹杂银、石碌、白附子、铜器、银珠、苟子、南蕃苏木、高州苏木、随风子、青木香、干姜、川芎、红花、雄黄、川椒……山茱萸、茅术、防风、杏仁、五苓脂、黄耆、土牛膝、毛绝布、高丽小布、占城速香、生熟香、夹煎香、上黄熟香、中黄熟香、下笺香、石斛。下项名件，欲令本处一面变卖：蔷薇水、御碌香、芦荟、阿魏、荜拨、史君子、豆蔻花、肉桂、桂花、指环脑……海桐皮、松搭

---

① ［清］徐松辑，刘琳等校点：《宋会要辑稿》职官四四，第 4203 页。

② ［元］脱脱：《宋史》卷一八四《食货下六》，第 4502 页

③ ［宋］李焘著，上海师范大学古籍所、华东师范大学古籍所点校：《续资治通鉴长编》卷四〇九，元祐三年三月乙丑，第 9956 页。

④ ［清］徐松辑，刘琳等校点：《宋会要辑稿》职官四四，第 4210 页。

子、犀蹄土、半夏、常山、薤仁、远志、暂香、下速香、下黄熟香。①

上述材料表明,海外蕃商到宋朝交易的商品种类繁多。户部要求市舶司针对进口的乳香、牛皮、筋、角堪等军用物资,"尽行博买",而其他蕃商货物也要"立定名色",进行"立定所起发橐名"征税,并要求市舶司将这些商品"起发赴行在送纳"。

孝宗淳熙元年(1174)七月十二日,户部侍郎蔡洸言:"乞委干办诸军审计司赵汝谊往临安府,明、秀、温州市舶务,将抽解博买、合起上供并积年合变卖物货根括见数,解赴行在所属送纳,趁时出卖。"②开禧元年(1205)八月九日,提辖行在榷货务都茶场赵善谧言:"泉、广招买乳香,缘舶司缺乏,不随时支还本钱。或官吏除克,致有规避博买,诈作飘风,前来明、秀、江阴,舶司巧作他物抽解,收税私卖,攘夺国课。乞下广、福市舶司多方招诱,申给度牒,变卖给还价钱,仍下明、秀、江阴三市舶,遇蕃船回舶乳香到岸,尽数博买,不得容令私卖。"③上述材料表明,乳香在宋代是奢侈品,不允许民间自由贩卖,市舶司负责博买。

三、明州(庆元)与宋丽贸易

(一)明州与宋丽航路

自北宋建隆三年(962)宋与高丽建立官方交聘,到乾道九年(1173)宋丽断绝官方交聘,宋丽政治上经历了几次变化,较为复杂。④ 但总体而言,宋丽之间经济文化上交往不断。北宋熙宁之前,宋丽之间交流是由山东半岛登州出发,然后横渡黄海到达朝鲜半岛,取道北方的瓮津航线。例如,太祖淳化四年(993)二月遣秘书丞直史馆陈靖、秘书丞刘式出使高丽就是走这条航线,"自东牟趣八角海口,得思柔所乘海船及高丽水工,即登舟自芝冈岛顺风泛大海,再宿抵瓮津口登陆,行百六十里抵高丽之境曰海州,又百里至阎州,又四十里至白州,又四十里至其国"⑤。熙宁四年(1071),宋丽两国复交后,

① ［清］徐松辑,刘琳等校点:《宋会要辑稿》职官四四,第4212页。
② ［清］徐松辑,刘琳等校点:《宋会要辑稿》职官四四,第4219页。
③ ［清］徐松辑,刘琳等校点:《宋会要辑稿》职官四四,第4221页。
④ 杨渭生:《宋丽关系史研究》,杭州:杭州大学出版社,1997年版;杨心珉、刘恒武:《从浙东海交活动看两宋政权对高丽政策的转变与得失》,《江苏社会科学》2010年第2期。
⑤ ［元］脱脱:《宋史》卷四八七《高丽传》,第14040—14041页。

因登州"地近北虏,号为极边,虏中山川,隐约可见,便风一帆,奄至城下"①,高丽使团为安全起见,避开辽国舟师袭击,取道明州朝宋,成功开辟了南航线。神宗熙宁六年(1073)十月二十三日,"明州言高丽入贡。上批:'本州遣谙识海道人接引,转运司委官用新式迎劳。'高丽自国初皆由登州来朝,近岁常取道明州,盖远于辽故也。上虑州县供顿无前比,因以扰民,故命立式,仍一切取给于官。又诏高丽不通华言,虑规利之人私相与交易,令所在密止约。又诏引伴、礼宾副使王谨等与知明州李绹访进奉入贡三节人中有无燕人以闻"②。熙宁七年(1074),高丽正式提出由明州入宋,"往时高丽人往反皆自登州,七年,遣其臣金良鉴来言:欲远契丹,乞改途由明州诣阙"③,高丽使者的建议得到宋廷同意。此后,明州成为宋对丽海上交通的门户。

根据学者研究,这条以明州为端点的宋丽航线十分便捷。④ 宋代明州与高丽来回航行主要借助信风,《宣和奉使高丽图经》记载:"有明州定海放洋,绝海而北,舟行皆乘夏至后南风,风便不过五日即抵岸焉。"⑤《宋史·高丽传》记载:"自明州定海遇便风,三日如入,又五日抵墨山入其境。自墨山过岛屿,诘曲礁石间,舟行甚驶,七日至礼成江,江居两山间,束以石峡,湍激而下,所谓急水门,最为险恶,又三日抵岸,有馆曰碧澜亭,使人由此登陆,崎岖山谷四十余里,乃其国都云。"⑥徽宗宣和六年(1124)五月十六日,神舟自明州起航,水行过大浃江(甬江)至定海县,而后出海口招宝山,历虎头山、七里山、昌国县沈家门、梅岑、蓬莱山、半洋礁、白水洋、黄水洋、黑水洋、夹界山、五屿、白山、黑山、月屿、竹岛、苦苫苫、群山岛、横屿、富用山、洪州山、鸦子苫、马岛、九头山、唐人岛、双女焦、大青屿、和尚岛、牛心屿、小青屿、紫燕岛、急水门,最终于六月十二日至礼成江碧澜亭登陆。⑦"礼成江,在府西三十

---

① [宋]苏轼著,孔凡礼点校:《苏轼文集》卷二六《奏议》(第二册),北京:中华书局,1986 年版,第 766 页。

② [宋]李焘著,上海师范大学古籍所、华东师范大学古籍所点校:《续资治通鉴长编》卷二四七,熙宁六年十月壬辰,第 6029—6030 页。

③ [元]脱脱:《宋史》卷四八七《高丽传》,第 14046 页。

④ 王文楚:《两宋和高丽海上航路初探》,《文史》第 12 辑,北京:中华书局,1981 年版,第 97—105 页;李玉昆:《〈宣和奉使高丽图经〉与宋代的海外交通》,《中国航海》1997 年第 1 期。

⑤ [宋]徐兢:《宣和奉使高丽图经》卷三《封境》,第 7 页。

⑥ [元]脱脱:《宋史》卷四八七《高丽传》,第 14046 页。

⑦ [宋]徐兢:《宣和奉使高丽图经》,卷三○四至三九《海道一》至《海道六》,第 115—135 页。

里,高丽朝宋,皆于此发船,故谓之礼成。"①自高丽至宋仍取这条航线,七月十五日,徐兢一行离岸登舟,途中因风停航十四天,于八月二十七日才抵达明州,返程所耗日数接近一个半月,这可能是船舶需候晚秋北风之便所致。总之,明州往返高丽航线更易于利用季候风,顺风而行。南宋建炎二年(1128),杨应诚出使高丽,其回程路线也是走南线航路,"九月癸未发三韩,戊子至明州之昌国县,仅六日耳"②。此次归国选择暮秋时节出发,借北风顺抵明州。上述材料表明,宋丽之间的海上航线依据信风扬帆,海上航行时间短,五六天即可到达目的地。

(二)明州与宋丽间的贡赐往来

宋丽之间物资互易方式有两种:一为官方贡赐,二为民间贸易。但是宋丽之间贡赐往来因双方与北方政权辽、金及蒙古政治博弈而时续时断。两宋300多年间,约160年宋丽无官方来往。③ 有学者指出,宋丽建交以来,以双方使臣为纽带,官方贡赐的实质是互赠礼物(宋居于宗主国地位),其政治动机大于经济考量。④

宋代明州到高丽的航线开通后,两国之间相互派遣使臣往来。神宗熙宁六年(1073)十月,高丽贡使取道明州来朝。⑤ 熙宁十年(1077),宋神宗"诏差近上内臣一员管勾同文馆,遇高丽入贡,依都亭西馆例排办"⑥。此外,神宗还亲赐"明州及定海县高丽贡使馆名曰乐宾,亭名曰航济"⑦。在定海县修建"航济亭","在县东南四十步,元丰元年建,为丽使往还赐宴之地"⑧。元丰元年(1078)闰正月十九日,"又诏两浙转运使苏澥与知明州李定同计置造高

---

① 〔明〕不注撰人:《朝鲜志》卷下《山川》,北京:中华书局,1985 年版,第 27 页。

② 〔宋〕马端临著,上海师范大学古籍研究所、华东师范大学古籍所点校:《文献通考》卷三二五《四裔考二·高句丽》,第 8960 页。

③ (韩)全海宗:《论丽宋交流》,《浙东文化》2002 年第 1 期。

④ 张伟:《略论明州在宋丽官方贸易中的地位》,《宁波大学学报·人文科学版》2000 年第 4 期。

⑤ 〔宋〕李焘著,上海师范大学古籍所、华东师范大学古籍所点校:《续资治通鉴长编》卷二四七,熙宁六年十月壬辰,第 6029—6030 页。

⑥ 〔宋〕李焘著,上海师范大学古籍研究所、华东师范大学古籍所点校:《续资治通鉴长编》卷二八○,熙宁十年二月丁酉,第 6856 页。

⑦ 〔宋〕李焘著,上海师范大学古籍所、华东师范大学古籍所点校:《续资治通鉴长编》卷二九八,元丰二年五月壬辰,第 7251 页。

⑧ 〔宋〕罗濬:《宝庆四明志》卷一八《定海县志一》,第 5230 页。

丽国信过海船,如别奉朝旨干事,并听牒提点刑狱或转运判官"①;宋朝亦遣使者赴丽,元丰元年九月二十一日,赴丽宋使安焘、陈睦归国,两人言:"已离高丽国涉海,今月乙亥至明州定海县,诏焘等速赴阙。"②元丰二年(1079),神宗下诏拨付经费修建高丽使馆:"赐两浙路度牒百五十,修高丽使亭馆。"③同年,又"增明州公使钱为二千六百缗"④。

哲宗元符元年(1098)六月十七日,明州言:"高丽国今年七月遣吏朝贡。诏供备库副使兼阁门通事舍人、带御器械向宰为引伴使,内殿承制、阁门祗候贾裕副之。"⑤政和中,徽宗甚至升高丽使为国信,"礼在夏国上,与辽人皆隶枢密院;改引伴、押伴官为接送馆伴"⑥。政和七年(1117),"郡人楼异除知随州,陛辞,建议于明置高丽司,曰来远局,创二巨航、百画舫,以应三韩岁使,且请垦州之广德湖为田,收岁租以足用"⑦。宋廷重视与高丽之间往来,特别是徽宗朝楼异知明州时新建迎接高丽使者的建筑和船舶,专门划拨广德湖田充作高丽使臣的接待经费。

此后,宋又继续向高丽遣使17次。据不完全统计,两宋时期,高丽对宋使行近60次,宋对高丽使行近30次,伴随使节往来有大规模礼物互赠。⑧北宋不仅屡向高丽遣使,而且还采取很多措施优待高丽。高丽方面自然也十分重视与北宋的友好关系,高丽文宗三十二年(1078)五月,文宗"遣工部尚书文晃、户部侍郎崔思训迎宋使于安兴亭"⑨。宋使从弃舟登岸至阙下,一路都有官员相迎。高丽文宗又特命"太子诣顺天馆导宋使至阊阖门下马,入

---

① 〔宋〕李焘著,上海师范大学古籍所、华东师范大学古籍所点校:《续资治通鉴长编》卷二八七,元丰元年闰正月甲午,第7032页。

② 〔宋〕李焘著,上海师范大学古籍所、华东师范大学古籍所点校:《续资治通鉴长编》卷二九二,元丰元年九月壬辰,第7141页。

③ 〔宋〕李焘著,上海师范大学古籍所、华东师范大学古籍所点校:《续资治通鉴长编》卷二九八,元丰二年六月庚子,第7253页。

④ 〔宋〕李焘著,上海师范大学古籍所、华东师范大学古籍所点校:《续资治通鉴长编》卷三〇一,元丰二年十二月癸丑,第7331页。

⑤ 〔宋〕李焘著,上海师范大学古籍所、华东师范大学古籍所点校:《续资治通鉴长编》卷四九九,元符元年六月甲午,第11883页。

⑥ 〔元〕脱脱:《宋史》卷四八七《高丽传》,第14049页。

⑦ 〔宋〕罗濬:《宝庆四明志》卷六《叙赋下·市舶》,第5055页。

⑧ 王霞:《宋朝与高丽往来人员研究》,北京:中国社会科学出版社,2018年版。

⑨ (李朝)郑麟趾等:《高丽史》卷九《文宗世家三》,三十二年五月庚子,《四库全书存目丛书》史部第159册,济南:齐鲁书社,1996年版,第199页。

会庆殿庭。王适不豫，使左右扶出受诏"①。高丽由于"中朝使命往来高峦岛亭，稍隔水路，船泊不便"②，在沿海诸岛新建欢送宋使臣的馆亭。

宋朝赐予高丽的物品以丝绸为大宗。例如，神宗丰元年（1078）信使安焘等至高丽，就携带了大量宋朝丝绸制品。

> 赐国王衣二对，各金银叶装漆匣盛，一对紫花罗夹公服，一领浅色花罗汗衫，一领红花罗绣夹三襜。一条红花罗绣夹包肚，一条红花罗绣勒帛，一条白绵绞夹裤。一腰靴，一缃红透背袋盛，红罗绣夹复二条。腰带二条，各红透背袋盛，罗绣复一条，金镀银匣盛，杂色川锦一百匹，列仙细五匹，天下乐晕文五匹，杂花晕文五匹，合罗云雁细五匹，盘球云雁细一十匹，横雁云地细一十匹，簇四金雕大一十匹，翠毛狮子大一十匹，黄狮子大二十匹，宝昭大二十匹；色花罗一百匹，明黄一十匹，蓝黄一十匹，浅粉红一十匹，深粉红一十匹，杏黄一十匹，槐黄一十匹，浅色一十匹，梅红一十匹，紫一十匹，云碧一十匹；色大绞一百匹，明黄一十匹，蓝黄二十匹，浅粉红一十匹，深粉红一十匹，杏黄一十匹，槐黄一十匹，浅色一十匹，梅红一十匹，紫一十匹，云碧一十匹；色小绞二百匹，明黄二十匹，蓝黄二十匹，浅粉红二十匹，深粉红二十匹，杏黄二十匹，槐黄二十匹，浅色二十匹，梅红二十匹，紫二十匹，云碧二十匹；色花纱五百匹，明黄五十匹，蓝黄五十匹，浅粉红五十匹，深粉红五十匹，杏黄五十匹，槐黄五十匹，浅色五十匹，梅红五十匹，紫五十匹，云碧五十匹。③

宋朝还赐给高丽金花银2000两。④ 另外，高丽也有饮茶习惯，但高丽所产茶叶没有中国茶品质好，因而"惟贵中国腊茶，并龙凤赐团，自赐赉之外，商贾亦通贩，故迩来颇喜饮茶"⑤。元丰元年（1078），宋赐予高丽的龙凤茶也只有十斤而已，"每斤用金镀银竹节盒子、明金五彩装腰花板朱漆匣盛，红花罗夹帕复，龙五斤、凤五斤"⑥。

对于高丽朝贡使团，宋廷一般要回赐大量物品。神宗曾下诏规定了回赐高丽物品的数量："高丽国王每朝贡，回赐浙绢万匹，须下有司估准贡物乃

---

① （李朝）郑麟趾等：《高丽史》卷九《文宗世家三》，三十二年六月丁卯，第199页。
② （李朝）郑麟趾等：《高丽史》卷九《文宗世家三》，三十一年八月辛卯，第198页。
③ （李朝）郑麟趾等：《高丽史》卷九《文宗世家三》，三十二年五月庚子，第199页。
④ （李朝）郑麟趾等：《高丽史》卷九《文宗世家三》，三十二年六月丁卯，第200页。
⑤ ［宋］徐兢：《宣和奉使高丽图经》卷三二《茶俎》，第109页。
⑥ （李朝）郑麟趾等：《高丽史》卷九《文宗世家三》，三十二年六月丁卯，第200页。

给，有伤事体。宜自今国王贡物不估直，回赐永为定数。"①哲宗元祐元年
（1086），朝廷回赐给高丽银器5300两②；元丰四年（1081）十二月，朝廷下诏
褒奖高丽使臣，"高丽国进奉使崔思齐、副使李子威等百三十五人，赐物有
差"③。元祐六年（1091），哲宗再次向高丽回赐银器5000两。④ 绍兴六年
（1136），高丽使金稚圭来朝贡，宋帝"赐稚圭等银帛各百匹两及衣带、器币而
遣之"⑤。宋廷对高丽使者回赐物品之丰厚，反映出宋廷极为重视与高丽之
间的政治关系。

除以上提到的各色丝绢、银、茶等物品，宋朝还向高丽赠赐少量乐器、祭
器、玉器弓矢、羊畜、马匹以及书籍⑥等物品，如哲宗立，遣使金上琦奉慰，林
暨致贺，"请市刑法之书、太平御览、开宝通礼、文苑英华。诏惟赐文苑英华
一书，以名马、锦绮、金帛报其礼"⑦。元祐元年（1086），高丽遣使奉慰并贺登
宝位，及进贡，"有太皇太后表及进奉物"，"框密院请遵故事。惟答以皇帝回
谕敕书"。⑧

高丽向宋廷的贡物，主要包括高丽生产的各种罽、罗、绢等丝织品与手
工产品等。如熙宁四年（1071），高丽进奉给宋帝"黄罽衫一领，销金红罗夹
复；红罽便服一领，销金红罗夹复，共用银钑镂装乌漆箱盛，金镀银锁钥封
全，红梅花罗夹帕外幂"，"红罽倚背六只，红梅花罗夹复；黄罽倚背四只，红
梅花罗夹复。红罽褥六只，红梅花罗夹复；黄罽褥四只，红梅花罗夹复，共用
银钑装乌漆箱二副盛，银锁钥封全，红梅花罗夹帕外幂"。⑨ 仪仗物计有："细
弓四张，共用红梅花罗夹袋盛。哮子箭二十四只、细链箭八十只。金镀银装

---

① ［清］徐松辑，刘琳等校点：《宋会要辑稿》蕃夷七，第9958页。

② ［宋］李焘著，上海师范大学古籍所、华东师范大学古籍所点校：《续资治通鉴长编》
卷三六四，元祐元年正月丁未，第8714页。

③ ［清］徐松辑，刘琳等校点：《宋会要辑稿》蕃夷七，第9959页。

④ ［宋］李焘著，上海师范大学古籍所、华东师范大学古籍所点校：《续资治通鉴长编》
卷四五五，元祐六年二月丁酉，第10905页。

⑤ ［宋］李心传编撰，胡坤点校：《建炎以来系年要录》卷一〇六，绍兴六年十一月壬辰，
北京：中华书局，2013年版，第2003页。

⑥ 关于宋丽之间的书籍交流，参见花兴、魏崇武：《宋与高丽的典籍交流考论》，《国家
图书馆学刊》2013年第2期。

⑦ ［元］脱脱：《宋史》卷四八七《高丽》，第14048页。

⑧ ［宋］李焘著，上海师范大学古籍所、华东师范大学古籍所点校：《续资治通鉴长编》
卷三六四，元祐元年正月丁未，第8713页。

⑨ （李朝）郑麟趾等：《高丽史》卷九《文宗世家三》，二十六年六月甲戌，第191页。

廙器仗二副,红锦夹袋封全;白银装黑皮器仗一副,红锦夹袋封全;金镀银装白皮器仗一副,红锦夹袋封全,共用红梅花罗夹帕外幂。银装长刀二十只,银钑镂装乌漆鞘彩条全,白锦外袋十个封全、青锦外袋十个封全,共用红梅花罗夹帕外幂。细马四匹。鞍二副,金镀银桥瓦铰具,廙大小鞴韂、红罗鞍褥等全,红罗绣夹帕外幂;鞍二副,银钑镂桥瓦铰具,黑皮大檐、红罗小鞴、红罗鞍褥等全,红罗绣夹帕外幂。"①除了各类丝织品、仪仗物,高丽的贡品还有银器、铜器、人参、松子、黄漆、硫黄、白附子、香油、松烟墨、白睡纸、折扇,等等。

绍兴二年(1132),高丽派遣礼部员外郎崔惟清、阁门祗候沈起入贡宋廷,《宋史》载高丽进献"金百两、银千两、绫罗二百匹、人参五百斤,惟清所献亦三之一"②。《宋会要辑稿》中更为详细地记载了这次入宋高丽使臣人数和进献具体物品。

> 闰四月三日,高丽国王遣使朝散郎礼部员外郎赐紫崔惟清、从义郎阁门祗候沈起等一十七人奉表:入贡纯金器三事,共重一百两,注子一副,盘盖二副,白银器一十事,共重一千两,金花盘一十只匹,大纸二十轴,诏大纸四百幅,满花紧丝五十匹,金花注丝五十匹,色大纹罗五十匹,色大绫五十匹,人参五百斤,共函二十三副,各覆黄罗夹复。惟清、起各进奉白银合四副,共重二百两,早地紫花紧丝二匹,金线注丝二匹,真红大纹罗二匹,真紫大纹罗二匹,明黄大纹罗二匹,生大纹罗一十五匹,生厚罗五匹,人参二十斤,大布二百匹,松子二百斤。③

高丽使臣进献物品包括金银器具、丝织品、人参、布匹等。宋朝皇帝在御后殿引见,"赐惟清、起金带二,答以温诏遣还"④。

高丽也对宋朝使者进行馈赠,如文宗国王赠宋使安焘物品,"除例赠衣带、鞍马外,所赠金银、宝货、米谷、杂物无算。将还,舟不胜载"⑤。高丽朝给宋朝使者物品极多,以至于"舟不胜载"。不过,若宋方出使无法实现既定外交目标,则拒绝接受高丽方面的馈赠。如建炎二年(1128),朝廷遣杨应诚出使高丽,游说高丽共同抗金,但是高丽不应,杨应诚不纳例赠、宴币、衣对、礼

---

① (李朝)郑麟趾等:《高丽史》卷九《文宗世家三》,二十六年六月甲戌,第191—192页。
② [元]脱脱:《宋史》卷四八七《高丽》,第14051页。
③ [清]徐松辑,刘琳等校点:《宋会要辑稿》蕃夷七,第9965页。
④ [元]脱脱:《宋史》卷四八七《高丽》,第14051页。
⑤ (李朝)郑麟趾等:《高丽史》卷九《文宗世家三》,二十六年六月甲戌,第189—191页。

物而还。①

综上,在宋丽之间的贡赐往来过程中,明州与高丽礼成江口遥相对应,是宋对高丽往来的门户,同时承担了相当份额的遣高丽使费用(舟船建造等)、高丽使团接待费用。② 必须指出的是,宋丽之间的贡赐往来,其着眼点在于礼仪上的互酬,而非物资上的互补。贡赐物品以双方各具特色的丝绸和金银制品为大宗,宋方的茶叶、典籍等和高丽的人参、高丽纸等互补缺无的物品则占比有限。

(三)明州与宋丽的民间贸易

北宋前期,朝廷出于国家安全考虑,曾一度对高丽实行商禁政策。为防范商人"因往高丽,遂通契丹之患",仁宗朝出台《庆历编敕》《嘉祐编敕》,神宗初年出台《熙宁编敕》等,明确禁止商贾循海路前往高丽③,"客旅于海路商贩者,不得往高丽、新罗及登、莱州界。……委不夹带违禁及堪造军器物色、不至过越所禁地分,官司即为出给公凭。如有违条约及海船无公凭,许诸色人告捉,船物并没官"④。如果有商旅违反朝廷的诏令私自前去高丽贸易,则罚没财货。然而此种商禁实属无奈,是特定时期出于本国军事戒备需要的非常措施。事实上,北宋前期对待高丽的态度是政治疏离、贸易开放。⑤ 研究表明,宋丽民间贸易往来频繁,史料记载中可以确认的就有 4955 名宋商赴高丽贸易⑥,实际人数应该更多。

神宗元丰初,朝廷解除宋商前往高丽贸易禁令,"旧明州括索自来入高丽商人财本及五千缗以上者,令明州籍其姓名,召保识,岁许出引发船二只,往交易非违禁物,仍次年即回;其发无引船者,依盗贩法"⑦。神宗朝规定前往高丽贸易的商旅,凡船只为二艘,资本超过五千缗以上需要登记,保人担保,市舶司才颁发出洋贸易凭证"引",无凭证发船贸易者视为非法。哲宗即位后,颁布《元祐编敕》,再度禁止商船前往高丽,"乘船自海道入界河及往新

---

① (李朝)郑麟趾等:《高丽史》卷十五《仁宗世家一》,六年八月庚午,第 324 页。

② 王力军:《宋代明州与高丽》,北京:科学出版社,2011 年版,第 55—68、85—86 页。

③ [宋]苏轼著,孔凡礼点校:《苏轼文集》卷三一《乞禁商旅过外国状》,第 889—890 页。

④ [宋]苏轼著,孔凡礼点校:《苏轼文集》卷三一《乞禁商旅过外国状》,第 889 页。

⑤ 刘恒武、杨心珉:《从浙东海交活动看两宋政权对高丽政策的转变与得失》,《江苏社会科学》2010 年第 2 期。

⑥ 杨渭生:《宋丽关系史研究》,杭州:杭州大学出版社,1997 年版,第 269—279 页。

⑦ [宋]李焘著,上海师范大学古籍所、华东师范大学古籍所点校:《续资治通鉴长编》卷二九六,神宗元丰二年正月丙子,第 7194—7195 页。

罗,登、莱州界者,徒二年,五百里编管"①。然而,数年之后宋丽之间就恢复通商,双方贸易一直持续至 13 世纪晚期宋亡。根据韩国学者全海宗的统计,两宋时期宋商赴高丽近 130 次。②

据《宝庆四明志》卷六,宋朝从高丽进口货物主要有:

细色:

银子、人参、麝香、红花、茯苓、蜡。

粗色:

大布、小布、毛丝布、紬、松子松花、粟、枣肉、榛子、椎子、杏仁、细辛、山茱萸、白附子、芜荑、甘草、防风、牛膝、白术、远志、茯苓、姜黄、香油、紫菜、螺头、螺钿、皮角、翎毛、虎皮、漆、青器、铜器、双瞰刀、席、合蕈。③

由上述材料可知,高丽输入宋朝的货物种类繁多,这些商品分粗色和细色两大类,以朝鲜半岛地方土特产、药品和生活用品为主。宋朝输往高丽的物品有丝绸、瓷器、茶叶、书画等,此外,高丽上层社会所需香药等南洋货物也大多由浙闽宋商舶入。

高丽朝廷王城设有"客馆",专门接待宋商客馆,"曰清州、曰忠州、曰四店、曰利宾。皆所以待中国之商旅"④。高丽政府厚待宋商,"寒食日"设宴款待这些宋商,"飨宋商叶德宠等八十七人于娱宾馆,黄拯等一百五人于迎宾馆,黄助等四十八人于清河馆"⑤。不仅如此,高丽朝廷还希望从宋商中发掘人才,委以官位。据《宋史》记载,高丽"王城有华人数百,多闽人,因贾舶至者,密试其所能,诱似禄任,或强留之终身"⑥。宋人留住在高丽的很多,高丽借此笼络人才。高丽无抽解和征税制度,宋丽商人自由贸易,"唯以日中为虚,男女老幼、官吏工技,各以其所有用以交易"⑦。宋商需要接受高丽监察御史管理,返航时人员与船舶要接受高丽官员检视,以防止违禁物品出境。

在北方诸港不开放对丽贸易的情况下,浙东明州成为赴高丽的便利口

① [宋]苏轼著,孔凡礼点校:《苏轼文集》卷三一《乞禁商旅过外国状》,第 890 页。
② (韩)全海宗:《论丽宋交流》,《浙东文化》2002 年第 1 期。
③ [宋]罗濬:《宝庆四明志》卷六《叙赋下·市舶》,第 5056—5058 页。
④ [宋]徐兢:《宣和奉使高丽图经》卷二七《客馆》,第 95 页。
⑤ (李朝)郑麟趾等:《高丽史》卷七,文宗九年二月,第 106 页。
⑥ [元]脱脱:《宋史》卷四八七《高丽传》,第 14053 页。
⑦ [宋]徐兢:《宣和奉使高丽图经》卷三《市场》,第 10 页。

岸,闽船前往高丽贸易往往也要航经明州(包括其辖内的舟山列岛),而且,在相当长的时段里,宋廷规定赴丽商船必须前往明州办理市舶手续。元丰三年(1080)颁行的《元丰市舶条》规定:"诸非广州市舶司,辄发过南蕃纲舶船;非明州市舶司,而发过日本、高丽者,以违制论。"①可以肯定,凭借海交区位和市舶行政的优势,明州在宋丽贸易中扮演了关键角色。②

四、明州(庆元)与宋日贸易

(一)明州与宋日航路

前章论及,晚唐时期明州已成为唐日海上往来的枢纽港,五代宋元时期亦是如此。宋日海上航线上经常船舶不息,所谓"至若东流之航路,概发自明州(宁波),横断东海,经九州、肥前之值嘉岛而入博多湾者也"③。

宋人航海技术提高,海洋知识进一步积累,而且可以熟练利用帆、舵调整航向。唐代海商多利用暮夏季风北上赴日本九州,再借助晚秋北风返回东南沿海。宋商则不再拘泥于此,如天圣五年(1027)宋商陈文祐自八月四日明州出发,于十日到达肥前国值嘉岛,"罢离彼岸,同十日,罢著当朝之内肥前国值嘉岛","同十四日,罢著同国松浦郡所部柏岛者"。④ 陈文祐原本于是年六月五日从明州离岸,先抵台州,同月二十六日自台州渡海,遇风未成,二十九日复归明州等候顺风,直至仲秋八月初才得以渡航,航行 7 天到达日本九州西北,仲秋是季风交替时节,陈船于此时成功渡海,反映出其丰富的季风知识和高超的帆舵技术。再如,神宗熙宁五年(1072),日本高僧成寻到宋朝圣,于三月十五日乘宋船离开日本,三月二十六日到达明州域内的舟山列岛。其间成寻多次记录风向,十六日"依有东风,出船上帆",十八日"依无顺风,不出船",十九日"东北顺风大吹",二十二日"艮风大吹,唐人为悦"。⑤该船的出发时间为季春三月,也是季风转换不定之期,宋船准确把握这一期间的东风和东北风返回宋境。元丰五年(1082)九月五日,日僧戒觉师弟三人在博多津乘宋船,十三日在北崎浦等待时机,"今朝适朝风吹送,仍口帆而

---

① 《奏议·乞禁商旅过外国状》,见[宋]苏轼著,张志烈等主编:《苏轼全集校注》(第 14 册),石家庄:河北人民出版社,2010 年版,第 3332 页。

② 王力军:《宋代明州与高丽》,北京:科学出版社,2011 年版,第 130—155 页。

③ 王辑五:《中国日本交通史》,北京:商务印书馆,1998 年版,第 98 页。

④ (日)藤原实资:《小右记》,万寿四年八月三十日条。

⑤ (日)成寻:《新校参天台五台山记》,上海:上海古籍出版社,2009 年版,第 1—10 页。

著肥前国土部之泊炎。二十二日著明州定海县之岸"①。该船晚秋九月由日返宋,属于通常的情况。

(二)明州与宋日贸易

宋日官方之间没有建立直接外交关系,双方仅有零星的文书往来。从平安中晚期到镰仓时期,除了平清盛掌权的时代,日廷一直持守消极的对外政策。宋日官方往来基本上局限于地方官府层面,例如,天圣四年(1026)十月八日,明州言:"日本国太宰府遣人来贡方物,而不持本国表章。诏却之。"②熙宁十年(1077)十二月九日,明州言:"日本国遣僧仲回等六人贡方物。"③元丰元年(1078)二月六日,明州言:"得日本国太宰府牒称:附使人孙忠遣僧仲回等进绅二百匹、水银五千两。本州勘会孙忠非所遣使臣,乃泛海商客,而贡奉之礼不循诸国例。乞以此牒报,仍乞以所回赐钱物付仲回。"④上述史料表明,宋日双方的官方互动被限制在大宰府和明州之间。

然而,日本并不禁止宋商到本国贸易。宋日贸易以宋商到日本贸易为主,自晚唐9世纪中期至北宋11世纪中期,大宰府鸿胪馆一直是日本对外贸易的唯一管理机关,这一时期即所谓"鸿胪馆贸易"时期。⑤ 11世纪后半叶以后,宋商在博多(大宰府下辖北九州港口)营造住宅,施助寺社,建立起聚居区,博多唐房成为宋商在日贸易据点。⑥ 宋朝一侧,对日贸易的枢纽港始终都是明州,明州—博多航线则是宋日贸易的主干线。

---

① (日)戒觉:《渡宋记》(九条家旧藏本),元丰五年(日本永保二年)九月五日条至九月廿二日条。

② [宋]李焘著,上海师范大学古籍所、华东师范大学古籍所点校:《续资治通鉴长编》卷一〇四,天圣四年十月庚辰,第2424页。

③ [宋]李焘著,上海师范大学古籍所、华东师范大学古籍所点校:《续资治通鉴长编》卷二八六,熙宁十年十二月乙酉,第6997页。

④ [宋]李焘著,上海师范大学古籍所、华东师范大学古籍所点校:《续资治通鉴长编》卷二八八,元丰元年二月辛亥,第7043页。

⑤ 刘恒武:《宁波古代对外文化交流——以历史文化遗存为中心》,北京:海洋出版社,2009年版,第41页;(日)田岛公:《大宰府鸿胪の终焉——八世纪—十一世纪の对外交易システムの解明》,《日本史研究》1995年第389号。

⑥ 刘恒武:《宁波古代对外文化交流——以历史文化遗存为中心》,北京:海洋出版社,2009年版,第121—126页;(日)大庭康时:《集散地遗跡としての博多》,《日本史研究》1999年第448号;(日)佐伯弘次:《博多と宁波》,见(日)荒野泰典等编:《通交·通商圈の拡大》,东京:吉川弘文馆,2010年版,第155页。

日本博多湾

关于宋日之间海商的往来，根据榎本涉论文①、荛岚专著附表②和赵莹波论文③，可整理为表 3-2。

由于明州港有赴日渡航之便，而且在相当长的时段里被指定为对日丽市舶贸易港，因此，从明州往返于宋日之间的海商甚多，表 3-2 所记只是其中一部分。这些海商在明州办理市舶手续，领取贸易公凭之后，从明州解缆出洋。宋朝商船抵达日本博多港口后，按照日本官方有关要求，经大宰府派官员进行货物和人员等相关事宜的报备、检查等手续，才可以在日本进行贸易。④

---

① （日）榎本涉：《明州市舶司と東シナ海交易圏》，《历史学研究》2001 年第 756 号；（日）榎本涉：《唐一元代における日中交通路の変遷》附表《对日本交通に利用された中国側港湾（800—1349）》，见林立群主编：《跨越海洋——"海上丝绸之路与世界文明进程"国际学术论坛文选》，杭州：浙江大学出版社，2012 年版，第 163—166 页。

② 荛岚：《7—14 世纪中日文化交流的考古学研究》附《宋元日往来商船一览表》，北京：中国社会科学出版社，2001 年版，第 240—251 页。

③ 赵莹波：《宋日贸易研究——以在日宋商为中心》，南京大学博士学位论文，2012 年，第 33—34 页。

④ （日）木宫泰彦：《日中文化交流史》，胡锡年译，北京：商务印书馆，1980 年版，第 246 页。

表 3-2　宋代宁波—日本商船往返简况

时间	纲首/船头	主要内容	备注
1023—1024 年	孙忠	明州言日本国太宰府遣人贡方物	《宋史·日本传》
1024—1028 年	陈文祐、副纲章仁昶	明州港始发抵达肥前国值嘉岛	《小右记》《太宰府天满宫史料》
1072 年	曾聚等	日僧成寻搭乘宋船由肥前国松浦出港,经明州至杭州	《扶桑略记》《参天台五台山记》
1073 年	孙忠	从明州港航抵日本,带去了宋帝赠给日廷的金泥《法华经》和锦 20 匹	《参天台五台山记》
1078 年	孙忠	从日本航至明州,日本通事僧仲回同船	《宋史·日本传》《善邻国宝记》
1080 年	孙忠	从明州航至日本越前敦贺,带去明州牒文	《扶桑略纪》
1082 年	孙忠	从明州航至日本	《百炼抄》
1082 年	刘坤	延历僧戒觉,乘刘坤父子船,私渡至宋	《渡宋记》
1105 年	李充	从明州航抵博多湾志贺岛	《朝野群载》
1168 年		船从博多出港航抵明州,宋通事李德照和日僧荣西搭乘该船	《千光祖师年谱》
1169 年		回程船抵明州,托明州纲首进献方物	《文献通考》
1173 年		明州纲首以方物入贡	《宋史·日本传》
1176 年		抵明州	《宋史·日本传》
1190—1194 年	杨三纲	荣西乘杨三纲船,着平户岛浦	《太宰府天满宫史料》
1202 年		抵庆元定海	《宋史·日本传》
1211 年	苏张六	日僧俊芿搭乘该船从庆元航抵博多	《泉涌寺不可弃法师传》
1231 年		日僧圆尔搭乘商船从庆元航抵博多	《圣一国师年谱》
1241 年		从庆元返回博多	《圣一国师年谱》
1242 年	谢国明	由博多抵庆元。该年杭州径山寺失火,博多承天寺开山圆尔辨圆委托谢国明赠送木材,协助径山住持无准师范重建伽蓝	《圣一国师年谱》

现存宁波的三块南宋旅日华侨石刻,其铭文记录了大宰府博多居留华侨捐施钱财、助建明州佛寺参道之事,这也从一个侧面表明了宋代明州和博多之间人员的频密往来。① 与之相对应,日本九州北部、西北以及西南地区发现有着 40 余尊萨摩塔、宋风石狮、层塔等宋风石刻遗存,这些石刻大多是12—13 世纪在明州(庆元)雕制完成之后再由宋商从明州港装舶输出到日本的,反映出旅日宋人在日本的居留状况和营商行迹。②

宋朝商人赴日本进行贸易,为使在日营商活动顺利进行,往往以进献"方物"名义联络日本官员,借此寻求庇护、确保利益。如北宋宁海海商周文裔于天圣六年(1028)分别向太政大臣和右大臣进献物品:

> 翠纹花锦壹匹、小纹绿殊锦壹匹、大纹白绫叁匹、麝香贰脐、丁香伍拾两、沉香佰两、熏陆香贰拾两、何梨勒拾两、石金青叁拾两、光明朱砂伍两、色色钱纸贰佰幅、丝鞋参足。③

上述进献给日本官员的物品主要是宋朝"特产",以丝织品为主,外加香药、书籍等物。这些所谓"唐物"受到日本各阶层的喜爱。"唐人商船来著之时,诸院诸宫诸王臣家等,官使未到之前,遣使争买,又郭内富豪之辈,心爱远物,踊直贸易。"④日本平安时代后期汉学者藤原明衡在《新猿乐记》中记载以下"唐物":

> 沉香、康香、衣比(熏香)、丁子、甘松、熏陆、青木(青木香)、龙脑、鸡舌(丁子)、白檀、赤术、紫檀、苏芳(苏木)、陶砂(明矾)、红雪(药品)、紫雪(药品)、金益丹(金液丹、丹药)、银益丹(丹药)、紫金膏、巴豆、雄黄、可梨勒、槟榔子、铜黄(颜料)、绿青(颜料)、燕脂(胭脂虫的粉末)、空青(药用矿石)、丹朱砂、胡粉、豹虎皮、藤、茶碗、笼子、犀生角、水牛如意、

---

① 顾文璧、林士民:《宁波现存日本国太宰府博多津华侨刻石之研究》,《文物》1985 年第 7 期。

② 刘恒武:《跨越海洋的输日佛教石刻研究》,《中国社会科学报》2020 年 12 月 22 日第 8 版;刘恒武、陈竞翘:《萨摩塔与宋日海上丝绸之路》,《日语学习与研究》2015 年第 5 期。

③ (日)藤原实资:《小右记》,长元二年三月二日条。

④ (日)《类聚三代格》卷十二《禁制事·应禁遏诸使越关私买唐物事》。

玛瑙带、琉璃壶、绞锦罗縠、吴竹、吹玉。①

徽宗崇宁三年(1104)，自明州市舶司领取公凭赴日的泉州人李充商船所运输货物，列示如下：

> 象眼四拾匹，生绢拾匹，白续贰拾匹，瓮坑贰拾床，瓮堞壹百床、防船家事，锣以面，鼓一面，旗伍口、石刻。本州物力户郑裕，郑郭仁，陈佑，参人委保、本州令，给杖壹条，印壹颗。②

李充货船所载货品以丝织品和瓷器为主，将之与《新猿乐记》的记载结合起来可以推知，宋商输出到日本的货物主要包括五类：一是丝织品；二是各种香类；三是珍贵药材；四是颜料；五是宋朝生产的各色瓷器。

此外，宋代货币也被大量舶入日本。③ 学界有关研究认为，宋代出现"钱荒"的原因在于对外贸易造成的宋钱"海外流失"。④ 北宋早期，"钱荒"就已出现端倪。开宝三年(970)，朝廷下禁令以遏止铜币外流。庆历元年(1041)五月七日，朝廷下诏："'以铜钱出外界，一贯以上，为首者处死；其为从，若不及一贯，河东、河北、京西、陕西人决配广南远恶州军本城，广南、两浙、福建人配陕西。其居停资给者，与同罪，如捕到蕃人，亦决配荆湖、江南编管。仍许诸色人告捉，给以所告之物。其经地分不觉察，官吏减二等坐之。'初，权三司使公事叶清臣，言朝廷务怀来四夷，通缘边互市，而边吏习于久安，约束宽弛，致中国宝货钱币，日流于外界。比年县官用度既广，而民间货易致不

---

① （日）藤原明衡：《新猿乐记》（宫内厅书陵部藏写本）之"八郎真人商人主领也"一节。《新猿乐记》所列"唐物"被中日学者广为引用，日本研究者关周一对其中若干物品作了考注（引文中加括号文字），并指出这些唐物主要可分为香料、染料、药品和丝织品几类。参见：（日）关周一：《唐物の流通と消費》，见（日）樱井英治编：《古代・中世の都市をめぐる流通と消費》（《国立歴史民俗博物館研究報告》第 92 集），东京：国立历史民俗博物館，2002 年版，第 87—110 页。

② （日）三善为康：《朝野群载》（新订增补国史大系第廿九卷上）卷二〇《大宰府附异国大宋商客事》，东京：吉川弘文馆，1938 年版，第 452—455 页。

③ Mikael S. Adolphson："The coin Conundrum in Twelfth Century Japan"，见林立群编：《跨越海洋："海上丝绸之路与世界文明进程"国际学术论坛文选》，杭州：浙江大学出版社，2012 年版，第 122—141 页。

④ 葛金芳、常征江：《宋代"钱荒"成因再探》，《湖北大学学报・哲学社会科学版》2008 年第 2 期；丁涛：《北宋东南钱荒缘由考辨》，《中华文化论坛》2018 年第 12 期。

通,方羌戎为叛,指日待诛,奸人出入边关,荡然无禁,故于旧条第加其罪。"①
由此可知,有携带一贯铜币出境外者处死,不及一贯者发配边远州城,地方
官员也将受到处罚,可见宋廷禁令之严苛。

北宋张方平曾言:

> 臣伏以钱者国之重利,日用之所急,生民衣食之所资。有天下者,
> 以此制人事之变,立万货之本。故钱者,人君之大权,御世之神物也。
> ……旧制惟广州、杭州、明州市舶司为买纳之处,往还搜检,条制甚严,
> 不得取便至他州也。今日广南、福建、两浙、山东,恣其所往,所在官司
> 公为隐庇,诸系禁物,私行买卖,莫不载钱而去。钱本中国宝货,今乃与
> 四夷共用。又自废罢铜禁,民间销毁无复可辨。销镕十钱,得精铜一
> 两,造作器物,获利五倍。……今乃倾中国之利,挠君权,竭民用,以资
> 外国;又弛铜禁,通商贩,越边陲,无复纪极,所谓假寇兵也。既资之财,
> 又假之兵,以济其猾逆之心。暴害之力,桀黠之徒,有以窥国家御边之
> 无算,枢机之不密,安得不启其侵侮之谋者哉? 不知议法者之意,据何
> 义理? 举累朝经远长虑,所以保国便民之典,一旦削而除之,此国之大
> 事,惟陛下圣明察纳,早垂神断。②

东南沿海地区"钱荒"不止的原因是官府包庇,民间冒险趋利。张方平
建议,为了国家安全,应该厉行钱禁。

南宋时期"钱荒"依然未止。"南渡,三路舶司岁入固不少,然金银铜钱,
海舶飞运,所失良多,而铜钱之泄尤甚。法禁虽严,奸巧愈密,商人贪利而贸
迁,黠吏受赇而纵释,其弊卒不可禁。"③南宋朝廷严厉禁止铜钱外流,绍兴二
十八年(1158)九月十五日,户部奏铜钱出界罪赏:"诸以铜钱与蕃商博易者,
徒二年,千里编管。二贯流二千里;二十贯配广南,出中国界者,递加一等;
三千贯配远恶州,许人捕。凡经由透漏巡捕州县,知通、县令、丞、镇寨官、市
舶司官吏、帅臣监司之在置司州者,并减犯人一等,故纵者与同罪,不与去官

---

① [宋]李焘著,上海师范大学古籍所、华东师范大学古籍所点校:《续资治通鉴长编》
卷一三二,庆历元年五月乙卯,第3122页。
② [宋]李焘著,上海师范大学古籍所、华东师范大学古籍所点校:《续资治通鉴长编》
卷二六九,熙宁八年十月壬辰,第6593—6594页。
③ [元]脱脱:《宋史》卷一八六《食货志》,第4566页。

赦降原减。命官获三十缗者,进秩一等,余人赏钱五百缗,其它以为是差。"①
庆元五年(1199)七月,"禁高丽、日本商人博易铜钱"②;庆元间,"诏禁商人持
铜钱入高丽"③。端平元年(1234)六月,"禁毁铜钱作器用并贸易下海"④。
范成大奏章曾说:

> 臣闻东南蕃夷舶船,岁至中国,旧止以物货博易,近年颇以见钱为
> 贵,广、泉、四明及并海州郡,钱之去者不可胜计。绍兴三十年,尝大立
> 法禁,五贯之罪死,随行钱物,全给告人。罪赏之重,至此极矣。而终弗
> 败获。盖溟渤荒渺,客程飘忽,诚有法禁所不能及者。访闻一舶所迁,
> 或以万计,泉司岁课,积聚艰窘,而散落异国,终古不还,诚可为痛惜而
> 深恨也。今法禁既不可制,盖亦循其本而救之乎? 臣愚欲望明诏,试令
> 有司条具,每岁市舶所得,除官吏糜费外,实裨国用者几何? 所谓蕃货
> 中国不可一日无者何物? 若资国用者无几,又多非吾之急须,则何必广
> 开招接之路! 且以四明论之,蕃舶所资,止于青瓷、铜器、螺头、松实及
> 板木之类而已,皆非中国不可无之物,而诱吾泉宝以去,利害重轻,不较
> 而判。臣尝试妄议,以为明州一处蕃舶,岂不可以权住,姑塞漏钱之一
> 穴。其它可以类举。此拔本塞源,不争而善胜之道。今无法以必禁,又
> 以为蕃货不可无,则当坐视泉宝四散而去,勿惜恨可也。唯陛下与大臣
> 熟计而图之。⑤

范成大曾为市舶司官员,其间意识到蕃商"以见钱为贵",收购大量铜钱
而回,即便是朝廷禁令也不能止,原因在于"溟渤荒渺,客程飘忽,诚有法禁
所不能及者",故而谏议朝廷严控铜币外流,不能"坐视泉宝四散而去"。宋
钱面值与其所用铜材价值基本相等,对于海外诸国而言,它既可作为一种具
有价值保证的流通媒介,又可作为精铜原料用于铸造器具、谋取溢价,故而
成为"国际通货"。

宋商由日本往返于明州(庆元),将日本商品舶运至宋朝进行销售。《宋

---

①　[宋]李心传编撰,胡坤点校:《建炎以来系年要录》卷一八〇,绍兴二十八年九月辛
未,第3454—3455页。

②　[元]脱脱:《宋史》卷二七《宁宗一》,第725页。

③　[元]脱脱:《宋史》卷四八七《高丽》,第14052页。

④　[元]脱脱:《宋史》卷四一《理宗一》,第802页。

⑤　[明]黄淮、[明]杨士奇:《历代名臣奏议》卷二七二《理财》,台北:学生书局,1964年
版,第3568页。

史》有日本物品相关记载："银香炉、木榍子、白琉璃、五香、水精、紫檀、琥珀所饰念珠,以及青色织物绞。"①日僧成寻来宋时所携日本物品有:"米五十斛、绢百匹、褂二重、砂金四小两、上纸百帖、铁百廷、水银百八十两也。"②《宝庆四明志》卷六《叙赋下·市舶》载日本盛产木材,"最宜木,率数岁成围"③。日本优质木材是极佳的建筑材料,日僧重源曾从日本周防(山口县)向明州运送木材助建阿育王寺舍利殿,荣西则捐大批日本良材用以修建明州天童寺千佛阁。④ 日本舶来木材是宋日贸易中的大宗商品,宋赵汝适《诸蕃志》卷上《倭国》载:"多产杉木、罗木,长至四十丈,径四五丈余,土人解为枋板,以巨舰搬运,至我泉贸易。"⑤南宋后期,浙江沿海一带,日本商舶"每岁往来不下四五十舟,乃无非木板螺头等物"⑥。

日本还有其他特产,《宝庆四明志》卷六载:"俗善造五色笺,销金为阑,或为花,中国所不逮也,多以写佛经。铜器尤精于中国。贾舶乘东北风至。"⑦日本输入宋朝的货物亦分为:细色,金子、砂金、珠子、药珠、水银、鹿茸、茯苓;粗色,硫黄、螺头、合覃、松板、杉板、罗板等。日本"东奥州产黄金","西别岛出白银,以为贡赋"。⑧ 日本曾是东亚地区的黄金主产国,有学者将平安时期的日本称为"黄金国家"⑨。南宋后期,市舶司每年从宋日贸易船抽博黄金所得二三万贯,但漏舶之金则到达六万七千二百余贯⑩,是抽博的两三倍。宝祐六年(1258),庆元知府吴潜"望朝廷特赐详察施照前申罢倭人抽博之微息,弛倭人漏舶之厉禁,以示朝廷怀远之恩"⑪,这一奏议有利于

---

① [元]脱脱:《宋史》卷四九一《日本》,第 14137 页。

② (日)皇圆:《扶桑略记》,延久四年三月十五日条。

③ [宋]罗濬:《宝庆四明志》卷六《叙赋下·市舶》,第 5056 页。

④ 刘恒武:《宁波古代对外文化交流——以历史文化遗存为中心》,北京:海洋出版社,2009 年版,第 165 页、第 168 页。

⑤ [宋]赵汝适:《诸蕃志》卷上《倭国》,北京:中华书局,1985 年版,第 28 页。

⑥ [宋]包恢:《敝帚稿略》卷一《禁铜钱申省状》,《景印文渊阁四库全书》集部第 1178 册,第 0713d 页。

⑦ [宋]罗濬:《宝庆四明志》卷六《叙赋下·市舶》,第 5056 页。

⑧ [元]脱脱:《宋史》卷四九一《外国列传》,第 14131 页。

⑨ (日)保立道久:《黄金国家》,东京:青木书店,2004 年版,第 275—305 页。

⑩ 王慕民、张伟、何灿浩:《宁波与日本经济文化交流史》,北京:海洋出版社,2006 年版,第 72 页。

⑪ [宋]梅应发、刘锡:《开庆四明续志》卷八《蠲免抽博倭金》,《宋元方志丛刊》,北京:中华书局,1990 年版,第 6011 页。

激发海商从日本向宋朝舶入黄金的积极性。

除了黄金外,日本盛产硫黄,如神宗朝时一次性购进五十万斛硫黄,元丰七年(1084)二月八日,知明州马玞言:"准朝旨,募商人于日本国市硫黄五十万斤,乞每十万斤为一纲,募官员管押。"① 南宋时期,庆元知府吴潜也说:"倭商每岁大项博易,惟是倭板、硫磺颇为国计之助。"② 据此可知,宋朝对日本硫黄需求巨大,其原因在于宋朝军事上硫黄消耗量惊人。日本学者山内晋次指出,宋代中日之间存在着一条硫黄贸易之路。③ 明州(庆元)即是宋日硫黄贸易之路在宋朝一侧的关键端点。

此外,日本美术工艺品制作精巧,如莳绘、螺钿、水晶细工、刀剑、扇子等大量输入,很受宋人的欢迎。宋人记载说:螺钿"本出倭国,物象百态,颇极工巧"④。日本折扇在中国颇受欢迎,苏辙《杨主簿日本扇》云:"扇从日本来,风非日本风。风非扇中出,问风本何从。风亦不自知,当复问大空。空若是风穴,既自与物同。同物岂空性,是物非风宗。但执日本扇,风来自无穷。"⑤ 苏轼赋诗言:"东随海舶号倭螺,异方珍宝来更多。"⑥

日本刀在宋朝也很受欢迎,如欧阳修《日本刀歌》云:

> 昆夷道远不复通,世传切玉谁能穷。宝刀近出日本国,越贾得之沧海东。鱼皮装贴香木鞘,黄白闲杂鍮与铜。百金传入好事手,佩服可以禳妖凶。传闻其国居大岛,土壤沃饶风俗好。其先徐福诈秦民,采药淹留丱童老。百工五种与之居,至今器玩皆精巧。前朝贡献屡往来,士人往往工词藻。徐福行时书未焚,逸书百篇今尚存。令严不许传中国,举世无人识古文。先王大典藏夷貊,苍波浩荡无通津。令人感激坐流涕,锈涩短刀何足云。⑦

---

① 　[清]徐松辑,刘琳等校点:《宋会要辑稿》食货三八,第6844页。

② 　[宋]梅应发、[宋]刘锡:《开庆四明续志》卷八《蠲免抽博倭金》,第6010页。

③ 　(日)山内晋次:《日宋貿易と「硫黄の道」》,东京:山川出版社,2009年版,第43—61页;(日)山内晋次:《日本史とアジア史の一接点—硫黄の国際貿易をめぐって》,见(日)山田奖治等编:《江南文化と日本——資料・人的交流の再発掘》,京都:国际日本文化研究中心,2012年版。

④ 　[宋]方勺撰,许沛藻、杨立扬点校:《泊宅编》卷中,北京:中华书局,1983年版,第81页。

⑤ 　[宋]苏辙:《栾城集》卷一三,上海:上海古籍出版社,2009年版,第321页。

⑥ 　[宋]苏轼著,王文诰辑注:《苏轼诗集》卷二六,北京:中华书局,1982年版,第1384页。

⑦ 　[宋]欧阳修著,洪本健校笺:《欧阳修诗文集校笺》卷十二,上海:上海古籍出版社,2009年版,第1478页。

梅尧臣《钱君倚学士日本刀》云：

> 日本大刀色青荧，鱼皮帖欛沙点星。东胡腰鞘过沧海，舶帆落越栖
> 湾汀。卖珠入市尽明月，解绨换酒琉璃瓶。当垆重货不重宝，满贯穿铜
> 去求好。会稽上吏新得名，始将传玩恨不早。归来天禄示朋游，光芒曾
> 射扶桑岛。坐中烛明魑魅遁，吕虔不见王祥老。古者文事必武备，今人
> 褒衣何足道。干将太阿世上无，拂拭共观休懊恼。①

上述三首宋代诗词对日本产货物的歌咏，真实反映出宋代士大夫对日
本特产的扇子、刀具的喜爱。通过宋日之间贸易往来，双方互通有无，更多
货物进入两国百姓日常生活当中，丰富了人们的物质生活。②

来往于宋日之间的海商在宋朝市舶司及日本大宰府的管辖下③，进行海
外货物进出口贸易，同时促进了两国文化交流。浙东享有"东南佛国"之美
誉，明州与日本之间的佛教文化交流，早在唐代时就已开始。唐贞元二十年
（804），最澄大师随日本遣唐使渡航明州，之后前往台州、越州等地求法巡
礼。④ 唐大中十三年（859），日僧惠谔谒五台山敬礼，"观音貌像端雅、喜生颜
间，乃就恳求愿迎归其国"；归国途中路过昌国，遭遇风涛，惠谔用尊请的"观
音菩萨宝像"巧妙化解危机。⑤ 到了宋代，多名日本大德高僧曾来访明州（庆
元），如源信大师弟子寂照、绍良，还有戒觉、俊芴、重源、荣西、道元、圆尔辨
圆等。⑥ 宋商为日本入宋僧提供了诸多支持，而渡宋归国日僧也成为帮助在
日宋商开展贸易的重要人脉。

此外，宋朝沿海诸州时有日本飘风难民，宋方一般都给予救济安顿，使
其候商船归国。淳熙三年（1176），"风泊日本舟至明州，众皆不得食，行乞至
临安府者复百余人。诏人日给钱五十文、米二升"，这百余人在宋境得到照

---

① ［宋］梅尧臣：《梅尧臣集编年校注》卷二八，上海：上海古籍出版社，2006年版，第994页。
② 陈伟庆：《宋代日本物品输入考》，《西安电子科技大学学报·社会科学版》2012年第
6期。
③ 从事宋日贸易的海商以宋商为主。榎本涉指出，南宋史料中所谓的"日本商人"实
际上大多是长期居留日本的华裔商人。参见（日）榎本涉：《宋代の「日本商人」の再检讨》，
《史学杂志》2001年第110编第2号。
④ 刘恒武：《宁波古代对外文化交流——以历史文化遗存为中心》，北京：海洋出版社，
2009年版，第79—86页。
⑤ ［宋］罗濬：《宝庆四明志》卷十一《叙祠·寺院》，第5131—5132页。
⑥ 刘恒武：《宁波古代对外文化交流——以历史文化遗存为中心》，北京：海洋出版社，
2009年版，第161—183页。

顾。宋廷下诏照料这批日本难民，一直"俟其国舟至日遣归"，"（淳熙）十年，日本七十三人复飘至秀州华亭县，给常平义仓钱米以振之。绍熙四年，泰州及秀州华亭县复有倭人为风所泊而至者，诏勿取其货，出常平米振给而遣之。庆元六年至平江府，嘉泰二年至定海县，诏并给钱米遣归国"。① 日本飘风难民候船回国的港口一般是明州、杭州等市舶司所在地。

五、明州（庆元）与宋—南洋诸国贸易

（一）明州与南海航线

两宋时期，广州、泉州、明州、杭州等港口城市是联结南海航线的主要港口。所谓"南洋诸蕃水道"②的干线，是宋朝的广州和三佛齐的巨港，《岭外代答》记载：

> 三佛齐之来也，正北行，舟历上下竺与交洋，乃至中国之境。其欲至广者，入自屯门。欲至泉州者，入自甲子门。阇婆之来也，稍西北行，舟过十二子石而与三佛齐海道合于竺屿之下。③

商船沿着三佛齐沿海航行到上下竺（今马来西亚奥尔岛④），然后继续航行到广州或泉州，继续北上航行则到达温州、明州或杭州等地。如淳化三年（992）十二月，阇婆（印尼爪哇一带的古国。）使者"朝贡使凡舶船六十日至明州定海县"，使臣随带阇婆本地象牙、真珠、绣花销金及绣丝绞、玳瑁、龙脑等珍贵土特产进贡。当使臣回国时，宋廷"以从其请"，厚赐阇婆使者，"赐金币甚厚，仍赐良马戎具"⑤。宁宗开禧元年（1205）八月二十三日，庆元府言："真里富国进献瑞象一头，象牙二株，犀角十株。"⑥这些史料说明，宋代明州与印尼、柬埔寨等地之间保持着海上往来。另外，明州有波斯商人长驻，咸平年间在舶务边的狮子桥以北建造"清真寺"⑦，东渡门内波斯巷由此得名。据此

---

① ［元］脱脱：《宋史》卷四九一《日本》，第 14137 页。

② 吴春明：《环中国海沉船：古代帆船、船技与船货》，南昌：江西高校出版社，2007 年版，第 264 页。

③ ［宋］周去非撰，杨武泉校注：《岭外代答校注》卷三《外国门下·航海外夷》，北京：中华书局，1999 年版，第 126 页。

④ 陈佳荣：《古代南海地名汇释》，北京：中华书局，1986 年版，第 153 页。

⑤ ［元］脱脱：《宋史》卷四八九《外国列传》，第 14093 页。

⑥ ［清］徐松辑，刘琳等校点：《宋会要辑稿》崇儒七，第 2913 页。

⑦ 林士民、沈建国：《万里丝路——宁波与海上丝绸之路》，宁波：宁波出版社，2002 年版，第 240 页。

可以推测,宋代明州—泉州—广州连接的南海航线可通过马六甲海峡延伸至印度洋北岸地区。

(二)明州与南洋贸易

宋代杭州、明州市舶司,与广州市舶司一样,其舶务也涉及南洋诸番来航商船,"置市舶司于广州,后又于杭、明州置司。凡大食、古逻、阇婆、占城、勃泥、麻逸、三佛齐诸蕃并通货易,以金银、缗钱、铅锡、杂色帛、瓷器,市香药、犀象、珊瑚、琥珀、珠琲、镔铁、龟皮、玳瑁、玛瑙、车渠、水精、蕃布、乌樠、苏木等物"[①]。当时,东南亚的阇婆、占城(今越南中南部)、暹罗(今泰国)、勃泥(今文莱)、麻逸(今菲律宾)、三佛齐(今苏门答腊巨港)以及西亚的波斯(今伊朗)与宋朝进行贸易,且宋朝从这些国家和地区输入各种货物,这些国家和地区则从宋朝进口大量瓷器、丝绸等。

学界对宋代与东南亚地区贸易往来有深入研究,成果丰硕。[②] 近年的研究围绕海下沉船资料深入展开,著名的"南海Ⅰ号"南宋沉船的出水文物,包含有浙江龙泉窑、江西景德镇窑、福建德化窑等窑场出产的瓷器,足见宋代赴南洋贸易船物流网络之发达。[③]

关于南海航路舶至明州(庆元)货物,《宝庆四明志》记载如下:

> 海南、占城、西平、泉、广州船(不分纲首、杂事、梢工、贴客、水手,例以一十分抽一分,般贩铁船二十五分抽一分)
>
> 细色:麝香、笺香、沈香、丁香、檀香、山西香、龙涎香、降真香、茴香、没药、胡椒、槟榔、荜澄茄、紫矿、画黄、蜡、鳖鱼皮。
>
> 粗色有:暂香、速香、香脂、生香、麤香、黄熟香、鸡骨香、斩刴香、青桂头香、藿香、鞋面香、乌里香、断白香、包袋香、水盘香、红豆、荜拨、良姜、益智子、缩砂、蓬莪术、三赖子、海桐皮、桂皮、大腹皮、丁香皮、桂花、

---

① [元]脱脱:《宋史》卷一八六《食货下八》,第 4558—4559 页。

② 林家劲:《两宋时期中国与东南亚的贸易》,《中山大学学报·哲学社会科学版》1964年第 4 期;卢苇:《宋代海外贸易和东南亚各国关系》,《海交史研究》1985 年第 1 期;胡舒扬:《宋代中国与东南亚的陶瓷贸易——以鳄鱼岛沉船(Pulau Buaya wreck)资料为中心》,见上海中国航海博物馆、中国博物馆协会航海博物馆专业委员会编:《人海相依:中国人的海洋世界》,上海:上海古籍出版社,2014 年版,第 48—67 页;余军:《宋代"海上陶瓷之路"探研》,《宋史研究论丛》2020 年第 1 期。

③ 李庆新:《南宋海外贸易中的外销瓷、钱币、金属制品及其他问题——基于"南海Ⅰ号"沉船出水遗物的初步考察》,《学术月刊》2012 年第 9 期。

姜黄、黄芦、木鳖子、茱萸、香柿、礚藤子、琼菜、相思子、大风油、京皮、石
兰皮、兽皮、苎麻、生苎布、木棉布、吉布、吉贝花、驴鞭、钗藤、白藤、赤
藤、藤棒、藤篾、宛木、射木、苏木、椰子、花梨木、水牛皮、牛角、螺壳、蚜
螺、条铁、生铁。

外化蕃船（遇到申上司候指挥抽解）

细色：银子、鬼谷珠、珠砂、珊瑚、琥珀、玳瑁、象牙、沈香、笺香、丁
香、龙涎香、苏合香、黄熟香、檀香、阿香、乌里香、金颜香、上生香、天竺
香、安息香、木香、亚湿香、速香、乳香、降真香、麝香、加路香、茴香、脑
子、木札脑、白笃耨、黑笃耨、蔷薇水、白豆蔻、芦荟、没药、没石子、槟榔、
胡椒、硼砂、阿魏、腽肭脐、藤黄、紫矿、犀角、葫芦瓢、红花、蜡。

粗色有：生香、修割香、香缠札、暂香、香头、斩剉香、香脂、杂香、卢
甘石、宛木、射木、茶木、苏木、射檀香、椰子、赤藤、白藤、皮角、鳖皮、
丝、簟。①

南海航路沿线地区货物输入明州（庆元）途径有两种：一是先由东南亚
地区港口装货出海北上经中国广州、泉州等港口中转，然后继续北上直到明
州或杭州等地；二是直接从东南亚地区港口出发一路北上到明州。这些远
洋货船主要装载的是香料、药材、木材、矿石等东南亚特产，明州进口的南洋
货品大部分供宋人消费，小部分则被海商转销至日本、高丽。上文提及的一
些宋商输往日丽的香料、药材以及热带珍物，并非中国物产，而是南洋舶货。
可以说，宋代明州、泉州两港在南海航线与东海航线的物流联结上扮演着关
键角色。此外，目前考古已经证实，在东南亚、西亚甚至非洲地区，均有宋越
窑青瓷、龙泉窑青瓷和景德镇窑青白瓷考古发现②，明州在瓷器的集运与输
出中也发挥着重要作用。

第二节　元代宁波对外贸易

元廷重视发展商业贸易，国家税赋与宫廷财政也依赖商业。有学者认
为，元代对外贸易是海陆并举：一方面，元朝统治范围广袤，陆上丝绸之路重

---

① ［宋］罗濬：《宝庆四明志》卷六《叙赋下·市舶》，第 5056—5059 页。
② 黄纯艳：《宋代海外贸易》，北京：社会科学文献出版社，2003 年版，第 36—37 页。

新发展并再现繁荣①;另一方面,元朝因袭了"唐宋以来的市舶制度和海上丝绸之路"②。就本节主题而言,江静曾撰文梳理了元代宁波对日贸易历史过程,并概括元日贸易特征③;其他成果大多是从宏观上探究元朝对外贸易④,本节将在考察元代庆元(宁波)对外贸易整体状况的基础上,探讨其在元代航海贸易体系中的地位与角色。

一、元代宁波对外贸易发展的背景

首先,元朝政府接受中原王朝重农思想,在农业政策上明确农业是立国之本。元朝统治者设立劝农司,负责全国各地农业生产和农业技术推广工作。同时,元朝政府编著和刊印《农桑辑要》用以指导各地农业生产,敦促各级政府兴修水利,赈济灾民。⑤ 此外,元朝政府鼓励各地种植棉花,元代是"棉花由少数民族地区向内地移植、制棉工具不断倡新,制棉技术不断提高的时期"⑥。朝廷在浙东、江东、江西、湖广、福建设立"木棉提举司","责民岁输木棉布十万匹"⑦事宜。

其次,元朝农业经济的发展为手工业提供了广阔前景。元朝棉花种植业促进了棉纺织业发展,特别是在成宗元贞年间(1295—1296),黄道婆"乃教以做造捍弹纺织之具,至于错纱配色,综线挈花,各有其法。以故织成被

---

① 张亚光、毕悦:《元代陆上丝路贸易的制度构建》,《北京大学学报·哲学社会科学版》2017年第6期;修晓波:《元代丝绸之路对民族融合的影响》,《浙江社会科学》2020年第10期。

② 刘恒武、马敏:《元代浙江港口与海上丝绸之路》,见陈国灿、于逢春主编:《环东海文明互动与东亚区域格局研究》,北京:中国商务出版社,2018年版,第18—33页。

③ 江静:《元日贸易特征论——以庆元港为考察对象》,见林士民、沈建国:《宁波与海上丝绸之路》,北京:科学出版社,2006年版。

④ 陈高华、吴泰:《宋元时期的海外贸易》,天津:天津人民出版社,1981年;喻常森:《元代海外贸易》,西安:西北大学出版社,1994年版;(日)榎本涉:《明州市舶司と東アジア海交易圈》,《历史学研究》2001年第756号;(日)榎本涉:《元朝の倭船对策と日元贸易》,《東アジア海域と日中交流》,东京:吉川弘文馆,2007年版;(日)村井章介:《寺社造营料唐船を見直す——贸易·文化交流·沈船》,《港町と海域世界》,东京:青木书店,2005年版;竺菊英:《开埠前宁波对外贸易历史地位探析》,《中国社会经济史研究》1995年第1期;文彬:《"是邦控岛夷,专集聚商舸"——元代的庆元港》,《宁波经济》1998年第5期;杨妮、王丁国:《元代浙江之海外贸易》,《浙江纺织服装职业技术学院学报》2008年第3期。

⑤ 详参吴宏岐:《元代农业地理》,西安:西安地图出版社,1997年版。

⑥ 洪用斌:《元代的棉花生产和棉纺业》,《中国社会经济史研究》1984年第3期。

⑦ [明]宋濂:《元史》卷十五《世祖本纪十二》,北京:中华书局,1976年版,第322页。

褥带帨,其上折枝团凤棋局字样,粲然若写。人既受教,竞相作为。转货他郡,家既殷富"①。元代新兴的棉纺织业带动印染业的兴起和发展。随着对外贸易开展,棉纺织品成为重要的输出商品。此外,元代丝织业发达,江南苏、杭、常、松一带形成丝织业中心。

再次,元代不仅能造出质量上乘的大小船只,而且航海技术有了进一步提升。至正六年(1346),摩洛哥旅行家伊本·白图泰在游记中详细描述中国海船构造:"中国船只共分三类:大的称作艟克,复数是朱努克;中者为艚;小者为舸舸姆。大船有十帆,至少是三帆,帆系藤箆编织,其状如席,常挂不落,顺风调帆,下锚时亦不落帆。……船上造有甲板四层,内有房舱、官舱和商人舱。"②从他的描述中可知,元代船舶种类多,用途也多,且船舶内部功能齐全。元朝继承了南宋造船业基础,接收了庞大数量的造船技术人员和航海人员,至元十八年(1281)元朝第二次出兵东征日本所调动的水军及船只主要是南宋遗产。

元代庆元还是海路漕运港口。元代从海上漕运江南粮食,保障大都粮食供应。③ 就宁波海运漕船数量而言,以至顺元年(1330)为例,当时慈溪、定海、象山、鄞县桃花渡、大高山堰头慈岙等地 104 艘。④ 无疑,宁波在元代漕运系统中发挥着重要作用。

此外,迨至元代,沿海地区集聚着一些能力卓越和经验丰富的海商家族,如太仓朱张集团、澉浦杨氏航海家族,其对元代两浙海外贸易有着深刻影响。陈高华先生曾对此做过精详研究。⑤ 至元十四年(1277),时任福建安抚使杨发统掌两浙三司,兼领"浙东西市舶总司事"⑥。杨发之孙杨枢曾任常熟、江阴等处海运副千户,还分理过庆、绍、温、台四地漕运事务。⑦ 杨氏家族

---

① 〔元〕陶宗仪著,武克忠、尹贵友校点:《南村辍耕录》卷二四《黄道婆》,济南:齐鲁书社,2007 年版,第 323 页。

② (摩洛哥)伊本·白图泰:《伊本·白图泰游记》,马金鹏译,银川:宁夏人民出版社,1985 年版,第 490—491 页。

③ 孟繁清:《元代海运与河运研究综述》,《中国史研究动态》2009 年第 9 期。

④ 桂栖鹏等:《浙江通史·元代卷》,杭州:浙江人民出版社,2005 年版,第 138—139 页。

⑤ 陈高华:《元代的航海世家澉浦杨氏——兼说元代其他航海家族》,《海交史研究》1995 年第 1 期。

⑥ 〔元〕陈旅:《安雅堂集》卷十一《碑碣志铭·杨国材墓志铭》,《景印文渊阁四库全书》集部第 1213 册,第 0114a 页。

⑦ 〔元〕黄溍著,王颋校注:《黄溍全集》卷八《松江嘉定等处海运千户杨君枢墓志铭》,天津:天津古籍出版社,2008 年版,第 513—514 页。

成员在浙东地区任职,管理海运。此外,元代穆斯林海商集团以私商经营起家,后为元廷经营官本船贸易崛起,成为整个航海贸易体系中代表元廷利益的一支重要力量。①

总而言之,元朝建立以后,其实施的政策刺激了农业、手工业、造船业等取得新的发展,从而为发展对外贸易开拓了广阔前景。

二、元代市舶司

元朝政府鼓励进行对外贸易,施行扶植舶商政策。元朝在沿海地区沿袭宋朝旧制设立市舶。至元十四年(1277),朝廷委任征宋将领忙古䚟兼领泉州市舶司,委任福建安抚使杨发督察庆元、上海、澉浦三处市舶司。"立市舶司一于泉州,令忙古䚟领之。立市舶司三于庆元、上海、澉浦,令福建安抚使杨发督之。"②至元十五年(1278),忽必烈诏行中书省唆都、蒲寿庚等宣布:"诸蕃国列居东南岛屿者,皆有慕义之心,可因蕃舶诸人宣布朕意。诚能来朝,朕将宠礼之。其往来互市,各从所欲。"③元朝廷鼓励外商来华贸易,并专门下令:"沿海官司通日本国人市舶。"④次年(1279),浙东庆元有四艘日本商船,篙师两千余人,至庆元港口进行贸易。⑤ 至元二十二年(1285)正月,卢世荣奏请:"于泉、杭二州立市舶都转运司,造船给本,令人商贩,官有其利七,商有其三。禁私泛海者,拘其先所蓄宝货,官买之;匿者,许告,没其财,半给告者。"⑥世祖下令从速施行该项政策。《元史·食货志》亦称:"官自具船、给本,遣人入番,贸易诸货。其所获之息,以十分为率,官得其七,所易人得其三。"⑦

上述材料表明,元廷通过提供官船与贸易本金,选择海商作为官府代理人,大力推行官本商办的海外贸易政策。其具体的海外贸易事宜由海商负责操纵,与政府进行七三分成,实现了两者共同受益。有学者认为,元朝政府推行官本船制度是从权势豪商手中切分海路贸易利润,加强政府经济实

---

① 杨志娟:《回回海商集团与元代海洋政策》,《烟台大学学报·哲学社会科学版》2013年第3期。
② [明]宋濂:《元史》卷九四《食货志二》,第2401页。
③ [明]宋濂:《元史》卷十《世祖本纪七》,第204页。
④ [明]宋濂:《元史》卷十《世祖本纪七》,第206页。
⑤ [明]宋濂:《元史》卷一三二《哈喇歹》,第3217页。
⑥ [明]宋濂:《元史》卷二〇五《卢世荣》,第4566页。
⑦ [明]宋濂:《元史》卷九四《市舶》,第2402页。

力,同时也抑制权势豪商势力增长。① 官本船实行的第二年,卢世荣触犯权贵既得利益,被罢下狱,后处死。但是元廷继续施行官本船的对外贸易政策不变。大德二年(1298),元廷将上海、澉浦两司并入庆元。最终,元朝海上贸易事务由庆元、泉州、广州三地负责管理。庆元总管两浙地区海外贸易港,充分表明庆元港在全国对外海上贸易中拥有举足轻重地位。

　　至元三十年(1293),元廷颁布《市舶则法二十三条》,规定了违法谋私行为的惩罚办法。同时,元廷设立普通舶商保护条款:各衙门不得"差占"舶商船只,"永为定例";选派清廉正直者任市舶司官员;商舶进港,"不许现任官府权豪势要人等诡名请买";免除舶商、船工、水手家庭成员一切杂役,以示朝廷体恤之意。《市舶则法二十三条》维护普通舶商权益,"富民往诸蕃商贩者,率获厚利,商者益众",海上贸易呈现空前繁荣景象。延祐元年(1314),元廷在《市舶则法二十三条》基础上修订第二部市舶成文法,用以强化市舶管理。至治三年(1323),贸易形势恢复正常,限制措施取消,从此,海上贸易进入稳步发展时期,富民舶商得到充分发展。②

　　元朝征收进出口税赋基本上沿袭宋代市舶抽解条例,但元廷也对进出口税利进行多次修改。元廷规定市舶司官吏负责检视船货,"预期前去抽解处所,以待舶船到来。依例封堵检次,先后随时抽收。不得因而走透作弊,其监抽官员亦不得违期前去,停滞舶商人员"③。市舶司官员要依据条例检查商船货物,征收关税,不得营私舞弊,败坏市舶法则。海商完成报关手续,纳完税赋即可售卖货物,"依例抽解,然后听其货卖"④。至治三年(1323),元廷放宽对外贸易政策,宣布"听海商贸易,归征其税"⑤。至元二十年(1283),元廷明确市舶抽解税率,"定市舶抽分例,舶货精者取十之一,粗者十五之一"⑥。延祐元年(1314),重新修订的市舶则法,将抽解比率提高了一倍,即"细物十分抽二,粗物十五分抽二"⑦。直到元朝终结,抽解比率未再发生变

　　① 夏秀瑞、孙玉琴主编:《中国对外贸易史》,北京:对外贸易经济大学出版社,2001年版,第244页。
　　② 吴晶晶:《元代市舶司制度研究》,内蒙古民族大学硕士学位论文,2017年,第23—30页。
　　③ 中国书店编辑:《元典章》卷二二《户部八·市舶则法第二十条》,北京:中国书店出版社,1990年版。
　　④ [明]宋濂:《元史》卷九四《食货志二》第2401页。
　　⑤ [明]宋濂:《元史》卷九四《食货志》,第2403页。
　　⑥ [明]宋濂:《元史》卷十二《世祖纪九》,第255页。
　　⑦ [明]宋濂:《元史》卷九四《食货志二》,第2403页。

化。市舶税率提高虽有助于元廷财政收入，但在一定程度上不利于海上贸易发展，高额的抽解打击了海商的贸易积极性，甚至还会将海商倒逼成走私团伙，威胁沿海地区社会秩序。

但是，元廷对市舶贸易的管理也有新的变化，即元廷取消对舶货禁榷、博买之制，只征收舶税。元廷规定："市船司更于抽讫货物内以三十分为率，抽要舶税钱一分。"①元廷新增舶税钱，是变相将原来从禁榷、和买中获取利润转为从商税中获取。这在一定程度上有助于刺激海商贸易，因而"皇元混一声教，无远弗届，区宇之广，旷古所未闻。海外岛夷无虑数千国，莫不执玉贡探，以修民职；梯山航海，以通互市。中国之往复商贩于殊庭异域之中者，如东西州焉"②。

三、元代宁波对外航线与贸易

上文已经论及，庆元因袭自宋代以来成熟的海上航线和贸易习惯，在元代依旧总揽两浙市舶对外贸易港口，与宁波港开展进出口贸易的主要有高丽、日本和东南亚地区。下面将具体论述。

（一）元代宁波与高丽之间的航线和贸易

蒙古政权较早征服高丽，并将其纳为藩属国，在元朝征日期间，高丽成为征伐日本的桥头堡，先后两次被设为征东行省，"至元二十年，以征日本国，命高丽王置省，典军兴之务，师还而罢。大德三年，复立行省，以中国之法治之。既而王言其非便，诏罢行省，从其国俗。至治元年复置，以高丽王兼领丞相，得自奏选属官"③。元廷征东行省的设置"使高丽国成为元朝的一个特殊行政区，强化了元朝对高丽国的统治关系"④，高丽与元朝连疆接壤，故而元丽之间贸易可以选择海路，也可以取道陆路。元朝政治核心在大都，因而元朝与高丽之间官方贸易以陆路为主，海上贸易以民间贸易为主。

自宋代起，宁波就是对高丽外交和商贸的核心港口，神宗熙宁以后，遣使高丽以及高丽朝贡使均自宁波起航、登岸。入元以后，宁波对高丽海上交通路线得到延续：明州/庆元三江口→定海招宝山→沈家门→普陀山（梅岑

---

① 中国书店编辑：《元典章》卷二二《户部八·市舶则法第一条》，北京：中国书店出版社，1990年版。

② ［元］汪大渊著，苏继庼校释：《岛夷志略校释·岛夷志后序》，北京：中华书局，1981年版，第385页。

③ ［明］宋濂：《元史》卷九一《百官七》，第2307页。

④ 程妮娜：《元代朝鲜半岛征东行省研究》，《社会科学战线》2006年第6期。

山)→中街山列岛(蓬莱山)→半洋礁(位于嵊泗列岛海域)→外洋(白水洋、黄水洋、黑水洋)→夹界山(小黑山岛)→五屿(今大黑山岛西南五小岛)→黑山(今大黑山岛)→月屿(今前后曾岛)→礼成江碧澜亭。① 《至正四明续志》载:"南通闽广,东接日本,北距高丽,商舶往来,物货丰溢。"② 元代庆元港—礼成江往返航线是当时主要贸易海道,其间依靠舟山群岛成为商旅往来进行补给、候风、放洋的最佳选择地。有学者认为,在10—14世纪古代中国与朝鲜半岛之间海上贸易是非常重要的,其海上航线发展和演变,"促进了中日韩三国一系列港口群的出现和区域贸易网络的形成,并成为东亚中日韩三国与东南亚乃至西亚、非洲、欧洲海洋交涉网络形成的基础"③。

元代宁波港进口高丽物品与宋代无异,主要是高丽特产:细色货物包括人参、松子、榛子、松花、茯苓、红花、麝香、高丽青器、高丽铜器、新罗漆等;粗色物品则有螺头、杏仁、白术、合蕈等。④ 海商贩卖到高丽货物则包括生丝、瓷器、茶叶、书籍等,也有转卖南海诸国的香药之类货物。

(二)元代宁波与日本之间的航线和贸易

众所周知,自晚唐起,宁波与日本列岛往来密切,入宋以后,以浙闽海商为主的博多纲首集团成为宁波与日本博多之间海上贸易的参与者和主导者。但是,元朝两次征日,对海上贸易产生一定的消极影响。随着战事结束,元廷着手社会秩序恢复和发展,同时也力图重建海外贸易体系,因而恢复庆元、泉州等原有市舶司,增设澉浦、上海等司。如至元十四年(1277),"日本遣商人持金来易铜钱,许之"⑤。元朝重市舶之利,采取开放、鼓励对外贸易的态度。如至元十五年(1278)十一月,"诏谕沿海官司通日本国人市舶"⑥。次年(1279),"日本商船四艘、篙师二千余人至庆元港口。哈喇岱谍知其无他,言于行省,与交易而遣之"⑦。这次来日本贸易船团有"篙师二千余人",在宁波进行贸易后返航,"与交易而遣之"。

① [宋]徐兢:《宣和奉使高丽图经》卷三四至三九,第117—135页。
② [元]王元恭:《至正四明续志》卷一《土风》,《宋元方志丛刊》,北京:中华书局,1990年版,第6447页。
③ 魏志江、魏楚雄:《论十至十四世纪中韩海上丝绸之路与东亚海域交涉网络的形成》,《江海学刊》2015年第3期。
④ [元]王元恭:《至正四明续志》卷五《市舶物货》,第6502—6504页。
⑤ [明]宋濂:《元史》卷二百八《日本传》,第4628页。
⑥ [明]宋濂:《元史》卷十《世祖纪七》,第206页。
⑦ [明]宋濂:《元史》卷一三二《哈喇岱》,第3217页。

福冈承天寺所存宋末元初中国海船碇石

但是，在至元十八年(1281)六月，元廷征调 10 万余人江南水军、3500 艘军船，自庆元起航，沿中日海商贸易路线，经历七昼夜到达日本九州西北部平户一带。但不久元军遭受飓风，折戟海上。在此后 10 年间，元日间航海贸易基本中断。直到至元二十九年(1292)，元廷派出第 12 次遣日使节，并送还一批日本飘风难民后，元日之间贸易才有所恢复。关于 1292 年之后赴宁波贸易的日本商船，江静和榎本涉已做过较为细致整理①，相关资料见表3-3。

此外，在至大四年(1311)至至正三年(1343)，日本商船 5 次航抵温州②，但庆元市舶司有权管控两浙地区对外贸易，外国商船需要接受庆元市舶司检查、抽解等手续。元日贸易中，有一个新贸易现象，即源于镰仓时代后期，幕府财政紧张导致日本各大寺社力图通过对外贸易筹集寺院的修缮和营建

---

① 江静：《元日贸易特征论——以庆元港为考察对象》，见林士民、沈建国：《宁波与海上丝绸之路》，北京：科学出版社，2006 年版；(日)榎本涉：《明州市舶司と東アジア海交易圏》，《历史学研究》2001 年第 756 号。

② 杨妮、王丁国：《元代浙江之海外贸易》，《浙江纺织服装职业技术学院学报》2008 年第 3 期。

表 3-3　1292 年后赴宁波贸易的日本商船简况

时间	内容	材料出处
至元二十九年（1292）六月	日本来互市，风坏三舟，惟一舟达庆元路。	《元史》卷十七《世祖本纪十四》
至元二十九年（1292）十月	日本舟至四明求互市，舟中甲仗皆具。恐有异图，诏立都元帅府，令哈喇岱将之，以防海道。	《元史》卷十七《世祖本纪十四》
日本正安元年（1299）	我商舶薄明州，太元国主……欲请有道衲子，劝诱以为附庸……（一山一宁）遂附日本舶……著于博多，本朝正安元也。	《一山国师行记》
日本嘉元三年（1305）	时师（龙山德见）方二十二岁，遂去附商船抵四明。	《龙山和尚行状》
大德十年（1306）	倭商有庆等抵庆元贸易，以金铠甲献命。江浙行省平章阿喇卜丹为备之，赐梁王萨克伞钞千锭。	《元史》卷二十一《成宗本纪四》
至大二年（1309）	枢密院臣言，去年日本商船焚掠庆元，官军不能敌。	《元史》卷九十九《兵志二》
延祐四年（1317）	（王克敬）往四明监倭人互市，先是往监者惧外夷情巨测，必严兵自卫，如待大敌。克敬至悉去之，抚以恩意，皆帖然无敢哗。有吴人从军征日本陷于倭者，至是从至中国，诉于克敬，愿还本乡，或恐为祸阶。克敬曰："岂有军士怀恩德来归而不之纳邪？脱有衅，吾当坐事。"事闻朝廷，嘉之。	《元史》卷一百八十四《王克敬传》

费用。实际上，在日本对元贸易中，不仅有日本寺社造营料唐船参与，还包括其他个人和利益集团。[1] 新安沉船很可能就是一艘寺社造营料船。新安沉船长约 30 米，宽约 10 米，可载重 200 吨。船首、船尾为方形，船底呈 V 形，船舶形制同于宋元沿海地区常见海船。[2] 沉船中的遗物包括中国式炊具、髹漆木碗、日式将棋、木屐、镜和高丽造汤匙等，据此可推断该船中人员

① （日）村井章介：《寺社造营料唐船を见直す——贸易・文化交流・沈船》，《港町と海域世界》，东京：青木书店，2005 年版。
② （韩）崔光南：《东方最大的古代贸易船舶的发掘——新安海底沉船》，郑仁甲等译，《海交史研究》1989 年第 1 期。

包括当时中国人、日本人和高丽人。① 此外,沉船中有 109 支木质货品附札上写有货主名"纲司",博多贸易据点的海商拥有中国血统,与宋代博多纲首应一脉相承。② 除此之外,船中还发现标有"八郎""叉七""道阿弥""秀忍"等日本商人名和僧侣名个人货品附札。在非个人货品附札中,东福寺木札数量最多,合计 41 支。另有博多承天寺塔头"钩寂庵"木札 6 支、博多"筥崎宫"木札 3 支。基本上可以推定,新安沉船是一艘以东福寺造营料唐船为名义的航海贸易船,实际上与多个利益团体及个人结有共营(出资、委托)的关系。

新安沉船出水遗物中,有一件墨书"至治三年"(1323)的木札,为判别沉船年代提供了重要依据。另外,还出水石材 43 件、紫檀木 1017 根,以及大量陶瓷、铜钱、香料、药材、胡椒和果核等,研究者由此可以了解到当时中日之间的贸易货品。

中国产 2 万余件陶瓷器,以龙泉窑青瓷器居多,达 1.2 万余件,约占 60%;景德镇窑白瓷和青白瓷共 5300 余件,约占 26%;黑褐釉瓷器共 500 余件,约占 2.4%,这批瓷器形有盘、碗、香炉、瓶、罐、执壶、高足杯、匜、盆、盏托等。还有 7 件高丽青瓷和 2 件日本濑户窑釉陶。学界有关新安沉船出水陶瓷器的研究成果甚丰,有研究者曾对之进行了概括总结③。新安沉船出水的龙泉窑碗底刻有"使司帅府公用"铭文,"使司帅府"应是"宣慰使司都元帅府"的简称。《元史·百官七》载:"掌军民之务,分道以总郡县,行省有政今则布于下,郡县有请则达于省。有边陲军旅之事,则兼都元帅府,其次则止为元帅府。"④《元史·地理志五》亦记有"浙东道宣慰使司都元帅府",并注明州治在庆元。"使司帅府公用"款龙泉青瓷盘,应该是浙东道宣慰使司都元帅府定烧的器皿。

新安沉船出水金属遗物以中国铜钱为大宗,多达 28 吨,年代包括唐、北宋、南宋、辽、金、西夏、元,最晚为元代"至大通宝"。其他金属遗物 700 余

---

① (韩)尹武炳:《新安打捞文物的特征及历史意义》,张仲淳译,《海交史研究》1989 年第 1 期;(日)国立历史民俗博物馆:《東アジア中世海道——海商·港·沈没船》,东京:每日新闻社,2005 年版,第 25 页。

② (日)村井章介:《寺社造营料唐船を見直す一貿易·文化交流·沈船》,《港町と海域世界》,东京:青木书店,2005 年版;(日)榎本涉:《宋代の「日本商人」の再検討》,《史学杂志》2001 年第 110 编第 3 号。

③ 高美京:《新安船出水陶瓷器研究述论》,《故宫博物院院刊》2013 年第 5 期。

④ [明]宋濂:《元史》卷九一《百官七》,第 2308 页。

件,如粗短三足香炉、三尖足爵和瓤形银瓶、银净瓶、佛像、铜镜、银灯盏、银镀盘等,这些金属物品多与佛教有关。还有锁、铜镜、炊具等日常生活用品。① 日本学者基于新安沉船金属产品视角认为,"新安船原计划应该是从博多经由高丽而返航,而铜镜、钹子、铜锣等日本产品,是为了在各地的港口贩卖而常时装载的,抑或可能是在庆元卖剩下来的"②,新安沉船说明当时不只是宁波到博多的双边贸易,而是多边贸易。

近年有研究者指出,新安沉船的"实际运营者必然在中国和日本都具备一定的社会资源或生活基础",沉船"实际运营者为博多宋商后裔",正是这批海商"构建起中日之间的海上贸易网络";同时,"船货紫檀木上刻有武士家纹的重要现象,表明北条氏所领的镰仓幕府势力很可能直接参与了新安沉船的贸易"。③

总之,元代庆元出入港船舶将铜钱、瓷器、佛教用品、木材等物品运销到日本,又将日本的"倭金、倭银、水银、茯苓、螺头、合蕈、倭铁、硫磺、倭条、倭櫊"④等运至中国进行销售。元日之间的贸易,不仅仅是物的交流,更多的则体现"中世东亚社会文化传播与仪制流变全方位、多层次的意象片段"⑤。

(三)元代宁波与东南亚地区之间的航线和贸易

南海地区以龙牙门(今马六甲海峡)和兰无里(今苏门答腊岛西)为界,分为东、西两洋,西洋是指以龙牙门和兰无里以西的环印度洋地区,而东洋是南太平洋地区。⑥ 自宋代起宁波就与南海地区有紧密的贸易往来。追入元以后,宁波港与东南亚地区贸易往来更加频繁。

随着元朝统治力量加强,元廷于至元十四年(1277)先后设置庆元、上海、澉浦、泉州四所市舶司,采取主动的海上贸易政策。但在至元二十九年(1292),元廷发动征爪哇战争,二月,元廷诏令"福建行省除史弼、亦黑迷失、

① (韩)崔光南:《东方最大的古代贸易船舶的发掘——新安海底沉船》,郑仁甲等译,《海交史研究》1989年第1期。
② (日)久保智康:《新安沉船装载的金属工艺品——其特点以及新安沉船返航的性质》,彭涛译,《南方文物》2008年第4期。
③ 范佳楠:《新安沉船与14世纪的中日海上贸易》,《自然与文化遗产研究》2019年第10期。
④ [元]王元恭:《至正四明续志》卷五《市舶物货》,第6502—6504页。
⑤ 袁泉、秦大树:《新安沉船出水花瓶考》,《考古与文物》2016年第6期。
⑥ 陈高华、吴泰:《宋元时期的海外贸易》,天津:天津人民出版社,1981年版,第40—41页。

高兴平章政事,征爪哇;……九月,军会庆元。弼亦黑迷失领省事,赴泉州;兴率辎重自庆元登舟涉海。十一月,福建、江西、湖广三省军会泉州。十二月,自后渚启行。三十年正月,至构栏山议方略"①。元军船队主力和辎重从宁波港出发,至泉州后渚港会师休整,不久元军船队从内部港出发航抵构栏山。构栏山又称"勾栏山""勾阑山",即今加里曼丹岛西南格兰岛。这次大规模军事性航海活动路线为庆元—泉州后渚—勾栏山,这反映出13世纪末宁波往返南海地区航路已经非常成熟。②

在《马可波罗行纪》第151章"补述行在"中,可找到浙江港口与南海西洋诸国通商材料。元代杭州城内有印度等国商旅宿泊之所:

> 城中有大市十所……市后与此大道并行,有一宽渠,邻市渠岸有石建大厦,乃印度等国商人挈其行李商货顿止之所,利其近市也。③

由《马可波罗行纪》第151章"蛮子国都行在城"记述可知,杭州之东外港澉浦的确停靠着很多往来印度等国商舶:

> 海洋距此有二十五哩,在一名澉浦(Ganfu)城之附近。其地有船舶甚众,运载种种商货往来印度及其他外国,因是此城愈增价值。有一大川自此行在城流至此海港而入海,由是船舶往来,随意载货,此川流所过之地有城市不少。④

由此可知,东南亚地区舶商一般经由两条航线前往杭州:其一,从东南亚各港口经过辗转抵达宁波,然后进入内河,沿转余姚江—浙东运河,过钱塘江入杭州城;其二,东南亚商船先在澉浦港口登岸,然后舟行或陆行进赴杭州。需要进一步指出的是,元廷在至元三十年(1293)将上海、澉浦两市舶司并入宁波,两港发舶商船也需前往宁波办理市舶手续。宁波及其下辖舟山群岛是澉浦、上海等浙西港口海舶南下必经之地。元廷将原温州和杭州两处市舶司罢废,统一改归宁波管辖,精简了市舶司机构,达到权责一体,有助于更好地发挥宁波市舶司对外贸易职能。

① [明]宋濂:《元史》卷二百十《爪哇传》,第4665页。

② 刘恒武、马敏:《元代浙江港口与海上丝绸之路》,见陈国灿、于逢春主编:《环东海文明互动与东亚区域格局研究》,北京:中国商务出版社,2018年版,第18—33页。

③ (意)马可波罗:《马可波罗行纪》,冯承钧译,北京:东方出版社,2007年版,第404—405页。

④ (意)马可波罗:《马可波罗行纪》,冯承钧译,北京:东方出版社,2007年版,第400页。

元人张翥诗云："是邦控岛夷，走集聚商舸。珠香杂犀象，税入何其多。"①诗中所说香料、犀角、象牙均来自南海地区。事实上，元代宁波市舶货物中很大一部分都是南海舶来品。元代王元恭《至正四明续志》卷五详细列举了元代宁波海舶而来的货物品类：

细色：

珊瑚、玉、玛瑙、水晶、犀角、琥珀、马价珠、生珠、熟珠、倭金、倭银、象牙、玳瑁、龟筒、翠毛、南安息、苏合油、槟榔、血竭、人参、鹿茸、芦荟、阿魏、乌犀、腽肭脐、丁香、丁香枝、白豆蔻、芯澄茄、没药、砂仁、木香、细辛、五味子、桂花、诃子、大腹子、茯苓、茯神、舶上茴香、黄蓍、松子、榛子、松花、黄熟香、麤熟、黄熟头、香、沈香、暂香、笺香、虫漏香、没斯宁、蟹壳香、蓬莱香、登楼眉香、旧州香、生香、光香、阿香、委香、嘉路香、吉贝花、吉贝布、木棉、三幅布罩、番花棋布、毛驼布、袜布、鞋布、吉贝纱、胡椒、降真香、檀香、糖霜、苓苓香、麝香、脑香、人面乾、紫矿、龙骨、大枫油、泽泻、黄蜡、八角茴香、金颜香、朱砂、天竺黄、桔梗、麽香、刿香、鹏砂、新罗漆、笃耨香、乌黑香、搭泊香、水盘香、肉豆蔻、水银、乳香、喷哒香、龙涎香、栀子花、红花、龙涎、修割香、硇砂、牛黄、鸡骨香、雌黄、樟脑、赤鱼鳔、鹤顶、罗纹香、黄紧香、赖核香、黑脑香油、崖布、绿矾、雄黄、软香、脊蛉皮、三泊、马鸦香、万安香、交趾香、土花香、化香、罗斛香、高丽青器、高丽铜器、芯拨、鲨鱼皮、桂皮。

粗色：

红豆、壳砂、草豆蔻、倭枋板柃、木鳖子、丁香皮、良姜、蓬莪术、海桐皮、滑石、藿香、破故纸、花梨木、射香、宻木、乌木、苏木、赤藤、白藤、螺头、奄鲇、琼芝菜、倭铁、苎麻、硫磺、没石子、石斛、草果、广漆、史君子、益智、香脂、花梨根、椰子、铅锡、石珠、炉甘石、条铁、红柴、螺壳、相思子、豆蔻花、倭条、倭櫃、芦头、椰簟、三赖子、芜荑仁、硫黄泥、五倍子、白术、铜青、甘松、花蕊石、合草、印香、京皮、牛角、桂头、镶铁、丁铁、铜钱、麂皮、鹿皮、鹿角、山马角、牛皮、牛蹄、香肺、焦布、手布、生布、藤棒、椰子壳、生香粒、石决明、梔明、云白香、真炉、黄丁、断白香、暂脚香、画黄、杏仁、历青、松香、磨珠、细削香、条截香。②

---

① ［元］张翥：《蜕菴集》卷一《送黄中玉之庆元市舶》，《景印文渊阁四库全书》集部第1215册，第0007c页。

② ［元］王元恭：《至正四明续志》卷五《市舶物货》，第6502—6504页。

　　上述史料表明,元代宁波进口舶货种类繁多(220 余种),元代宁波对外贸易较前代有更大规模的发展。宁波进口东南亚货物可归纳为五种类型:一是珍贵香料类,如有珊瑚、沉香、速香、檀香等。香料是古代中国与东南亚地区重要的大宗贸易货物[①],宋元和明清时期一直保持着从东南亚进口香料的传统[②]。二是药材类,如有从东、西洋进口的没药、阿魏、血竭等。三是各类热带珍物,如象牙、犀角、珍珠、玳瑁等。四是南洋特产布匹,如有吉贝布、花番布、毛驼布等。五是各种东南亚硬木,包括花梨木、乌木、紫檀等。这些宁波港进口物品来源非常广泛,几乎涉及东南亚各个地方。

　　元朝海商将本国生产的瓷器、丝绸、布匹等,运销到东南亚地区,尤以瓷器最具代表性。日本学者指出,宋元时期,中外海商贸易频繁,增速中国瓷器出口,特别是以龙泉青瓷为最。[③] 东南亚航线上沉船也大量装载元代龙泉窑青瓷。元代东南亚航线海下沉船数量大为增多[④],如中国海域内沉船遗址有:平潭大练岛元代沉船、圣杯屿沉船等,而在东南亚地区沉船遗址则有印度尼西亚海域西村廖内沉船、马来西亚沙巴州北部海域的玉龙号沉船等[⑤]。这说明,在元朝时期,东南亚地区与古代中国贸易联系紧密,海上船舶往来不息,延续了宋代的繁荣局面,元代庆元港及庆元市舶司是两浙地区对东南亚商贸往来的枢纽。

　　综上,宋元时期国内繁荣发展的社会经济、先进的航海技术手段,推动了对外贸易的发展。宋元政府一直鼓励发展对外贸易,宁波得以借力国家对外贸易政策的支持,逐渐发展成为当时最为重要的海上丝绸之路三大港口城市之一,与广州、泉州并列。凭借卓越的区位和港口优势,宁波吸引着中外客商扬帆来航,载着各地舶货的海船在浙东沿海往来不息,宋元时期海上丝绸之路也迎来繁荣。

---

　　① 叶文程:《宋元时期泉州港与阿拉伯的友好交往——从“香料之路”上新发现的海船谈起》,《厦门大学学报·哲学社会科学版》1978 年第 1 期;李玉昆:《宋元时期泉州的香料贸易》,《海交史研究》1998 年第 1 期。

　　② 刘祥学、林枚:《明代宫廷香料来源与消费述论》,《故宫博物院院刊》2017 年第 6 期;严小青:《冲突与调适:16~19 世纪广州口岸的中外香料贸易》,《广东社会科学》2016 年第 6 期;等等。

　　③ (日)森达也:《宋元外销瓷的窑口与输出港口》,《考古与文物》2016 年第 6 期。

　　④ 刘未:《中国东南沿海及东南亚地区沉船所见宋元贸易陶瓷》,《考古与文物》2016 年第 6 期。

　　⑤ 孟原召:《40 年来中国古外销陶瓷的发现与研究综述》,《海交史研究》2019 年第 4 期。

第四章　明清时期宁波对外贸易

　　与宋元时期相比,明清时期政府的海洋贸易政策多有反复。明朝初期实行严厉的海禁政策与朝贡贸易政策,官方垄断对外贸易并严格限制私人海上贸易。这一时期宁波的对外贸易是以中日勘合朝贡贸易为主的官方行为,私人海上贸易则以走私的形式游离在律令规制之外。随着官方贸易的式微和私人海上贸易的崛起,特别是嘉靖年间倭寇问题凸显,政府也意识到官方海禁的不可持续,进而在隆庆年间开放漳州月港,并允许政府许可的私商参与对外航海贸易。不过,此时宁波的对外市舶口岸则被关闭。清朝建立后,为了应对以台湾为据点的郑氏集团,清政府实行沿海迁界,并禁止私人下海,直接终结了中国东南沿海地区航海贸易的可能。随着台湾的收复,清政府才开始允许私人商船出海贸易,这一时期宁波的对外贸易主要是依托乍浦和普陀航线开展的对日贸易。乾隆年间,清政府取消了宁波等沿海地区的直接对外贸易权限,仅保留广州一地处理对外贸易事宜。这种情况一直持续到1840年鸦片战争后宁波的再次开埠。晚清宁波的对外贸易经历了缓慢的增长后在19世纪60—70年代开始走入快车道。截止到清朝覆灭前夕,宁波的对外贸易总额已达到较为庞大的规模。不过,值得注意的是,随着上海港的崛起,宁波的对外贸易基本都是通过上海中转,其直接对外贸易的比例很小。

第一节　明代宁波对外贸易

与宋元时期不同,明代自建立起就面临严峻的海陆边防形势,由于北方边地游牧民族屡屡进犯、东南沿海倭寇频繁滋扰,明朝不得不同时加强北部长城沿线和东南海疆的防卫。正是基于如此背景,明朝自建立初期,就开始限制沿海居民的对外交往活动,利用朝贡贸易体系将中外贸易活动限定在官方主导的秩序中,而海禁则旨在抑制民间的私人海上贸易。明朝初期,这种基于朝贡贸易和海禁的对外贸易政策对于维护海洋秩序和安全起到了一定的作用,一定程度上保证了沿海社会的稳定和区域经济的发展。以宁波为交通节点的中日勘合朝贡贸易在两国经济、政治和文化交流中起到了重要作用。但随着中国沿海经济的发展、走私贸易的频现、倭寇问题的恶化,官方主导的中日朝贡贸易活动走向了尽头。在这种情况下,明政府坚定了剿灭武装私商、重建海疆秩序的决心。嘉靖中后期,在一系列军事活动的打击下,中国边海社会再次安定下来,明政府也逐渐认识到"堵不如疏"的重要性。隆庆年间,福建漳州月港的有限开放使得私人海上贸易逐渐合法化,但在这一过程中,宁波对日勘合贸易官方指定口岸的功能基本停废。

一、明代的朝贡贸易体制、宁波市舶管理及官方对外贸易

在传统的中外关系中,历代华夏王朝与周缘诸邦以封贡和互市的名义及形式展开经济交流活动。到了明朝,这种传统的中外经贸交流活动逐渐制度化和体系化,形成朝贡贸易政策。明代的朝贡贸易政策不仅面向沿边接壤国家,也包括隔海相望的日本、琉球等国。以对日朝贡贸易体制为例,其发端于明洪武年间,确立于永乐年间,其后,宣德与嘉靖年间有若干变化。其主要内容是对日本朝贡次数、人数和船只的规定,同时通过勘合的形式确认日本朝贡使团的合法性。在中日勘合朝贡贸易中,明朝期望的是华夷秩序的长久维持,日方谋求的则是物质收益的不断扩大。因此,日本始终怀有这样一种企图:突破朝贡贸易的限制条款,增加遣使中国的往来频次,借此获取更多的经济利益。事实上,由于贸易集团争夺朝贡资格,日本国内的纠纷也延伸到对中国的朝贡贸易活动中。嘉靖二年(1523)的"宁波争贡"事件,导致明廷再次收紧对日朝贡贸易政策。其后,随着走私贸易的日益猖獗和倭寇滋扰的越发严重,中日朝贡贸易走到了尽头。

（一）明代朝贡贸易体制与浙江宁波市舶管理

宋元时期，中国对海上秩序的强力控制是这一时期中国海外贸易繁荣的基础。明朝建立初期，政府面临严峻的海防形势。一方面，自元末就出现的"倭寇之患"，使北至山东、南至广东的濒海之地均受到倭寇的劫掠和骚扰。《明实录·太祖实录》载，洪武三年（1370）六月，"倭夷寇山东，转掠温、台、明州傍海之民。遂寇福建沿海郡县，福州卫出军捕之，获倭船一十三艘，擒三百余人"①。另一方面，改朝换代过程中，盘踞浙东的方国珍余部逃到沿海岛屿或海外，威胁明朝海疆的安定。《明实录·太祖实录》载，洪武二年（1369）十二月，"御史大夫汤和，总兵征南。先有浙江参政朱亮祖，克取温、台诸郡。方国珍已闻风胆落，比师抵明州，国珍逃遁。及再调取福建，姑息太过，放散陈友定山寨余党。致八郡复叛，重劳师旅。及班师，又不申明号令，以致兰秀山贼，窥伺而叛，失陷"②。基于此，自明朝建立，政府开始对涉海经济活动采取十分严格的控制措施，除了官方掌控的航海贸易外，民间私商与其他国家的海上贸易均被严格禁止。

所谓"朝贡"，是指周边诸邦对中国王朝的纳贡活动。自汉唐以来，历代王朝的对外贸易都具有朝贡贸易的性质。明朝建立后，朝贡贸易更加制度化。对于渡海来华的异域贡使及所携货物，由沿海各市舶司负责接船验关，舶来货物由官府尽数收购，再以酬赐名义回馈更高价值的丝绸、锦缎、茶叶、瓷器等物品，因而，朝贡贸易是一种脱离了市场规则的国家间易货贸易。③明史载："明初，东有马市，西有茶市，皆以驭边省戍守费。海外诸国入贡，许附载方物与中国贸易。因设市舶司，置提举官以领之，所以通夷情，抑奸商，俾法禁有所施，因以消其衅隙也。"④

元顺帝至正二十七年（1367）十二月，朱元璋"置市舶提举司，以浙东按察使陈宁等为提举"⑤。这是朱氏政权设置市舶司的最早记录。翌年，明王

①　《明实录·太祖实录》卷五三，洪武三年六月乙酉条，台北："中研院"史语所，1961年，第1056页。

②　《明实录·太祖实录》卷四七，洪武二年十二月己丑条，第940页。

③　王玉茹主编：《中国经济史》，北京：高等教育出版社，2008年版，第60—61页。

④　［清］张廷玉等：《明史》卷八一《志第五十七·食货志五》，北京：中华书局，1974年版，第1980页。

⑤　《明实录·太祖实录》卷二八下，吴元年十二月庚午条，第474页；另，［明］谈迁《国榷》（第一册）卷二元顺帝至正二十七年十二月丙寅条记载："置市舶提举司，浙东按察使陈宁为提举。"北京：中华书局，1958年版，第351页。

朝建立。而朝贡贸易作为明代的官方贸易体制，则起始于改朝换代后明朝与遐迩诸邦外交关系的逐步恢复。洪武二年（1369）二月，朱元璋派遣吴用、颜宗鲁、杨载等，出使占城、爪哇、日本等国，并赐玺书，宣告明王朝的正统性。其内容如下：

> 赐占城国王阿答阿者玺书曰：今年二月四日，虎都蛮奉虎象至，王之诚意，朕已具悉然。虎都蛮未至，朕之使已在途矣，朕之遣使，正欲报王知之。曩者我中国，为胡人窃据百年，遂使夷狄，布满四方，废我中国之彝伦。朕是以起兵讨之，垂二十年，荚夷既平。朕主中国，天下方安，恐四夷未知，故遣使以报诸国。不期王之使者先至，诚意至笃，朕甚嘉焉。今以大统历一本、织金、绮段、纱罗四十匹，专人送使者归。且谕王以道，王能奉若天道，使占城之人，安于生业，王亦永保禄位，福及子孙，上帝实鉴临之，王其勉图勿怠。虎都蛮及从者，亦赐文绮、纱罗有差。赐爪哇国王玺书曰：中国正统，胡人窃据，百有余年，纲常既斁，冠履倒置。朕是以起兵讨之，垂二十年，海内悉定。朕奉天命，已主中国，恐遐迩未闻，故专使报王知之。使者已行，闻王国人捏只某丁，前奉使于元，还至福建，而元亡，因来居京师。朕念其久离爪哇，必深怀念，今复遣人送还，颁去大统历一本。王其知正朔所在，必能奉若天道。俾爪哇之民，安于生理，王亦永保禄位，福及子孙，其勉图之，毋怠。赐日本国王玺书曰：上帝好生，恶不仁者。向者，我中国，自赵宋失驭，北夷入而据之。播胡俗，以腥膻中土，华风不竞，凡百有心，孰不兴愤。自辛卯以来，中原扰扰，彼倭来寇山东，不过乘胡元之衰耳。朕本中国之旧家，耻前王之辱，兴师振旅，扫荡胡番，宵衣旰食，垂二十年。自去岁以来，殄绝北夷，以主中国，惟四夷未报。间者山东来奏，倭兵数寇海边生，离人妻子，损伤物命。故修书特报正统之事，兼谕倭兵越海之由。诏书到日，如臣，奉表来庭。不臣，则修兵自固，永安境土，以应天休。如必为寇盗，朕当命舟师，扬帆诸岛，捕绝其徒，直抵其国，缚其王，岂不代天伐不仁者哉。惟王图之。①

闻知元朝终焉、明祚始立，洪武四年（1371）十月，日本国王良怀派遣使臣"祖来进表笺、贡马及方物，并僧九人来朝，又送至明州、台州被虏男女七

---

① 《明实录·太祖实录》卷三九，洪武二年二月辛未条，第785页。

十余口"①。对于这次朝贡,朱元璋"赐祖来等,文绮、帛及僧衣。比辞,遣僧祖阐、克勤等八人,护送还国。仍赐良怀大统历及文绮、纱罗"②。此次奉诏送还日使的明使,由宁波天宁寺僧仲猷祖阐和南京瓦官寺僧无逸克勤率领,从宁波离岸抵达日本博多。翌年六月,祖阐一行到达京都,会见了幕府将军足利义满。③ 明太祖诏令甬上硕德带领使团自宁波出航前往日本,正是因为宁波佛寺僧侣、浙东海商群体与日本寺社之间越海往来已久,且宁波又拥有通航海东之便。之后在明洪武年间,因为倭寇问题和胡惟庸案,中日之间官方交往一度被禁止。而负责中日贸易的浙江宁波市舶司也因此在洪武年间多有变化。

　　根据陈尚胜的考证,明代浙江宁波市舶司设立于洪武三年(1370)。④ 洪武七年(1374)九月,明太祖停罢浙江宁波等三处市舶司。"辛未,罢福建泉州、浙江明州、广东广州三市舶司。"⑤不过,不久又恢复了浙江等市舶司。《筹海图编》卷12记载:"(洪武)七年九月又罢,未几,复。"⑥王圻《续文献通考》卷31记云:"(洪武)七年罢,未几,复设。"⑦所谓"未几",应当时间不长。沈德符《野获编》卷12载:"洪武七年,又设于浙江宁波府,广东广州府。"⑧明《大政记》云:"洪武七年九月,复设市司。"⑨此后,从永乐元年(1403)复置浙江市舶司的情况来看,浙江市舶司在洪武时期内曾再次被罢。根据明初海防与市舶司建置关系推论,宁波市舶司可能于洪武十九年

---

　　① 《明实录·太祖实录》卷六八,洪武四年冬十月癸巳条,第1280页。

　　② 《明实录·太祖实录》卷六八,洪武四年冬十月癸巳条,第1280页。

　　③ 刘恒武:《宁波古代对外文化交流——以历史文化遗存为中心》,北京:海洋出版社,2009年,第179页。

　　④ 陈尚胜:《明代浙江市舶司兴废问题考辨》,《浙江学刊》1987年第2期。

　　⑤ 《明实录·太祖实录》卷九三,洪武七年九月辛未条,第1620—1621页。另[明]谈迁《国榷》(第一册)卷五太祖洪武七年九月辛未条记载:"罢泉州、明州、广州三市舶司。"(第509页)

　　⑥ [明]胡宗宪:《筹海图编》卷十二,《景印文渊阁四库全书》史部第584册,台北:台湾商务印书馆,1986年版,第400页。

　　⑦ [明]王圻:《续文献通考》卷三一,《续修四库全书》史部第762册,上海:上海古籍出版社,2002年版,第332页。

　　⑧ [明]沈德符:《野获编三十卷》卷十二"户部·海上市舶司",《续修四库全书》子部第1174册,第351页。

　　⑨ [清]陈梦雷:《古今图书集成·食货典》(第69册)卷二二三,北京:中华书局;成都:巴蜀书社,1985年版,第84381页。

(1386)左右遭到罢废。因为"十九年十月,胡惟庸之党林贤通楼事始发"①,
"惟庸诛,绝倭朝贡,命信国公汤和筑沿海四十九城以防之"②。与此同时,明
太祖又于浙、闽等沿海之地,命将视其要害,布置海防。"癸巳,置澉浦、乍浦
二守御千户所隶浙江都指挥使司。"③从以上论述可知,在洪武年间,浙江市
舶司始置于洪武三年(1370),废于洪武七年(1374),同年又恢复,洪武十九
年(1386)再次被废止。

永乐元年(1403)八月,朱棣以"海外番国朝贡之使,附带物货,前来交易
者,须有官专"为由,下令恢复洪武初期设立的市舶司,"于浙江、福建、广东,
设市舶提举司,隶布政司。每司置提举司一员,从五品;副提举二员,从六
品;吏目一员,从九品"④。九月,日本朝贡贸易使团到达宁波,时任礼部尚书
的李至刚上奏皇帝:"日本国遣使入贡,已至宁波府。凡番使入中国,不得私
载兵器、刀槊之类,鬻于民,具其禁令。宜命有司,会检番舶中,有兵器、刀槊
之类,籍封送京师。"⑤对于日本使团携带违禁物品,永乐帝批奏道:"外夷向
慕中国,来修朝贡,危踏海波,跋涉万里,道路既远,资费亦多,其各有赍,以
助路费,亦人情也。岂当一切,拘之禁令。"⑥对于永乐帝这种打破违禁法令
的做法,李至刚再次上奏:"刀槊之类,在民间,不许私有,则亦无所鬻。惟当
籍封送官。"⑦刚刚靖难成功的永乐帝,迫切需要以日本朝贡彰示其政权的合
法性,故而对于日本贡船采取了宽容的态度。因此,针对日本违禁兵器无法
在中国出售的问题,永乐帝安排道:"无所鬻则官,为准中国之直,市之。毋
拘法禁,以失朝廷宽大之意,且阻远人归慕之心。"⑧从中不难看出,尽管国家
朝贡贸易有固定的政策,但皇帝依然可以按照个人意志和现实需要酌情进
行变通。

永乐三年(1405)九月,皇帝以"海外诸番,朝贡之使益多"为由,下令福

---

① [清]夏燮:《明通鉴》卷九,《续修四库全书》史部第 364 册,上海:上海古籍出版社,
2002 年,第 495 页。

② [清]洪若皋、虞隣:《海寇记》,见[清]许旭:《闽中纪略》,《台湾文献丛刊》第 260 种,
台北:台湾银行经济研究室,1968 年,第 43 页。

③ 《明实录·太祖实录》卷一二九,洪武十九年八月癸巳条,第 2711 页。

④ 《明实录·太宗实录》卷二二,永乐元年八月丁巳条,第 409—410 页。

⑤ 《明实录·太宗实录》卷二三,永乐元年九月己亥条,第 426 页。

⑥ 《明实录·太宗实录》卷二三,永乐元年九月己亥条,第 426 页。

⑦ 《明实录·太宗实录》卷二三,永乐元年九月己亥条,第 426 页。

⑧ 《明实录·太宗实录》卷二三,永乐元年九月己亥条,第 426 页。

建、浙江、广东市舶提举司设立招待朝贡使团的处所,福建称"来远",浙江称"安远",广东称"怀远",并且各设置驿丞一员。① 永乐四年(1406)三月,皇帝又下令,凡是外国朝贡或使臣往来,浙江、福建和广东的市舶提举司都要"宴劳之"②。永乐九年(1411)二月,明政府为了表彰日本政府协助打击倭寇,特"遣使赍敕赐日本国王源义持,金织、文绮、纱罗、绫绢百匹,钱五千缗"③。

正统元年(1436 年)八月,浙江右布政使石执中等上奏朝廷,认为"近年日本诸国,来贡者少,其市舶提举司,官吏人等冗旷,乞裁减三之二",获得朝廷的准许。④ 成化年间(1465—1487),浙江市舶司太监开始提督沿海事务。⑤

浙江宁波市舶司机构的再次变化发生在嘉靖二年(1523),起因是发生在六月的"宁波争贡"事件⑥。事件发生后,"给事中夏言言倭患起于市舶,遂罢之"⑦。查《明实录》,未载罢浙江市舶司之事。而夏言于本年所上《勘处倭寇事情书》也未见罢浙江市舶司之议。⑧ 对此,《明书》也有相关记载:"嘉靖中有倭变,礼部请罢市舶。给事中夏言上言:'倭祸虽起于市舶,今欲罢之。不知所当罢者市舶太监,而非市舶也。祖训详明。虽久绝日本,而三市舶不废,盖东夷有马市,西夷有茶市,江南海夷有市舶,所以通华夷之情,迁有无之货,收征税之利,减戍守之费,又以禁海贾,抑奸商,使利权在上,若罢之,则利孔在下,奸豪外内交讧,而上无宁日矣。'遂不罢。"⑨嘉靖六年(1527)十

---

① 《明实录·太宗实录》卷四六,永乐三年九月甲午条,第 709 页。
② 《明实录·太宗实录》卷五二,永乐四年三月甲寅条,第 785 页。
③ 《明实录·太宗实录》卷一一三,永乐九年二月甲寅条,第 1443 页。
④ 《明实录·英宗实录》卷二一,正统元年八月甲申条,第 416 页。
⑤ 《明实录·世宗实录》卷五二,嘉靖四年十一月乙亥条,第 1381—1382 页,
⑥ 《明实录·世宗实录》卷二八嘉靖二年六月甲寅条记载:"日本国夷人宗设、谦导等赍方物来。已而瑞佐、宋素卿等后至。俱泊浙之宁波,互争真伪,佐被设等杀死,素卿窜慈溪。纵火大掠,杀指挥刘锦、袁琎,蹂躏宁绍间,遂夺船出海去。"(第 773 页)另,[明]谈迁《国榷》(第四册)卷五二世宗嘉靖二年六月甲寅条记载:"日本贡使宗设至宁波,寻瑞佐、宋素卿等亦至。故事,宴贡使叙先后,素卿欲凌之,宗设杀瑞佐,素卿走慈溪。宗设纵掠,杀指挥刘锦、袁琎,蹂躏宁绍间,夺海舟出海去。"(第 3283 页)
⑦ [清]张廷玉等:《明史》卷八一《志第五十七·食货志五》,第 1981 页。
⑧ [清]蔡新等辑:《御选明臣奏议》卷十九《勘处倭寇事情疏》,乾隆四十七年(1782)武英殿本,《景印文渊阁四库全书》史部第 203 册,第 303—305 页。
⑨ [明]傅维麟:《明书》卷八三,上海:商务印书馆,1936 年版,第 1691 页。

月"裁浙江市舶提举"①,但市舶司在此时并没有被撤销。在《明实录·世宗实录》中仍有市舶司活动的记载,如:

嘉靖八年(1529)三月,"御史毛凤韶请复旧制,革镇守,言内臣外差太冗。如浙江、福建有镇守,有提督市舶……浙江提督市舶一员……裁革监枪、市舶事务,并于各镇守太监兼理"②。

嘉靖十年(1531)六月,"裁革浙江布按二司杭州等十一府各检校一员……市舶提举司提举一员"③。

嘉靖二十七年(1548)任浙江巡抚的朱纨,在其奏章中曾多次提到时任浙江市舶司提举的吕朋④和市舶提举衙门⑤。

嘉靖时期,胡宗宪于浙江领防倭重任,曾上奏曰:"臣节据宁波府呈该市舶提举司,并定海各关申倭夷贡期,定例十年一次。自嘉靖二十八年,贡毕回国,扣该三十年及期……如有日本夷船到彼纳贡,至今未及十年……不许容令进港。"⑥胡宗宪上此奏,当在嘉靖二十八年(1549)以后,三十八年(1559)以前。

根据日本方面的记载,嘉靖二十七年、二十九年(1550)日本船只在宁波停留时,浙江市舶司曾多次发文,通知有关事宜。⑦中外文献一致证明嘉靖年间浙江市舶司的存在。

通观嘉靖时期的相关文献记载,可以看出浙江市舶司员额虽屡遭裁减,

---

① [明]谈迁:《国榷》(第四册)卷五三,世宗嘉靖六年十月壬子条,第 3365 页。
② 《明实录·世宗实录》卷九九,嘉靖八年三月甲子条,第 2358—2359 页。另,[明]谈迁《国榷》(第四册)卷五四世宗嘉靖八年三月甲子条记载:"裁守备监枪、市舶等内臣,并于镇守太监。"(第 3398 页)
③ 《明实录·世宗实录》卷一二七,嘉靖十年闰六月戊子条,第 3021 页。
④ [明]朱纨:《甓余杂集》卷五《申论不职官员背公私党废坏纪纲事》,《四库全书存目丛书》集部第 78 册,第 111、113 页。
⑤ [明]朱纨:《甓余杂集》卷四《哨报夷船事》,第 87 页。
⑥ [明]陈子龙等:《明经世文编》(第四册)卷二六六,《胡少保奏疏·题为献愚忠以图安攘事疏》(卷二),北京:中华书局,1962 年版,第 2816 页。
⑦ (日)大庭修:《关于芳洲文库的"嘉靖公牍集"》,见关西大学东西学术研究所编:《关西大学东西学术研究所纪要》1977 年第 10 辑,第 5、8、9 页。另见(日)木宫泰彦:《日中文化交流史》,北京:商务印书馆,1980 年版,第 585 页。

但是并没有被废止,直到隆庆元年(1567)才罢浙江市舶司。①

　　明朝与日本之间的朝贡贸易,按照永乐年间的规定,以十年为期,徒众不得超过百人,贡船不得超过三只,亦不许以兵仗自随。但正德六年(1511)后,日本使臣的朝贡人数均超过这一限额,且并未严格遵守十年一贡的时间限制。《明实录·世宗实录》记载:"日本国先于嘉靖十八年入贡,二十四年回国。至是,夷使释寿光等,复来称贡。礼部言:日本例,十年一贡。今贡未及期,且无表文并正使,难以凭信,宜照例阻回。其方物收,候作下次贡仪,移文本国,知会。诏如例阻回,方物仍令本夷带还。"②嘉靖二十八年(1549)后,随着日本倭寇对中国沿海侵扰的日益严重,以宁波为通道的中日朝贡贸易画上了句号,直到明朝灭亡都没有再次恢复。

　　万历二十七年(1599)二月,浙江市舶司复置,"以百户张宗仁奏复置浙江市舶,遣内官刘成征收税课"③。《明史纪事本末》中也有相关记载:"(万历二十七年)二月,百户张宗仁请复浙江市舶。命太监刘成榷税浙江。"④但由于中日贸易的禁绝,此时宁波市舶司主要是对进出宁波港的从事国内沿海贸易的船只征税。当朝大学士沈一贯就上表指出:"浙江市舶司在宁波府,臣宁波人也,备知其详。建置之时,因日本番船进贡,而设有内官监一人,文职提举官一人。嘉靖初裁革内监后,因倭乱贡绝并裁提举官。今倭奴久已绝贡,无市无舶。定海一关,不过本地鱼船及近境商船出入,军门讯察非常,因而税之大抵不过千两,悉充兵饷之需,利甚薄也。一设市舶,尚不足以充本监公费,又安得取盈而上供? 既不足于上供,势必遍搜各府,巧征横索,祈免皇上之谴责,不顾小民之怨,咨恐利未得,而徒亵朝命,辱国体也,乞收回成命。不报。"⑤到了万历末期,明神宗也感到了事态的严重性,因此在其遗

---

　　① 《明实录·穆宗实录》卷十二,隆庆元年九月戊辰条,第335页。另参见[明]申时行等修:《明会典》卷十五,《续修四库全书》史部第789册,上海:上海古籍出版社,2002年版,第254页。

　　② 《明实录·世宗实录》卷二八九,嘉靖二十三年八月戊辰条,第5561页。

　　③ 《明神宗实录》卷三三一,万历二十七年二月壬子条,第6113页。另,[明]谈迁《国榷》(第五册)卷七八神宗万历二十七年二月壬子条记载:"百户张宗仁请复浙江市舶。命太监刘成榷税浙江。"(第4827页)

　　④ [清]谷应泰:《明史纪事本末》(第三册)卷六五《矿税之弊》,北京:中华书局,1977年版,第1010页。

　　⑤ 《明神宗实录》卷三三一,万历二十七年二月庚申条,第6119—6120页。另,[明]谈迁《国榷》(第五册)卷七八神宗万历二十七年二月庚申条记载:"沈一贯请罢浙江市舶,不报。"(第4827页)

诏里停止征收榷税:"建言,废弃及矿税诖误诸臣,酌量起用。一切榷税并新增织造、烧造等项,悉皆停止。"①浙江市舶司应该也是在明神宗万历四十八年(1620)被一起裁撤的。②

(二)明代宁波与日本朝贡贸易活动

中日朝贡贸易,是以日方携带贸易产品前来中国"朝贡"的形式进行的。中日朝贡贸易必须以勘合文册查验贡使身份与年期,又被称为中日勘合贸易。最初,勘合贸易船是由日本幕府自己直接经营的,此后,日本近畿与北九州的寺社、大名也参与进来,但勘合的保管、发放之权仍操诸幕府之手。到后期,勘合贸易基本上被日本细川氏、大内氏两家大名垄断,商人承包经营,连勘合也由大名掌握。自永乐二年(1404)到嘉靖二十七年(1548),以宁波为出入门户的中日勘合贸易历时 145 年。根据《宁波与日本经济文化交流史》的统计,这一时期,日本向明朝共派遣使臣 17 次,船只 87 艘。③

在没有动力船只出现以前,日本的朝贡贸易使团乘坐帆船往来中国和日本之间只能依靠季风,顺着洋流航至中国,所以来华的时节就显得尤为重要。前期日本勘合贸易船多从兵库出发,经过濑户内海,在博多暂停,或直接从博多出发,再航行到九州西北海域的五岛列岛一带,等候春泛或秋泛,横渡中国东海,直驶宁波。从五岛至宁波,"隔海四千里,如得东北顺风,五日五夜至中国普陀山……纵风不便,不过半月有余"④。返程基本上以五月为主,他们的目的就是充分利用季风和黑潮。⑤ 这条航路在日本奈良、平安时代,即中国唐代已经开辟,往来十分便捷。整个勘合贸易的前期和中期,走的都是这条航路。应仁之乱(1467—1477)后,掌握幕府实权的细川氏与雄踞西部的大内氏间的争斗日趋剧烈。大内氏率兵攻占了原为细川氏领有的兵库,由此控制了由兵库经濑户内海至博多、平户、五岛的入明传统海路,即所谓的"中国路"。为了避开大内氏控制的"中国"地区(今本州岛西部冈

---

① 《明实录·神宗实录》卷五九六,万历四十八年七月癸巳条,第 11449 页。另,[明]谈迁《国榷》(第五册)卷七八神宗万历四十八年七月丙申条记载:"建言,废弃及矿税诖误诸臣,酌量起用。一切榷税并新造织造、烧造等项,悉皆停止。"(第 5154 页)

② 白斌、王慕民:《明代浙江市舶司废止考》,《海交史研究》2008 年第 1 期。

③ 王慕民等:《宁波与日本经济文化交流史》,北京:海洋出版社,2006 年版,第 136 页。

④ [明]李延恭等:《日本考》,北京:中华书局,1983 年版,第 68 页。

⑤ (日)伊藤幸司:《入明記からみた東アジアの海域交流——航路、航海技術、航海神信仰、船旅と死について》,东京:汲古书院,2013 年版,第 204 页。

山、广岛、山口一带），细川氏另行开辟以自己控制的堺港为起点，经过四国岛南部，绕九州岛至萨摩的坊津暂停，尔后横断东海前往宁波的新航路，即日本文献所称的"南海路"。此航路因航程远、航期长、费用大而很少采用，仅上述第三阶段第四、第五次返航，第六次往航，第八、第九次宋素卿所领细川船的两次往航、一次返航，共六次而已。贡使团从兵库或堺港出发的时间多在每年二、三月，经五岛或坊津暂停，驶达宁波一般在五月前后，进入北京则要到十月、十一月，在那里过年后始返回宁波等待夏季的西南风，大多在五月左右从宁波起航返日。这样，日本勘合贸易船队完成一次往返，一般需费时一年半左右。① 尽管其后日本开通了新的"南海路"前往中国，但目的地都是宁波港。偶有因偏离航线而在中国其他沿海登陆的日本船只，最终都在明朝地方官府的帮助下，前往宁波进行验关与交易。如策彦使团的登陆点就在浙江温州。嘉靖十八年（日本天文八年，1539）三月，策彦使团从博多出发，经由平户岛至五岛列岛的奈留浦候风放洋入明。海上行经的内容如下：

> （卯月）十九日，顺风，寅刻，自奈留发船而开洋。未刻，见雌雄二岛，交十里许。二十四日，卯刻。乌贼壳及松叶、藻类随流而浮，盖以海之近大唐也。午刻，施饿鬼嵩师相谋，试以水深丝，九十八寻。二十五日，早旦，又试以水长丝八十寻。五月小朔辰日，试以水长丝四十三寻。又斋后，下水长丝三十七寻。辰刻，岛屿列于西北，满船喜气如春。二日，早旦试以水长丝十六寻，傍岛而系船。钓船或二艘、三艘、五六艘泛于海上。海水浊，或赤如丹砂，或黑如点漆。初饮本邦水。夜半，水夫推舸子环岛，岛旁有渔舟数个而泊，水夫掠舟拿渔者三个人，问其境则温州。②

使团入境后，明朝政府派兵护送到宁波市舶司，然后对日本进贡的船只进行核查，其内容包含派出者、船员、贡品等项目的详细核对。

> 同年十五日……日本国进贡合传说事情列于后：承何王差遣？奉何年间勘合？有无表笺？今船来几舰？有何方物进贡？正使、副使、居

---

① 白斌、刘玉婷、刘颖男：《宁波海洋经济史》，杭州：浙江大学出版社，2018 年版，第219—220 页。

② （日）策彦周良著，牧田谛亮校订：《策彦和尚初渡集》，见牧田谛亮编：《策彦入明记の研究》（上），京都：法藏馆，1955 年版，第 41—42 页。

座、土官、从僧等各员名？商人若干名；水夫从人若干名；进贡刀枪铠甲若干；防船军器若干；马若干匹；后有无船只，俱要各书写船名号。①

接受完核查之后，日使需在宁波等候北京方面的入京许可，在甬留候时间长短不一，但基本上需等候大半年，策彦在《策彦和尚初渡集》中所记等待的时间从五月初直到当年的十月中旬，可见等候时间之长。② 明政府对日本使团上京的人数以及携带的兵器等都作了严格的规定，甚至连携带的铁质工具都要进行盘问乃至没收。

嘉宾馆（日本遣明使驻地）遗址碑

使团携带的贸易产品，除部分由政府以市价收购外，其余则在浙江宁波市舶司的监管下，在宁波港或北京会同馆与中国商人交易。这种特殊的贸易方式使得中日双方在一定程度上实现了互通有无，并奠定了宁波港专通日本贸易大港的特殊地位。不过，随着宣德年间朝贡贸易的衰落，朝贡贸易

---

① （日）策彦周良著，牧田谛亮校订：《策彦和尚初渡集》，见牧田谛亮编：《策彦入明记の研究》（上），京都：法藏馆，1955年版，第46—47页。
② 滕宇鹏、刘恒武：《明代日本、朝鲜的中国认知——以策彦周良、崔溥为中心的考察》，《当代韩国》2016年第3期。

的弊端逐渐显现出来。嘉靖二十八年(1549)后,由于中国沿海海防形势的严峻和中日关系的紧张,中日的官方贸易中断。与此同时,宁波的对外贸易资格也因为浙江市舶司的裁撤而被取消。

对于中日朝贡贸易的具体情况,《明实录》记载了部分朝贡使团的人数、贡品,以及明朝的回礼:

> 日本国王源道义,遣使源通贤等,奉表贡马及方物,并献所获倭寇,尝为边害者。上嘉之,命礼部宴赉其使,遣鸿胪寺少卿潘赐、内官王进等,赐王九章冕服,钞五千,锭钱千五百缗,织金、文绮、罗绢三百七十八匹。①

> 日本国王源道义,遣僧圭密等七十三人来朝,贡方物,并献所获倭寇道金等。上嘉之,赐敕褒谕曰:王忠贤明信,恭敬朝廷,殄灭凶渠,俾海滨之人,咸底安靖,朕甚嘉之。兹特赐王白金一千两,铜钱一万伍千缗,绵纻、丝纱、罗绢四百一十匹,僧衣十二袭,帷帐、衾褥、器皿若干事,并赐王妃白金二百五十两,铜钱五千缗,绵纻、丝纱、罗绢八十四匹,用示旌表之意。②

> 日本国遣使臣居座寿敬等来朝,贡马,谢恩。赐宴,并袈裟、彩段等物。其存留在船通事、从人各赏有差。③

> 日本国王源义政遣使臣清启等奉表来朝,贡马及聚扇、盔甲、刀剑等物。④

> 日本国使臣清启等将还,赐宴及金织衣等物有差。其回赐,特赐:国王源义政,彩段二十,表、里纱罗各二十匹,锦四段,白金二百两。王妃,彩段十,表、里纱罗各八匹,锦二段,白金一百两。并敕谕俱付清启等领回,复遣官伴送设馔,待之出境。敕谕国王源义政曰:惟王聪明贤达,敬天事大,以福一国之人,良用尔嘉。朕恭承天命,嗣登大宝,主宰华夷。王特遣正使清启等,赍捧表文,并以马匹方物来贡,其见王之勤诚。兹因使回,特令赍敕谕王,并赐王及妃。王其体朕至怀,故谕。⑤

> 日本国王源义政遣使臣周玮等奉表,贡马及方物,来朝谢恩。赐宴

---

① 《明实录·太宗实录》卷四八,永乐三年十一月辛丑条,第732—733页。
② 《明实录·太宗实录》卷六七,永乐五年五月己卯条,第941页。
③ 《明实录·宪宗实录》卷五四,成化四年五月己巳条,第1098页。
④ 《明实录·宪宗实录》卷六〇,成化四年十一月甲戌条,第1228页。
⑤ 《明实录·宪宗实录》卷六二,成化五年春正月辛巳条,第1275页。

并金襕袈裟、金织衣、彩段等物有差。仍命赍敕,并白金、文绮等物,归赐其国王及妃。①

日本国王源义高遣正、副使寿蓂等来贡,回赐王及王妃锦段、白金等物。赐寿蓂等晏并彩段等物,如例。②

日本国王源义澄遣使臣宋素卿来贡。赐晏,给赏有差。素卿私馈瑾黄金千两,得赐飞鱼服。陪臣赐飞鱼,前所未有也。③

日本王源义晴,差正副使硕鼎等来朝。贡马,及献方物。宴赏如例,又加赐国王、王妃、使臣,方物各给以价。初,日本自嘉靖二年,用宋素卿、宗设等事,绝其朝贡。至是复请通贡,因乞给赐嘉靖新勘合,及归素卿等,并原留货物。言官论其不可。上命礼部,会兵刑二部、都察院,佥议以闻。覆言:夷情谲诈难信,勘合令将旧给缴完,始易以新。素卿等罪恶深重,货物已经入官,俱不宜许。以后贡期,定于十年,夷使不过百名,贡船不过三只,违者阻回。督遣使者归国,仍饬沿海备倭衙门,严为之备。诏从之。④

日本国王源义晴,差正使周良等来,朝贡方物。赐宴赍有差。以白金、锦币,报赐其王及妃。初,日本入贡,率以十年为期,载在会典。嘉靖二年,宋素卿、宗设争贡,相仇杀,因闭不与通。十八年,复来求贡,纳之。因与约,以后入贡舟,无过三艘,夷使,无过百人,送五十人京师。至是,良等不及贡期,以六百人来,凡驾四艘。部议:非正额者,皆罢遣之。而浙江巡抚朱纨,力陈不便状。礼部欲赏其百人,如例,非正额者,皆罢勿赏。良因自陈:贡舟高大,势须五百人。中国商舶入夷中,往往岁匿海岛为寇,故增一艘者,护贡舟也,非敢故违明制。礼部不得已,请百人之外,各量加赏犒。百人之制,彼国势难遵行,请相其贡舟,斟酌之。又日本,故有弘治、正德入贡勘合凡二百道。夷使前入贡时,奏乞嘉靖勘合,朝廷令以故勘合纳还,始予新者。至是,良等持弘治勘合十五道,言其余七十五道,为宋素卿子宋一所盗,捕之不得。正德勘合,留五十道为信,以待新者,而以四十道来还。礼部覆:其簿籍脱落,故勘合多未缴,请勿予新者,令异时入贡,持所留正德勘合四十道,但存十道为

---

① 《明实录·宪宗实录》卷二五八,成化二十年十一月乙未条,第 4359 页。

② 《明实录·孝宗实录》卷一一一,弘治九年三月丁巳条,第 2022 页。

③ 《明实录·武宗实录》卷六〇,正德五年二月已丑条,第 1321 页。

④ 《明实录·世宗实录》卷二三四,嘉靖十九年二月丙戌条,第 4796 页。

信,始以新者予之。而宋一所盗,责令捕索以献。报可。①

总体而言,日本向中国输出的货物以刀剑、硫黄、铜、折扇、苏木、屏风、描金物、砚台等为主。其中刀剑最为重要,据木宫泰彦估算,从宣德八年(1433)到嘉靖二十七年(1548),前后11次经宁波向中国输出的刀剑总数不下20万把,其中成化二十年(1484)子璞周玮使团一次即携来3.7万多把,平均每船1.2万多把。倭刀锻造精良,刃口锋利,据明代《笔精》一书所记,嘉靖中在宁波主持平倭军务的总督胡宗宪,就有一把软倭刀,其长7尺,出鞘地上卷之,估曲如盘蛇,舒之则劲自若。其次为硫黄、铜,如景泰二年(1451)东洋允澎使团一次输出硫黄39.75万斤,嘉靖十八年(1539)湖心硕鼎使团一次输出铜29.85万斤。② 中国经由宁波输入日本的货物主要有铜钱、白丝、丝绸、丝棉、书籍、字画以及棉布、瓷器、铁器、漆器、草席、水银、药材、脂粉等。其中以铜钱而言,仅吸纳20万把刀剑一项,即须支出铜钱4000万贯左右,这对日本国内的钱币流通和经济发展,势必产生很大影响。此外,书籍的输出对日本的文化发展也产生了很大影响。根据《善邻国宝记》的记载,日本将军足利义政在派遣使团朝贡之际,请求明廷按照永乐成例赐给铜钱的同时,另赐书籍,具体书籍名称如下:

《佛祖统纪》全部、《三宝感应录》全部、《教乘法数》全部、《法苑珠林》全部、《宾退录》全部、《兔园策》全部、《遁斋闲览》全部、《类说》全部、《百川学海》全部、《北堂书钞》全部、《石湖集》全部、《老学庵笔记》全部。③

此外,尽管宁波为专通日本的港口,但不少东南亚和南洋国家的贡使抄近从浙江沿海港口入境,使臣和随行人员在贡品之外,将大量所携的香料、苏木、胡椒、宝石等于登陆口岸和赴京沿途与中国商人交易。明人张邦奇也曾说过,甬东虽为海岸孤绝处,但"高丽、日本、暹罗诸蕃航海朝贡者,皆抵此登陆"④。

---

① 《明实录·世宗实录》卷三四九,嘉靖二十八年六月甲寅条,第6321—6322页。

② (日)木宫泰彦:《日中文化交流史》,北京:商务印书馆,1980年版,第577、578页。

③ (日)释周凤:《善邻国宝记》卷中,上海:东方学会,1928年版,第19页。

④ [明]张邦奇:《张文定甬川集》,见[明]陈子龙辑:《明经世文编》卷一四七,北京:中华书局,1962年版,第1465页。

二、明代海禁政策与宁波海上私商贸易

海禁,是国家基于特定目的对沿海居民海上活动的限制。宋元时期,国家的海禁基本都是临时性的短期行为,主要是配合国家的海上军事活动而开展的。如元朝历次海上军事活动中都伴随着临时性的海上禁令,以防止走漏消息和地方的间谍活动。但到了明朝初期,这种临时性的措施在日趋严峻的海防形势下逐渐上升为长期性的海洋政策。明朝洪武年间,伴随东南沿海海防体系的建立,海禁政策也逐步完善,其核心内容就是禁止私人海上活动,特别是私人海上贸易,以确保国家与政府在对外活动中的主导性,维持中国沿海社会的稳定。在海禁政策实行的初期,其在海疆秩序的重建与确立过程中发挥了一定的作用。但随着中国沿海社会经济的恢复和发展,严厉的海禁政策已经不能适应时代的发展,而官方主导的朝贡贸易也不能满足中外贸易需求。在这种严厉禁止与外贸需求的矛盾中,走私贸易开始萌生并逐渐盛行起来,宁波成为中外海上走私贸易的一个重要区域。不过,在大量违法走私贸易活动对沿海地方治理产生威胁之际,明政府与地方官员开始运用军事手段打击海上走私活动,以稳定沿海社会秩序,双屿之役就是明政府打击私商的一个典型案例。之后私商集团与倭寇合流,导致了波及中国东南沿海各地的"嘉靖大倭寇"。最终,明朝政府在严厉打击之后,开始有限开放私人航海贸易,但宁波的私人海上贸易逐渐转为中国沿海各口岸之间的国内贸易。

(一)明代的海禁政策

吴元年(1367),朱元璋采用浙江行省平章李文忠的建议,开始在浙江嘉兴、海盐、海宁等地设兵戍守。[①] 洪武三年(1370)七月壬辰,明太祖朱元璋下令在东南沿海修筑城池,整饬要塞,加强海防。[②] 其后政府又加强了东南沿海的海防力量,但都没达到预期的效果。为此,朱元璋在洪武十七年(1384)请出了曾经平定方国珍的信国公汤和,委以统理东南海防的重任。[③] 鉴于海疆事务复杂,汤和特意上书,请求召令洞悉浙闽海情的方鸣谦(方国珍次子)一同巡视浙江、福建,获得太祖准许。方鸣谦指出:"倭海上来,则海上御之

---

① 〔清〕张廷玉等:《明史》卷九一《日本》,第 2243 页;《明实录·太祖实录》卷二三,吴元年夏四月丁卯条,第 336 页。

② 《明实录·太祖实录》卷五四,洪武三年七月壬辰条,第 1061 页。

③ 《明实录·太祖实录》卷一五九,洪武十七年春正月壬戌条,第 2460 页。

耳。请量地远近,置卫所,陆聚步兵,水具战舰,则倭不得入,入亦不得傅岸。近海民四丁籍一以为军,戍守之,可无烦客兵也。"①方鸣谦的这一建议,与元世祖忽必烈"水路之兵治水路"的思想大同小异。在明太祖的支持下,汤和在浙江沿海设立卫所 59 个,并在"浙东民四丁以上者,户取一丁戍之,凡得五万八千七百余人"②。从此,政府将沿海居民纳入国家海防体系当中。

　　修建沿海卫所工程浩大,要"尽发州县钱及籍罪人资给役,役夫往往过望,而民不能无扰,浙人颇苦之"③。随着浙江沿海卫所的建立,这一政策在东南沿海推广。三年后江夏侯周德兴"抽福建福、兴、漳、泉四府三丁之一,为沿海戍兵,得万五千人。移置卫所于要害处,筑城十六"④。这种籍沿海居民为兵的做法,对于海防建设无疑有积极意义。何锋认为:"籍民为兵的做法很大程度上是带有强迫性质的,虽然这些人并不愿意成为戍守卫所的士兵,但是在充满暴力和严格纪律的军队里,他们将很快被训练成适应恶劣军旅生活的合格士兵。"⑤但我们也不可忽视其负面影响。洪武二十七年(1394)五月甲午,指挥方谦就上奏朝廷,指出籍民为兵的做法使"土人为军,反为乡里之害",要求沿海卫所军队相互调换。最终朝廷将浙江沿海卫所的守军与福建相互调换⑥,这可算是军队中的一种回避制度。

　　明初朱元璋的海洋政策注重防守与限制,除加强海防外,还将元朝短期实行的海禁法令作为政策性规范加以实施。明朝最早的海禁法令是在洪武四年(1371)颁布的。⑦ 洪武四年,朱元璋命令吴王左相靖海侯吴祯征发沿海居民为兵,并申言海禁政策的出台,这可以看作对元朝海禁法令的直接继承,但元代的海禁法令还只是临时性的规制,没有形成系统性政策。洪武十四年(1381)十月己巳,明政府下令"禁濒海民私通海外诸国"⑧。洪武十七年(1387)正月壬戌,朱元璋"命信国公汤和巡视浙江、福建沿海城池,禁民入海

①　[清]张廷玉等:《明史》卷一二六《汤和》,第 3751 页。
②　[清]张廷玉等:《明史》卷一二六《汤和》,第 3751 页。
③　[清]张廷玉等:《明史》卷一二六《汤和》,第 3754 页。
④　[清]张廷玉等:《明史》卷九一《日本》,第 2243—2249 页。
⑤　何锋:《中国的海洋——明朝海上力量建设考察》,厦门大学博士学位论文,2007 年,第 14 页。
⑥　《明实录·太祖实录》卷二三三,洪武二十七年五月甲午条,第 3404—3405 页。
⑦　《明实录·太祖实录》卷七〇,洪武四年十二月丙戌条,第 1300 页。
⑧　《明实录·太祖实录》卷一三九,洪武十四年十月己巳条,第 2197 页。

捕鱼,以防倭故也"①。洪武二十三(1390)年十月乙酉,明政府"申严交通外番之禁,上以中国金、银、铜钱、段匹、兵器等物,自前代以来,不许出番。今两广、浙江、福建愚民无知,往往交通外番,私易货物,故严禁之。沿海军民官司纵令私相交易者,悉治以罪"②。洪武二十七年(1394)正月甲寅,明政府"禁民间用番香、番货。先是,上以海外诸夷多诈,绝其往来,唯琉球、真腊、暹罗许入贡,而缘海之人,往往私下诸番,贸易香货,因诱蛮夷为盗,命礼部严禁绝之。敢有私下诸番互市者,必置之重法。凡番香、番货皆不许贩鬻。其见有者,限以三月销尽。民间祷祀,止用松、柏、枫、桃诸香,违者罪之。其两广所产香木,听土人自用,亦不许越岭货卖,盖虑其杂市番香,故并及之"③。洪武三十年(1397)四月乙酉,明政府"申禁人民无得擅出海与外国互市"④。在历次的政策实践中,朱元璋实施的海禁政策逐渐系统化,将元朝临时性禁令和违禁品法令结合起来的同时,又加上了海岛居民内迁法令。总体而言,朱元璋的海禁法令包括禁止船只下海和海岛居民内迁两部分内容,前者是对元朝的继承,而后者则是对反明势力盘踞海岛与朝廷对抗的针对性措施。洪武三十年正式颁布的《大明律》对出海贸易的限制,更成为垂范后世的训典,其内容为:

> 凡将马牛、军需、铁货、铜钱、段匹、绸绢、丝绵私出外境货卖及下海者,杖一百。挑担驮载之人,减一等。货物船车,并入官。于内以十分为率,三分付告人充赏。若将人口、军器出境及下海者,绞。因而走漏事情者,斩。其拘该官司及守把之人,通同夹带,或知而故纵者,与犯人同罪;失觉察者,减三等,罪止杖一百。军兵又减一等。⑤

朱元璋"片板不许下海"的海禁政策,与宋元以来国家海洋经略背道而驰,不符合经济发展的要求。诚然,在政策出台初期,由于战乱导致沿海地区经济凋敝,其负面影响还未充分显露,当经济恢复并发展后,政策与经济趋势之间的矛盾日益突出。洪武二十五年(1392)秋七月己酉,两浙运司报告朝廷:"商人赴温州各场支盐者,必经涉海洋。然着令军民不得乘船出海,

---

① 《明实录·太祖实录》卷一五九,洪武十七年正月壬戌条,第2460页。
② 《明实录·太祖实录》卷二〇五,洪武二十三年十月乙酉条,第3067页。
③ 《明实录·太祖实录》卷二三一,洪武二十七年正月甲寅条,第3373—3374页。
④ 《明实录·太祖实录》卷二五二,洪武三十年四月乙酉条,第3640页。
⑤ [明]刘惟谦等:《大明律》卷十五《兵律三·关津》,"私出外境及违禁下海条",《续修四库全书》史部第862册,第523页。

故所司一概禁之,商人给盐不便。"①朱元璋不得不下旨要求沿海官兵区别对待,使原有船只不许下海的禁令出现松动。可以想象,以此为借口出海的船只会越来越多,面对这种情况,针对船只搭载物的违禁品政策就出台了。其后,政府以朝贡贸易的模式垄断了所有的海外贸易,未经政府批准的商船,皆不允许下海经商。

无论从政治上还是经济上考量,海外贸易对政权的稳固仍有重要的意义。因此,明初政府在禁绝私人海上贸易的同时,将海上贸易的控制权纳入国家的直接管制之下,即所有海上贸易都必须经过朝廷核准,并在各港口市舶司的主持与监督下进行。基于这一思路,明初全国只设浙江宁波、福建泉州和广东广州三个沿海港口为对外贸易港口,其中宁波专通与日本的海外贸易,其贸易以日本一侧单方入贡的形式展开,明朝一侧并不派商船赴日,因此被称为中日朝贡贸易。又因为勘合底簿为双方官方贸易的凭据,因此这一贸易形式也被称为勘合贸易。朝贡贸易体制经过洪武年间的反复,在永乐元年(1403)最终得以确立并持续到明朝中期。② 不过,到了宣德年间,朝贡贸易已经有衰落迹象,其弊端逐渐显现出来。朝贡贸易的衰落与海上贸易的高额利润形成极大反差,在政府主导的贸易行为日渐衰落时,私人海上贸易的崛起就成为必然。

面对日益猖獗的沿海民间私商贸易,明嘉靖年间的海禁措施愈发严厉,而海禁严厉的结果是私商贸易更加不稳定,海防更加不安全,东南沿海局势呈恶性循环态势。地方官员将暗流涌动的海疆状况上报明廷,此后地方上开始逐渐出台一些海防措施,并加强和加大对海防官员的管理和惩罚力度。《明实录·世宗实录》相关文献记载如下:

> 浙江温、台、宁波等府,并海诸县,俱有海贼,登岸劫掠,官军御之。惟海门卫指挥杨淮差有斩获功,余多不利,贼势益炽。巡按御史谢兰以闻,并言:海道副使及宦、备倭署都指挥佥事乔基,坐视玩寇,调度失宜。状部,覆:宦、基皆令解任,候勘。亟择才力可集事者,往代该道。守巡及沿海军卫有司,俱宜停俸,令戴罪剿贼自赎。③
>
> 浙江按察司副使戴金条陈备倭事。④

---

① 《明实录·太祖实录》卷二一九,洪武二十五年秋七月己酉条,第3218页。
② 《明实录·太宗实录》卷二二,永乐元年八月丁巳条,第409—410页。
③ 《明实录·世宗实录》卷一五五,嘉靖十二年十月壬寅条,第3499—3500页。
④ 《明实录·世宗实录》卷一六九,嘉靖十三年十一月丁亥条,第3709页。

工科给事中潘九龄奉命查勘沿海失事因,条奏海防事宜。①

治浙江海洋失事,罪昌国卫指挥佥事等官。马光等,以失守,发戍。备倭署都指挥佥事李釜,以诈报,降级。海门卫指挥使朱恩,以贪纵,提究。台州卫指挥同知裘祖贻,以议功,量罚。②

不过,相比浙江地方官员,明中央政府对此时的海防并没有一个清醒和统一的认识,如大学士张璁(浙江永嘉人)在嘉靖十四年(1535)离职之前就一直拖延或阻挠所有严控海外贸易的禁令。③ 万明在对明嘉靖年间政府海防政策的论述中也指出:"即使在烽烟四起的浙闽地区,也一直遵循祖训,甚至没有设置统一指挥的重要官员。"④

在实力此消彼长的形势下,朝廷对沿海的防卫逐渐失控。随着海商与倭寇的合流,其对沿海社会的破坏性也日渐增强,东南沿海海防体系在日益失控的海洋秩序中形同虚设。以浙江宁波为例,嘉靖二十一年(1542),宁波知府曹诰展开了取缔海上走私的行动,"不过,对于武装盘踞沿海岛屿上的海盗式走私海商集团,地方当局就有些无可奈何了。翌年,海道副使张一厚率兵征剿大败而归,就清楚地表明了这一点"⑤。嘉靖二十五年(1546),把总指挥白濬、千户周聚和巡检杨英出巡昌国海上时,与武装私商许栋船队遭遇,结果竟被许栋掳回双屿港内,指挥吴璋只得派总旗王雷携重金"往赎之"⑥。最终,面对东南沿海的武装走私和劫掠活动,明政府在加强海防的同时,调集全国的军事力量平定东南沿海武装海商与倭寇合流后的不稳定因素。

(二)明代宁波海上私商贸易

从 15 世纪末叶起,葡萄牙人、西班牙人一直试图打开东方的航道,前往中国淘金。葡萄牙人第一次踏上中国的土地是在正德十二年(1517)。《明实录·武宗实录》对这次接触有明确的记载:"佛郎机国差使臣加必丹末等

---

① 《明实录·世宗实录》卷一七四,嘉靖十四年四月丁巳条,第 3787—3788 页。

② 《明实录·世宗实录》卷三〇六,嘉靖二十四年十二月壬寅条,第 5777 页。

③ (美)牟复礼、(英)崔瑞德:《剑桥中国明代史》,思炜等译,北京:中国社会科学出版社,1992 年版,第 536 页。

④ 万明:《中国融入世界的步履——明与清前期海外政策比较研究》,北京:社会科学文献出版社,2000 年版,第 222 页。

⑤ 陈剩勇:《浙江通史·明代卷》,杭州:浙江人民出版社,2005 年版,第 470 页。

⑥ [明]朱纨:《甓余杂集》卷四《章疏三·三报海洋捷音事》,第 82 页。

贡方物,请封,并给勘合。广东镇巡等官以海南诸番无谓佛郎机者,况使者无本国文书,未可信,乃留其使者以请。下礼部议处,得旨:'令谕还国,其方物给与之。'"①不过,由于礼仪上的误解和中国对葡萄牙入侵满刺加(今马六甲)的疑虑,托梅·皮雷斯(Tome Pires)使团被扣押,中、葡两国的第一次官方交往最终失败。② 嘉靖元年(1522)八月,葡萄牙人马丁·阿丰索德·梅洛·科廷霍(Martin Afonsode Mello Coutinho)等人率领由 5 艘战船组成的舰队在新会(今属广东)西草湾与明水军相遇,双方展开激战,史称"西草湾之战"。③ 对于这一冲突,《明实录》记载如下:

> 佛郎机国人别都卢寇广东,守臣擒之。……备倭指挥柯荣、百户王应恩率师船截海御之。转战至稍州,向化人潘丁苟先登,众兵齐进,生擒别都卢、疏世利等四十二人,斩首三十五级,俘被掠男妇十人,获其二舟。余贼米儿丁甫思多减儿等复率三舟接战。火焚先所获舟,百户王应恩死之,余贼亦遁。巡抚都御史张巅、巡抚御史史涂敬以闻,都察院覆奏,上命就彼诛戮枭示。④

从冲突结果可以看到,当时西方舰队面对明朝水师并无优势,由于舰船数量有限,反而遭到明军压制。面对葡萄牙人的侵犯,明朝海防体系仍能发挥作用。不过,尽管明朝在海上力量方面占据优势,但政府并没有借此扩大外贸规模,反而是收紧涉海活动,重申了"非入贡即不许其互市"的明初规定,"由是番舶几绝"。⑤ 不过,由于企望对华贸易的高额利润,"葡萄牙人遂把注意力转向更北面的沿海省份福建和浙江","有时是在地方官的默许下进行贸易,有时则不管他们"。⑥ 逐渐地,葡萄牙人参与到以宁波为中心的东南沿海私人海上贸易活动当中。

① 《明实录·武宗实录》卷一五八,正德十三年正月壬寅条,第 3021—3022 页。
② 万明:《中国融入世界的步履——明与清前期海外政策比较研究》,北京:社会科学文献出版社,2000 年版,第 190—192 页。
③ 王冬青:《明朝海禁政策与近代西方国家的第一次对华军事冲突》,《军事历史研究》2004 年第 2 期。马丁·阿丰索德·梅洛·科廷霍,即《明实录·世宗实录》卷二四所讲的"米儿丁甫思多减儿"。
④ 《明实录·世宗实录》卷二四,嘉靖二年三月壬戌条,第 693—694 页。
⑤ 〔清〕张廷玉等:《明史》卷三二二《外国六·佛郎机》,第 8432 页。
⑥ (英)C. R. 博克舍:《十六世纪中国南部行记》,何高济译,北京:中华书局,1990 年版,第 4 页(序言)。

作为中国生丝、丝绸及其他棉纺织品的主要市场,日本在对明朝贡贸易中赢取的利润十分惊人。对于当时中日贸易的利润,明代顾炎武认为:"其去也,以一倍而博百倍之息;其来也,又以一倍而博百倍之息。"[①]然而,此时中日之间的贡赐勘合贸易体制却将两国的商品交易限制在极为狭小的范围之内。宣德九年(1434),明朝雷春出使日本,"申定要约,即日本十年一贡,人毋过三百,舟毋过三艘"[②]。对于宣德年间的规定,"只有十年一贡大致实行了,至于人止三百,船止三艘,尽管明朝一再要求严格遵守,但起初由于第一期勘合贸易时代以来的惯例,后来由于大内氏和细川氏的争执,几乎从未实行过"[③]。随着日本对中国贸易发展,其弊端和内在矛盾更加突出。嘉靖二年(1523)四月,日本大内氏派出的宗设谦道使团和细川氏派出的鸾冈瑞佐使团在宁波发生的"争贡事件"[④]则给难以为继的贡赐贸易以致命一击。嘉靖二十六年(1547)六月,日使策彦周良率大内船4艘驶达宁波求贡,是为日本贡赐勘合船队最后一次来中国贸易。

"西草湾之战"和"争贡事件"后,为了防御外寇侵扰,明廷的闭关及海禁政策同时出台,严格禁止私人海上贸易,将宣德以后逐渐盛行起来的私人海上贸易的通道全部断绝了。根据万明的研究,此时的私人海上贸易有五种形式:一是私造船只出海,前往异域进行贸易;二是招徕外邦商船到中国进行贸易;三是通过出使,携带私货或利用所督海船进行贸易;四是租用私造船只出洋进行贸易;五是与外国使臣交结进行秘密贸易。[⑤] 这一时期,江南某些生产领域和地区已经出现资本主义生产关系的萌芽,加上土地兼并的加剧,大量农村人口转而从商。根据陈尚胜的研究,"土地兼并达到最高限度时,商业资本向土地转化的情形就会受到局限,因此必然倾向于单独发展,也就是说会着重向私人海外贸易方面发展"[⑥]。在政治高压下,开始的时

---

①　[明]顾炎武:《天下郡国利病书》,《四部丛刊三编》第25册,上海:上海书店出版社,1985年版,第103页。

②　王慕民等:《宁波与日本经济文化交流史》,北京:海洋出版社,2006年版,第143页。

③　(日)木宫泰彦:《日中文化交流史》,胡锡年译,北京:商务印书馆,1980年版,第552页。

④　又称"争贡之役"。

⑤　万明:《从明中叶华南地区看郑和下西洋的社会效果》,《中外关系史论丛》(第五辑),北京:书目文献出版社,1995年版,第12—13页。

⑥　陈尚胜:《明代海防与海外贸易》,《中外关系史论丛》(第三辑),北京:世界知识出版社,1991年版,第33页。

候,海商十分小心,"守臣奉公严禁"①。随着嘉靖五年(1526)葡萄牙人北上闽浙②,在外贸需求刺激下,海上私人贸易发展十分迅速。在福建,沿海商人"私造双桅大船,广带违禁军器,收买奇货"③。在广东,海商"通同濠畔街外省富商,搬瓷器、丝绵、私钱、火药违禁等物,满载而去,满载而还,追星趁月,习以为常"④。而此时,部分东南沿海守备对私人海上贸易听之任之,如"盘石卫指挥梅晔、姚英、张鸾等守黄华寨,受牙行贿,纵令私船入海为盗,通易番货,劫掠地方"⑤。浙江宁波的双屿港、福建漳州的月港成为商船穿行如梭的热闹港口。⑥ 嘉靖十一年(1532)左右,宁波退休官员戴鳌称:"今则湍趋川溃,公行效尤,阑出外境,而导之入矣。"⑦与以往走私贸易不同的是,"此时海外贸易中加入了西方因素,使中国海外贸易的成分更为复杂"⑧。"随着贸易活动的扩大,私人会更多地依赖于寻租和暴力活动。"⑨此时的私人海上贸易不是正常的贸易形式,由于没有律法的保护,经常引起纠纷,给明廷海防带来了极大的不安全因素。明代何乔远所著《名山藏》载:

> 是时,市舶既罢,货主商家,商率为奸利,虚值转鬻,负其责不啻千万,索急则投贵官家。夷人候久不得,颇构难,有所杀伤。贵家辄出危言,撼当事者,兵之使去。而先阴泄之以为德。如是者久,夷人大恨,言:"挟国王资而来,不得直,曷归报?"因盘踞岛中,并海不逞之民,苦生

---

① [明]陈子龙等:《明经世文编》(第四册)卷二七〇《御倭杂著·复胡梅林论处王直》,北京:中华书局,1962年版,第2850页。

② 王慕民:《十六、十七世纪葡萄牙与宁波之关系》,《澳门研究》1999年第10期。

③ [明]陈子龙等:《明经世文编》(第四册)卷二八三《王司马奏疏·条处海防事宜仰祈速赐施行疏》,第2993页。

④ [明]陈子龙等:《明经世文编》(第五册)卷三六八《霍勉齐集·上潘大巡广州事宜》,第3976页。

⑤ 《明实录·世宗实录》卷一〇八,嘉靖八年十二月戊寅条,第2551页。

⑥ 佚名:《嘉靖东南平倭通录》,见中国历史研究社编:《倭变事略》,上海:上海书店出版社,1982年版,第3页。

⑦ [明]戴鳌:《戴中丞遗集》卷六《海防议》,《四库全书存目丛书》集部第74册,济南:齐鲁书社,1997年版,第77页。

⑧ 万明:《中国融入世界的步履——明与清前期海外政策比较研究》,北京:社会科学文献出版社,2000年版,第199页。

⑨ 郭艳茹:《明代海外贸易管制中的寻租、暴力冲突与国家权力流失:一个产权经济学的视角》,《世界经济》2008年第2期。

计困迫者,纠引而归之,时时寇沿海诸郡矣。①

明政府的海禁政策,刺激了私人对暴力的投资,形成了寄托于私人暴力的"类国家组织"集团。② 在当时的具体表现形式就是:一方面,沿海私商增加武装力量,改进贸易方式,从独自经营发展为合伙经营,形成一个个以强有力的船头为核心的海商贸易集团。史载:"推雄强者一人为舡头,或五十只,或一百只,成群分党,占泊各港,纷然往来海上。"③其中最著名是以徽州籍许氏兄弟、王直、徐海、林碧川等人分别统帅的海商集团。此外,还有以浙江宁波人毛海峰、徐文亮,桐乡人叶麻等人为首的海商集团,以及以南直隶人萧显、漳州人沈南山等人为首的海商集团。④ 另一方面,中、葡海商与日本海寇联合,占据沿海岛屿,并以此为根据地,开始有组织地侵扰沿海城市。据《筹海图编》载,李光头、许栋等分掠福建、浙江是从嘉靖二十二年(1543)开始的。⑤ 而据范中义的统计,嘉靖年间倭寇对沿海的大规模骚扰始于嘉靖二十一年(1542),这年倭寇由浙江瑞安至长沙(在今浙江温岭东南),然后入台州(今浙江临海),攻杭州。⑥ 如果说此前的海商商情较重,那么自嘉靖十八年(1539),从中、葡海商与日本海寇的结合开始,其盗性在逐渐上升,具体表现就在此后海商开始频繁参与对沿海城市的掠夺。嘉靖十八年海盗金子老勾引葡萄牙人在双屿进行贸易,十九年(1540)李光头入伙,二十二年(1541)许栋入伙,二十三年(1542)王直入伙,同年他们与倭寇合流。此后,"倭奴藉华人为耳目,华人藉倭奴为爪牙,彼此依附,出没海岛"⑦。另,范中义先生据倭寇对沿海的骚扰,认为西番、倭寇和中国海盗合流是从嘉靖十九年开始的。⑧

① [明]何乔远:《名山藏》卷一〇五《王亨记一·东南夷·日本》,《续修四库全书》史部第 427 册,第 602 页。

② 郭艳茹:《明代海外贸易管制中的寻租、暴力冲突与国家权力流失:一个产权经济学的视角》,《世界经济》2008 年第 2 期。

③ [明]傅维麟:《明书》卷一六二《乱贼传二·王直》,《丛书集成初编》(第 3957 册),北京:中华书局,1985 年版,第 3214 页。

④ 陈剩勇:《浙江通史·明代卷》,杭州:浙江人民出版社,2005 年版,第 466 页。

⑤ [明]胡宗宪:《筹海图编》卷八《寇踪分合始末图谱》,《景印文渊阁四库全书》史部第 584 册,第 225 页。

⑥ 范中义、全晰纲:《明代倭寇史略》,北京:中华书局,2004 年版,第 112 页。

⑦ [明]郑晓:《今言》卷四,北京:中华书局,1985 年版,第 295 页。

⑧ 范中义、全晰纲:《明代倭寇史略》,北京:中华书局,2004 年版,第 111 页。

随着海商与海盗、倭寇的结合,中国沿海的私人走私贸易性质发生了变化,其对沿海经济、社会发展的积极因素逐渐消失,正常的私人海上贸易活动也不复存在。逐利的欲望能为经济催生动力,而暴力的妄为则只会给民生带来打击。政府对海盗强力清剿后逐渐改变之前严厉的海禁政策,开放漳州月港为对外贸易口岸,并允许官方审核后的私商参与海上贸易活动。至此,宁波的私人海上贸易活动逐渐转移到福建。

（三）双屿之役

浙江定海双屿港,悬居海洋之中,离定海县 60 余里,僻处海隅,地形险要,其地点大致位于今六横岛西侧与佛渡岛相望的岸线。明代朱纨记曰:双屿港"东西两山对峙,南北俱有水口相通,亦有小山如门障蔽,中间空阔二十余里,藏风聚气,巢穴颇宽"①,进可攻,退可守。此外,双屿港地属亚热带季风气候,是常年不冻的深水良港,无论南下北上或东渡日本,都十分便利,可以作为联结马六甲和日本的一个十分安全便利的中途停靠基地。一方面,双屿港与宁波及其腹地有着便利的水陆连接;另一方面,双屿港位于宁波海防网络的薄弱地带,故而能够成为海商从事私人海上贸易的理想场所。② 而这一时期在双屿港从事走私贸易的中、葡海商集团有很强的盗性。最初,他们行事比较隐秘、谨慎,在双屿港盘踞日久,熟悉了周边的海情岛状之后,其活动变得更加恣意。③ 作为嘉靖时期东南沿海最大、最有名的海上走私贸易港口,其日益频繁的走私活动和对浙闽海疆秩序的冲击,引起了浙江地方政府的严重不安。史载:"海贼久据双屿岛,招引番寇剽掠。"④朝廷发兵直捣双屿港的直接导火线则是浙江余姚"谢氏与走私海商的贸易争端"⑤。

嘉靖二十七年(1548)二月初一日,朱纨下令福建都司卢镗调福清兵到温州、宁波听候命令。十八日,福清兵北上浙江。处理完福建之事后,朱纨本人亦于二十六日由福建沿海来到温州。二十八日,朱纨根据各路人马的

① ［明］朱纨:《甓余杂集》卷四《章疏三・双屿填港工完事》,第 93 页。

② 王慕民:《十六、十七世纪葡萄牙与宁波之关系》,《澳门研究》1999 年第 10 期。

③ 关于葡人在浙江沿海的劣迹,参看(葡)克路士:《中国志》,见(英)C. R. 博克舍:《十六世纪中国南部行记》,何高济译,北京:中华书局,1990 年版,第 133 页。

④ 《明实录・世宗实录》卷三四〇,嘉靖二十七年九月辛丑条,第 6199 页。

⑤ (美)牟复利、(英)崔瑞德:《剑桥中国明代史》,思炜等译,北京:中国社会科学出版社,1992 年版,第 536 页;《明实录・世宗实录》卷三五〇,嘉靖二十八年七月壬申条,第 6326—6327 页。

汇报,在温州调整部署,加强闽浙两省海防,同时堵截走私海商南逃广州的海路,并任命"各督率沿海守哨官兵、地方保甲,梭逻接济奸人,遇有海贼奔逸,即便邀截剿捕"①。三月初一日,命令督指挥张汉等兵船,以防夷为名,俱到温州松门、海门等处停泊待命。初三日,福清兵到达温州府港及磐石卫,补充行粮、兵火、器械。初七日,朱纨抵达宁波,亲临一线进行调度。大战在即,朱纨担心日本贡使与双屿海商联合,"以防贼为虑,不可再令外泊"②,便"要良自请,后不为例。录其船,延良入宁波宾馆"③,并严加防范。初九日,在把总定海等处备倭指挥金事潘鼎,宁波卫府掌印指挥知府等官臧应骧、魏良贵等人的陪同下,朱纨亲自接见贡使策彦周良等 22 人,"宣谕朝廷威德,许收兵器送绍兴府库,人货送宁波府嘉宾馆,各封收候"④。十三日,下令卢镗多派探哨,打探贼船下落。十五日,福清兵进驻台州海门卫(今台州黄岩东北)港,等待进攻的命令。二十六日,朱纨下令卢镗"开洋前往双屿贼巢,相机剿捕"⑤。

根据朱纨调度,卢镗以福清军为前锋,松门、临海等处兵船为后应,亲率一支福清兵 1000 余人,船 30 多只,作为海上作战主力,由台州府海门卫下海,开始了征剿海商的战争。浙江巡视海道副使沈翰指挥从丽水等地抽调的浙江乡兵 1000 余人,则在陆上防备。四月初一日,副使沈翰因"不受节制,弃军辄回"而被撤职,朱纨命魏一恭接替沈翰,"星驰前去会同各道,务与卢镗协力共谋,主客兵船,水陆地方,互相策应"⑥,并确定海战的作战方略,"或围困,或邀击,或出不意,为捣穴焚巢"⑦。初二日,卢镗到象山爵溪所,望见一条大贼船正由象山爵溪所朝宁波双屿方向行进,官兵立刻出击,在象山外的九(韭)山洋海面与走私海商交锋,攻杀番贼,其落水不计其数,且有两名被斩杀。最终该船因势孤力单而被擒获。明军除生擒稽天、新四郎这 2 名日本海寇和林烂四等 53 名华人外,还缴获大佛郎机铜铳 2 架、铳 4 个、藤牌20 面、倭刀 40 把、长枪 35 支,以及旗帜等物。这就是著名的九山洋大捷。

初五日,卢镗又擒获了一艘双屿走私海商用于收购酒米的船只,活捉头

① [明]朱纨:《甓余杂集》卷二《章疏一·哨报夷船事》,第 35 页。
② [明]朱纨:《甓余杂集》卷二《章疏一·瞭报海洋船只事》,第 38 页。
③ [明]张廷玉等:《明史》卷二〇五《朱纨传》,第 5404 页。
④ [明]朱纨:《甓余杂集》卷二《章疏一·哨报夷船事》,第 36 页。
⑤ [明]朱纨:《甓余杂集》卷二《章疏一·捷报擒斩元凶荡平巢穴以靖海道事》,第 39 页。
⑥ [明]朱纨:《甓余杂集》卷二《章疏一·瞭报海洋船只事》,第 38 页。
⑦ [明]朱纨:《甓余杂集》卷二《章疏一·瞭报海洋船只事》,第 38 页。

目李光头。后朱纨命浙江巡视海道副使魏一恭和总督备倭署都指挥金事朱恩，"各督兵船火器等项前来策应"①。初六日，官军布置兵船包围双屿港区，断绝岛内交通。卢镗与海道副使魏一恭、备倭指挥刘恩至、张四维、张汉等"集港挑之"。那天晚上，刮风下雨，海雾弥漫，"贼初坚壁不动"。初七日五更时候，双屿港区的海商决定突围，大小船只倾巢出动。② 官军追杀堵截，海商死了几百人，海商头目许六、姚大总，"积年造意分赃大窝主"顾良玉、倪良贵、奚通世、刘奇十等 4 人，"通贼分赃"的蒋虎、余通世、章养陆、蒋十一、陈天章、王万里、王廷玉、王顺夫、邵湖责、龚十五等，皆被活捉。此后，卢镗一面率兵船追击逃逸之船，一面命守海卫千户王守元带兵入港搜捕，再次擒获大量船物和一批"贼酋"。"贼首"姚大总等被斩杀，沉水溺死者不计其数。同时王守元等入港将天妃宫十余间，寮屋 20 余间及遗弃的 27 只大小船全部烧毁。双屿港的捣毁，"倾久居之巢"，海商只得四处流泊，"一倾双屿浙闽清"③。

为了彻底摧毁走私海商的居地，朱纨本想在双屿驻兵，立营戍守，然而这一建议遭到很多人反对。据魏一恭报告，双屿四面大洋，地势"孤危"，难以立营守卫。且福建兵不肯守卫，用浙江兵又不放心，十分矛盾。为了"定不拔之基计"，五月十六日④，朱纨自霩衢所"渡炎海"，上双屿"达观形势"，现地勘查之后，遂从众议，用木石将双屿港筑塞。具体办法为委官度量南北两港深广，"先打木桩，将大松木做成木栏，内贮石篓，安置水底为基，上垒船石填塞"，从而"使桩石相制，冲激不动，潮至则淤泥渐积，贼至则拔掘为难"。⑤对于这项工程，原预算 1000 两，实际只用了 225 两，做到了"工完而费省"。到了十二月，"即今潮长，淤泥渐积"⑥。这样，双屿这个曾经盛极一时的国际走私港不复存在。

① ［明］朱纨：《甓余杂集》卷二《章疏一·捷报擒斩元凶荡平巢穴以靖海道事》，第 39 页。

② ［明］朱纨：《甓余杂集》卷二《章疏一·捷报擒斩元凶荡平巢穴以靖海道事》，第 39 页；［明］胡宗宪：《筹海图编》卷五《浙江倭变纪》，《景印文渊阁四库全书》史部第 584 册，第 129 页。

③ ［明］朱纨：《甓余杂集》卷十《海道纪言·得归九首》，第 264 页。

④ ［明］朱纨：《甓余杂集》卷四《章疏三·双屿填港工完事》，第 93 页。或作五月十七日，见［明］朱纨：《甓余杂集》卷十《海道纪言·五月十七日自霩衢渡海赠卢都阃南征》，第 261 页。

⑤ ［明］朱纨：《甓余杂集》卷八《公移二（福建浙江提督军务行）·军事务（嘉靖二十七年五月二十日）》，第 220 页。

⑥ ［明］朱纨：《甓余杂集》卷四《章疏三·双屿填港工完事》，第 92 页。

对于双屿之役,后人历来褒贬不一,有人认为"朱纨一生最大的功劳就是指挥明军收复了双屿和浯屿,维护了中国领土主权的完整"①;另有学者认为朱纨剿平双屿港的过激措施,"反而使东南海上走私贸易走向了另一个极端,即谭纶所说的'私通不得则攘夺随之'"②。从双屿之战的经过可知,虽然岛上或有葡萄牙、日本等国的走私贸易船停泊,但双屿港的主要利用者仍是浙闽华人武装私商,双屿之战中,明军擒获的俘虏也都是明人。③ 因此,双屿之战的"剿夷"之功尚需别证。不过,认为朱纨行为过激的观点亦值得商榷。嘉靖二十七年(1548)的双屿港,不仅是海商云集的国际走私贸易港,同时由于它游离于明朝海疆管控体系之外,故而也是滋扰东海沿海地区涉海生业的骚动之源。朱纨剿平双屿港,就是从维护浙闽沿海地区安定出发而采取的行动。

第二节 清代前中期宁波对外贸易

清代宁波的对外贸易以道光二十年(1840)中英鸦片战争为节点分为前后两个时期。清朝初期,为防止郑成功支持的南明依托海岛进行抵抗,清廷仿效明初的海洋政策,将东南沿海居民内迁。康熙二十三年(1684)后,随着台湾的收复,清政府开始开放沿海对外贸易,在政府限制内的船只均可出洋从事海洋贸易活动。到乾隆年间,清朝的海洋贸易政策发生变化,宁波等沿海城市的直接对外贸易资格再次被取消,广州成为唯一从事沿海对外贸易的城市。

一、清代前中期对外贸易政策

清朝作为中国历史上最后一个少数民族政权,自建立初期,来自北方的边防压力就已不复存在,其军事防御的侧重点就是沿海的明朝残余势力。为了制约以台湾岛为根据地的郑氏集团,顺治年间,清廷推行"沿海迁界",将沿海居民迁入内地,断绝其与郑氏政权的联系,从经济上压制郑氏集团的发展。康熙二十三年后,随着台湾的收复和沿海社会秩序的稳定,清政府开

---

① 范中义、全晰纲:《明代倭寇史略》,北京:中华书局,2004 年版,第 240 页。

② 樊树志:《"倭寇"新论——以"嘉靖大倭寇"为中心》,《复旦学报·社会科学版》2000年第 1 期。

③ 王慕民:《十六、十七世纪葡萄牙与宁波之关系》,《澳门研究》1999 年第 10 期。

始开放海禁,允许私人海上贸易的发展。宁波的对外贸易也在这一时期开始有序展开,其贸易对象以日本为主,贸易产品主要是丝绸。不过,到了乾隆年间,随着国家对外贸易政策的变化,宁波的对外贸易资格再次被取消,广州成为清代前期唯一可以合法从事对外贸易活动的城市。

顺治二年(1645)闰六月癸卯,清朝和硕豫亲王多铎令贝勒博洛、固山额真拜尹图、阿山等,率军攻占杭州,潞王、淮王先后投降,"浙西湖州、嘉兴,浙东绍兴、宁波、严州等府,亦皆归顺"①。清军虽然占领了浙江,但是郑成功水军仍依托海岛进行抵抗,凭借郑氏家族对海上贸易的垄断,有足够经济实力坚持抗清。为了削弱郑氏的经济实力,斩断其与沿海地区的联系,清政府仿效明初的海洋政策,将浙江沿海岛屿居民全部内迁,并加强对沿海居民的管理。②

顺治十一年(1654)二月己巳,礼科给事中季开生,以明将张名振进犯上海,上疏朝廷,条陈战守六要——远侦探、扼要害、备器械、严海禁、杜接济、密稽察,顺治帝令"下所司议"③。浙江方面,秦世祯提出的将出海渔船按保甲法编排的措施获得朝廷首肯。而到第二年,浙闽总督屯泰(又称佟岱)要求沿海"无许片帆入海"的建议获得朝廷准许。④ 此后,清初近 30 年的海禁制度在东南沿海推行。

顺治十三年(1656)正月己亥,郑成功舰队"直泊台州,驻防副将马信,叛变献城"⑤。浙江海防的吃紧,加速了国家海禁政策的出台。为消灭浙江郑氏武装,顺治帝在任命固山额真伊尔德为宁海大将军,"统率将士,征剿舟山贼寇"⑥的同时,于六月癸巳,下达了全面海禁的命令。

> 海逆郑成功等,窜伏海隅,至今尚未剿灭。必有奸人暗通线索,贪图厚利,贸易往来,资以粮物。若不立法严禁,海氛何由廓清。自今以后,各该督抚镇,着申饬沿海一带文武各官,严禁商民船只,私自出海。

① 《清实录·世祖实录》卷十八,顺治二年乙酉闰六月癸卯条,北京:中华书局,1986 年版,第 163—164 页。

② 不过要指出的是,这一次迁海并不彻底。

③ 赵尔巽等:《清史稿》卷二四四《季开生》,第 9623 页;《清实录·世祖实录》卷八一,顺治十一年甲午二月己巳条,北京:中华书局,1986 年版,第 635 页。

④ 《清实录·世祖实录》卷九二,顺治十二年乙未六月壬申条,第 724 页;[清]蒋良骐:《东华录》卷七,《续修四库全书》史部第 368 册,第 328 页。

⑤ 《清实录·世祖实录》卷九七,顺治十三年丙申春正月己亥条,第 758 页。

⑥ 《清实录·世祖实录》卷九六,顺治十二年乙未十二月甲戌条,第 753 页。

有将一切粮食货物等项,与逆贼贸易者。或地方官察出,或被人告发,即将贸易之人,不论官民,俱行奏闻正法。货物入官,本犯家产,尽给告发之人。其该管地方文武各官,不行盘诘擒缉,皆革职,从重治罪。地方保甲,通同容隐,不行举首,皆论死。凡沿海地方,大小贼船,可容湾泊登岸口子。各该督、抚、镇,俱严饬防守各官,相度形势,设法拦阻。或筑土坝、或树木栅,处处严防,不许片帆入口。一贼登岸,如仍前防守怠玩,致有疏虞,其专汛各官,即以军法从事,该督抚镇一并议罪,尔等即遵谕力行。①

在清政府眼中,郑成功能反攻浙江,是因为沿海居民的接济。拥有厦门海商背景的郑氏集团不仅拥有强大的海上武装,作为南明重臣,其在东南沿海士绅中有相当强的号召力,容易获得当地人的支持,故其对清王朝海防所构成的威胁,远远超过之前。因此,虽然伊尔德在顺治十三年(1656)九月丙午收复了舟山②,并将岛民迁入内地,但仍无法有效防御郑成功舰队对浙江沿海的威胁。

郑氏集团对沿海的不断进击,给清廷造成了很大的不安。以黄梧向清廷提出《灭贼五策》为节点,东南沿海复明势力的根基逐渐被拔除。黄梧,福建平和人,初为郑成功总兵,镇守福建海澄。顺治十三年(1656),黄梧"斩成功将华栋等,以海澄降。大将军郑亲王世子济度以闻,封海澄公"③。黄梧对郑成功水师及其依存根基非常了解,他投清之后,郑氏力量陷入被动。黄梧不仅向当时的闽浙总督李率泰推荐了施琅,更在顺治十八年(1661)向清廷密奏《灭贼五策》,提出彻底消灭郑氏集团的方针——"沿海迁界"。

　　一、金、夏两岛弹丸之区,得延至今日而抗拒者,实由沿海人民走险,粮饷、油、铁、桅船之物,靡不接济。若从山东、江、浙、闽、粤沿海居民尽徙入内地,设立边界,布置防守,不攻自灭也。

　　二、将所有沿海船只悉行烧毁,寸板不许下水。凡溪河,竖桩栅。货物不许越界。时刻瞭望,违者死无赦。如此半载,海贼船只无可修葺,自然朽烂,贼众许多,粮草不继,自然瓦解。此所谓不用战而坐看其

---

① 《清实录·世祖实录》卷一○二,顺治十三年丙申六月癸巳条,第789页;[清]昆冈等修,[清]刘启端等纂:《钦定大清会典事例》卷七七六《刑部·兵律关津·私出外境及违禁下海二》,《续修四库全书》史部第809册,第523—524页。
② 《清实录·世祖实录》卷一○三,顺治十三年丙申九月丙午条,第804页。
③ 赵尔巽等:《清史稿》卷二六一《黄梧》,第9879页。

死也。

三、其父芝龙羁縻在京，成功赂商贾，南北兴贩，时通消息。宜速究此辈，严加惩治，货物入官，则交通可绝矣。

四、成功坟墓现在各处，叛臣贼子诛及九族，况其祖乎？悉一概迁毁，暴露殄灭。俾其命脉断，则种类不待诛而自灭也。

五、投诚兵官散住各府州县，虚糜钱粮，倘有作祟，又贻害地方不浅。可将投诚官兵移住各省，分垦荒地，不但可散其党，以绝后患，且可蓄众而足国也。①

这五条中，与海禁有关的是第一、二两条，其中第二条在顺治十三年（1656）已经开始实施，第一条则向清政府准确指出了郑成功久居金、厦弹丸之地而能与清廷对抗的原因。该奏折上疏朝廷后，即获得通过，随即派遣兵部尚书苏纳海赴闽勘迁。在迁海的命令下达后，湖广道御史李之芳感叹道："自古养兵，原以卫疆土，未闻弃疆土以避贼也。"随即上疏反对朝廷的迁海政策。②

就当时情形而言，李之芳的奏折充分指出了迁海对于沿海居民生计的打击，对迁海后果的分析是相当准确的。但清廷在无法消灭郑成功政权的情况下，只能采取禁海迁界的下策，李之芳的奏折也只能被束之高阁。迁海政策既是清政府的无奈之举，因此，当郑氏集团对沿海威胁降低的时候，迁海政策亦会随之松动。

康熙二年（1663），清军攻占金门、厦门。郑经率部退守澎湖和台湾。康熙三年（1664）八月，巴东大顺军最后一支武装被消灭，此后清廷可以全力加强海防。在军事胜利的背景下，山东巡抚周有德上疏朝廷，以山东青、登、莱等处沿海居民"向赖捕鱼为生，因禁海多有失业"为由，要求朝廷"宽登、莱、青三府海禁，俾居民得捕鱼资生"。③ 康熙四年（1665）三月乙未，其建议获得清廷的准许。④ 同年，刑部出台了防止山东居民借出海捕鱼之机出海贸易的处罚条令。⑤ 至此，清廷严格的海禁政策开始松动。康熙五年（1666）正月丁

① ［清］江日昇：《台湾外记》卷五，福州：福建人民出版社，1983年版，第164—165页。

② ［清］江日昇：《台湾外记》卷五，福州：福建人民出版社，1983年版，第165—166页。

③ 赵尔巽等：《清史稿》卷二五六《周有德》，第9798页。

④ 《清实录·圣祖实录》卷十四，康熙四年乙巳三月乙未条，第218页。

⑤ ［清］昆冈等修，［清］刘启端等纂：《钦定大清会典事例》卷七七六《刑部·兵律关津·私出外境及违禁下海二》，第524页。

未,福建总督李率泰上疏朝廷,认为郑氏集团"远窜台湾"之后,福建的海防压力大大减轻。而"数年以来,海禁甚严,迁移之民,尽失故业",因此,这时候需要"略宽界限,俾获耕渔,稍苏残喘"。① 同年三月,浙江巡抚蒋国柱上奏指出,严格的海禁使浙江"匠户、渔户逃亡,税课叠欠",必须"蠲银一万五千八百余两、米二千二百余石以苏民困"。② 海禁对浙江经济的打击可见一斑。有鉴于此,康熙八年(1669),清政府开始有计划地让迁海居民返回旧地,"命展界"③。浙江宁波沿海开始允许"百姓于近海采捕"④。第二年,浙江沿海展界开禁,但其人数远远少于迁海之前的人口。如台州三门,顺治十八年(1661)内迁沿海居民"计成丁 8710 人,妇女 5760 人",展界回迁"成丁 2413人,妇女 1350 人"。⑤ 而且这次展界是有限度的,沿海地方"犹未尽复一木寸板,仍严禁未许下海"⑥。

康熙九年(1670)的展界,使清政府的海禁政策退回到顺治十三年(1656)的水平。康熙二十三年(1684)十月丁巳,九卿詹事科道遵旨会议:"今海外平定。台湾、澎湖,设立官兵驻扎。直隶、山东、江南、浙江、福建、广东各省,先定海禁处分之例,应尽行停止。若有违禁,将硝黄军器等物,私载在船,出洋贸易者,仍照律处分。"⑦至此,政府全面开放海禁,不仅私人海上贸易开始合法化,政府对沿海居民向岛屿迁徙的禁令也得以解除。

康熙二十四年(1685),清政府在广州、厦门、宁波和镇江云台山设立粤、闽、浙、江四个海关,其中浙海关设于宁波镇海的南薰门外,其主要职责是统辖浙江沿海各口岸,管理对外贸易,征收关税。⑧ 康熙三十七年(1698),清政府还在定海县设海关衙门,并设红毛馆一所于城外道头街西,为外籍海员、商人居宿地。此时,浙海关除宁波、定海两分关和红毛馆一处外,据《[雍正]

---

① 《清实录·圣祖实录》卷十八,康熙五年丙午春正月丁未条,第 260 页。

② [清]李恒:《国朝耆献类征初编》卷一五二《疆臣四·蒋国柱》,见周骏富辑:《清代传记丛刊》,台北:明文书局,1985 年版,第 552 页。

③ [清]林绳武:《海滨大事记》,《台湾文献丛刊》(第 213 种),台北:台湾银行经济研究室,1965 年,第 27 页。

④ [清]于万川修,[清]俞樾纂:《[光绪]镇海县志》卷十二《海防》,《续修四库全书》史部第 707 册,第 226 页。

⑤ 三门县志编纂委员会编:《三门县志》,杭州:浙江人民出版社,1992 年版,第 139 页。

⑥ 李前泮修,张美翊纂:《奉化县志》卷一一《大事记》,《中国方志丛书》,台北:成文出版社,1975 年版,第 581 页。

⑦ 《清实录·圣祖实录》卷一一七,康熙二十三年甲子冬十月丁巳条,第 224 页。

⑧ 王慕民等:《宁波与日本经济文化交流史》,北京:海洋出版社,2006 年版,第 204 页。

浙江通志》，下辖十五口：

大关口：离关署二里，属宁波府鄞县。

古窑口：离关署一百五十里，由陆路，属宁波府慈溪县。

镇海口：离关署六十里，由水路，属宁波府镇海县。又旁口二：蟹浦、邱洋。

湖头渡：离关署一百五十里，水陆兼半，属宁波府之鄞县、奉化县及台州府之宁海县地方。

小港口：离关署九十里，由水路，属宁波府镇海县。又旁口二：穿山、大碶。

象山口：离关署三百六十里，水陆兼半，属宁波府象山县。又旁口一：泗州。

乍浦口：离关署七百二十里，由水[小]路，属嘉兴府平湖县。

头围口：即澉浦口，离关署七百里，由水路，属嘉兴府海盐县。

沥海口：离关署三百里，由水路，属绍兴府山阴、会稽、余姚三县地方。又旁口一：王家路。

白峤口：离关署二百二十里，水陆兼半，属台州府临海、宁海二县地方。又旁口一：健跳。

海门口：离关署四百五十里，由陆路，属台州府临海、宁海、太平三县。又旁口一：金清港。

江下埠：离关署五百里，由陆路，属台州府太平县。

温州口：离关署七百八十里，由陆路，属温州府永嘉、乐清二县地方。又旁口四：宣村、状元桥、黄华关、蒲岐。

瑞安口：离关署八百五十里，由陆路，属温州府瑞安县。

平阳口：离关署九百二十里，由陆路属温州府平阳县。又旁口一：大渔。①

雍正年间，清廷针对出海从事贸易的船只，出台了一系列的法令。雍正元年(1723)，兵部规定："出海商渔船，自船头起，至鹿耳梁头止，大桅上截一半，各照省分油饰。"其中，浙江用白油漆饰，绿色钩字。同时，要在船头两披，刊刻某省某州县某字某号字样，沿海汛口及巡哨官弁，"凡遇商渔船，验

---

① ［清］嵇曾筠等总裁，［清］刘章等监修：《［雍正］浙江通志》卷八六《榷税·海关》，据光绪二十五年十月重刊本影印，上海：商务印书馆，1934年版，第1586—1587页。

系照依各本省油饰刊刻字号者,即系民船,当即放行。如无油饰刊刻字号,即系匪船,拘留究讯"①。此项制度在随后的管理实践中得到进一步完善和发展。雍正九年(1731),兵部规定:"商渔船篷上,大书州县船户姓名,每字各大径尺。蓝布篷用石灰细面,以桐油调书;篾篷、白布篷用浓墨书,黑油分抹字上,不许模糊缩小。"②乾隆二十二年(1757),由于海盗猖獗,清政府下令外国商船只准在广州一地贸易。③ 因此,浙海关对外贸易管理职能消失,宁波对外贸易活动也随之一度中断。

清代前期的浙海关设监督浙海钞关一员,笔帖式一员,海关岁额白银三万一千九百五十二两四钱三分八丝,其中"本关正额梁头货税银三万二千三十两六钱二分;外增长江税银一百二十七两六钱一厘八丝;又加征丝税银五十二两二钱"。所征税款除海关自身开支二百五十八两外,其余税款全部移交藩库。④ 从关税结构可以看到,浙海关关税是按船只和货物分别征收的。

二、清代前中期宁波对外贸易活动

整个清代,宁波的对外贸易对象主要是日本。此外,从明崇祯八年(宽永十二年,1635)开始,日本就只限长崎一港为对外贸易港。因此,清代前期宁波前往日本的贸易船均驶往日本长崎港。康熙二十七年(光禄元年,1688)八月,日本幕府决定将中国赴日商船限定为70艘,其中宁波和普陀山的春船9艘、夏船5艘、秋船1艘,总计15艘,约占总数的21%。⑤ 此后,由于日本主要出口商品铜的不足和走私贸易的增加,幕府于康熙五十四年(正德五年,1715)实施新的海外贸易法,史称"正德新令"。新法规定:每年航日中国商船定为30艘,其中宁波船11艘,超过总数的1/3。⑥ 根据周中夏的研究,从康熙五十六年(亨保二年,1717)至雍正十一年(亨保十八年,1733)的

---

① [清]昆冈等修,[清]刘启端等纂:《钦定大清会典事例》卷六二九《兵部·绿营处分例·海禁一》,第755页。

② [清]昆冈等修,[清]刘启端等纂:《钦定大清会典事例》卷六二九《兵部·绿营处分例·海禁一》,第758页。

③ 《宁波海关志》编纂委员会编:《宁波海关志》,杭州:浙江科学技术出版社,2000年版,第55页。

④ [清]嵇曾筠等总裁,[清]刘章等监修:《[雍正]浙江通志》卷八六《榷税·海关》,第1589、1596页。

⑤ (日)木宫泰彦:《日中文化交流史》,胡锡年译,北京:商务印书馆,1980年版,第650页。

⑥ (日)大庭修:《江户时代中国典籍流播日本之研究》,戚印平等译,杭州:杭州大学出版社,1998年版,第25页。

16年间,进入日本长崎港的中国商船共有504艘,其中宁波船有180艘,占35.7%。① 另外,日本学者大庭修的相关研究表明:"在以官商、额商为主要贸易形式的时期,即江户时代的后期,所有的商船均起航于上海或宁波。特别是1720年前后,来自浙江省平湖县乍浦港的宁波船更是有增无减。"②在此情势下,相当一部分闽商转向浙江等地发展。在步入近代门槛前夕,"对日贸易仅限浙江宁波一地,而且船只限于10艘"③。

除直接对日贸易外,宁波也是东海、南海沿岸贸易圈中最为重要的中转港,宁波府下辖的普陀山岛是赴日中国船的重要停泊地,而日本长崎则是这个贸易圈中位于最北端的港口。无论是福建、广东的商船还是东南亚地区的商船,在往返长崎途中,往往要在宁波港停泊,购入利润高的丝货。据《华夷变态》卷12记载,康熙二十六年(1687),有一名中国船头向长崎官方报告说:"我等去年在日获准交易少许货后,返回普陀山南窑。在南窑遇见载暹罗货拟航长崎的黄西官船,黄船主见本船运回很多剩货,便以暹罗货换本船的丝货,改驶柬埔寨。本船另添置一些中国的粗货,由南窑航日。"④

与明代有所不同,清代前期宁波对日贸易的航线大多从普陀山出发。普陀山距日本长崎250里,航程5~14天,在全国被允许与长崎贸易的港口中航距最短,航程最为便捷。"凡是清朝商船,无论口船、奥船,大都先停泊在普陀山(舟山列岛的一个小岛),候得顺风,便一路驶往长崎。"⑤

此外,根据《华夷变态》卷19《四拾九番宁波船之唐人共申口》的记载,酉四十九番宁波船(康熙三十二年,1693)的航线如下:

> 我们的船自宁波之内的乍浦出港,在彼地有唐人四十一人搭乘。当月(六月)十八日启航,同月十九日寄泊于普陀山,事情办理完毕之后,翌日(二十日)自普陀山启程渡海。乍浦方面没有与我们相伴随行的船只,与我船同来的有五六艘来自宁波的船只。……⑥

---

① 周中夏:《宁波港历史上的衰落》,《海交史研究》1985年第1期。

② (日)大庭修:《江户时代日中秘话》,徐世虹译,北京:中华书局,1997年版,第24页。

③ 姚贤镐编:《中国近代对外贸易史资料(1840—1895)》(第一册),见严中平主编:《中国近代经济史参考资料丛刊(第五种)》,北京:科学出版社,2016年版,第60页。

④ 转引自陈自强:《就〈华夷变态〉谈康熙年间海外交通贸易的若干问题》,《海交史研究》1990年第2期。

⑤ (日)木宫泰彦:《日中文化交流史》,胡锡年译,北京:商务印书馆,1980年版,第657页。

⑥ 转引自刘恒武:《杭州湾北岸与舟山之间海上交通变迁考略》,见郭万平、张捷主编:《舟山普陀与东亚海域文化交流》,杭州:浙江大学出版社,2009年版。

酉四十九番宁波船从乍浦港出发以后,先抵普陀处理完有关事项,次日驶向日本长崎。其航线为乍浦→普陀→长崎。此外,根据《唐人风说书》的记载,雍正三年(享保十年,1725)五番东京船、十七番东京船,雍正四年(享保十一年,1726)四十一番厦门船、四十二番广东船的航线均是乍浦→普陀→长崎,与康熙五十四年(1715)之前乍浦至长崎的航线相同,都要在普陀稍事留泊。雍正二年(1724)至雍正六年(1728)之间,其他自宁波、上海驶往长崎的海舶也多在普陀短暂停泊,待到顺风之日启航。甚至雍正四年(享保十一年,1726)发自雅加达的二十一番咬��吧船,也是在普陀休整数日后驶往长崎的。① 从以上材料可知,清代中后期,乍浦和普陀两港在对日航海贸易中举足轻重。首先,就普陀而论,包括乍浦在内的江浙各口岸舶商多取道普陀前往日本长崎,普陀作为渡日中转港令人注目。普陀不仅是商舶休整待航之所,也是舶货调集之地。例如,雍正五年(1727)十九番广东船曾在普陀装载广东出产的货物,而二十一番广南船则在普陀添装广南货物。②

那么,普陀缘何在清代成为对日贸易的主要中转港呢?有学者认为,其原因主要在于明清时期中日海上航线的走向。从地理位置来看,普陀位于舟山群岛东南部,与朱家尖岛、桃花岛、六横岛等岛屿(大致为今普陀区辖域)构成舟山群岛南部区域。普陀西南 30 余公里处的六横(双屿港所在地)、韭山等在明代是倭寇与中日武装海商集团活跃的核心区,也是明人自江浙赴日主航线上由近海驶向外洋的枢纽。③

清代宁波输往日本的商品主要有两类:一是浙江本地乃至江南地区所产物品,由宁波船和经宁波中转的奥船、中奥船输往长崎;二是福建、广东和南海诸国所产物品,由该地商船运至宁波,或由宁波船直接去产地购入然后运往长崎。第一类商品主要为:白丝、绉绸、绫子、绫纤、纱绫、南京锻子、锦、金丝布、葛布、毛毡、绵、罗、南京绡、茶、纸、竹纸、扇子、笔墨、砚石、瓷器、茶碗、药、漆、胭脂、方竹、冬笋、南枣、黄精、芡实、竹鸡、附子、药种、细用器、红

---

① (日)大庭修编:《唐船进港回棹录·岛原本唐人风说书·割符留帐》,大阪:关西大学东西学术研究所,1974 年,第 96—140 页。

② (日)大庭修编:《唐船进港回棹录·岛原本唐人风说书·割符留帐》,大阪:关西大学东西学术研究所,1974 年,第 130—132 页。

③ 刘恒武:《杭州湾北岸与舟山之间海上交通变迁考略》,见郭万平、张捷主编:《舟山普陀与东亚海域文化交流》,杭州:浙江大学出版社,2009 年版。

花木犀、铁器、书籍、古画。① 第二类商品种类繁多，不胜枚举。如康熙二十八年(1689)有一艘宁波船先往广南购入当地所产的鲛皮、沉香、药物、鹿皮等货，然后经在普陀山停泊，添载丝织品后，于翌年正月以 14 号广南船驶抵长崎。此外，宁波船从本港起航时一般多以福建、广东所产的蔗糖作为压舱货。以康熙三十六年(1697)从宁波港起航赴日，船主为刘上卿的商船为例，其船上所载货物包括：

> 白丝 47 包(每包 65 斤，计 3055 斤)，大花绸 1050 匹、中花绸 930 匹、小花绸 1600 匹、大红绉纱 61 匹、大纱 890 匹、中纱 1001 匹、小纱 2540 匹、色绸 56 匹、东京丝 116 斤、东京缯 402 匹、大卷绫 610 匹、东京绸 200 匹、中卷绫 705 匹、素绸 1310 匹、绵 400 斤、色缎 200 匹、中卷绫 705 匹、素绸 1310 匹、绵 400 斤、色缎 200 匹、金缎 32 匹、嘉锦 90 匹、杭罗 350 匹、大宋锦 13 匹、西绫 300 匹、花纱 211 匹、轻罗 100 匹、红毡 6110 匹、蓝毡 310 张、银朱 800 斤、水银 700 斤、白术 6000 斤、东京肉桂 1100 斤、桂皮 500 斤、山萸肉 6000 斤、牛皮 350 张、山马皮 1000 张、鹿皮 5600 张、歇铁石 200 斤、鱼皮 200 枚、鱼胶 3000 斤、苏木 20000 斤、漆 3000 斤、沉香 4000 斤、朱砂 2000 斤、冰糖 10100 斤、木香 600 斤、白糖 70000 斤、三盆糖 40000 斤、乌糖 90000 斤、碗青 7000 斤、茯苓香 1000 斤、排草 400 斤、黄芩 2000 斤、甘松 4000 斤、甘草 2000 斤、川芎 50 斤、蕲蛇 400 斤、麝香 40 个、人参 10 斤、小人参 50 斤、墨 3000 斤、古画 5 箱、书 60 箱、瓷器 60 桶、雄黄 1300 斤、料香 1000 斤、藿香 3000 斤、当归 5000 斤、伽南香 6 斤、巴豆 800 斤、刀盘 10 枚、黄蜡 3200 斤、明矾 1000 斤、白铅 4100 斤、金钱 50 斤、色线 20 斤、古董 16 箱、巴戟 2000 斤、禹余粮石 1000 斤、铁锅 30 连、茴香 105 斤、砂仁 5000 斤、石青 100 斤、淫羊霍 200 斤、藤黄 2000 斤、羊皮 1050 枚、大黄 2000 斤、薹本 4000 斤、阿胶 200 斤、菜油 400 斤、贝母 1000 斤。②

从货物种类可以看到，宁波输往日本的商品除产自本港直接经济腹地外，还有一大部分来自中国其他地区和东南亚各国，如中南半岛和南海诸国

---

① (日)木宫泰彦:《日中文化交流史》，胡锡年译，北京:商务印书馆，1980 年版，第 673—674 页。

② 《小西方椒觉书》。转引自(日)大庭修:《江户时代中国典籍流播日本之研究》，戚印平等译，杭州:杭州大学出版社，1998 年版，第 36、37 页。

的各种香料,今越南河内的丝绸、肉桂。同时,从装货数量来看,产自江南地区的生丝和丝织品是宁波输往日本的最重要商品。

除了丝和丝织品外,书籍这一特殊商品在宁波对日贸易中也占有重要地位,宁波船在对日输出商品中,有相当一部分是书籍。除上述刘上卿商船外,康熙四十八年(1709)第 40 号宁波船又载去书 4 箱。① 雍正三年(1725)二月,随第 6 号宁波船入长崎港的朱来章献给幕府将军《军乐》1 部 6 套、诗牌 1 箱、长江图 1 幅外,还载来 76 种约 500 册书籍用于出售,其中《元亨疗马集》《折本医马书》为御用马医之书,十五省通志和《大清会典》也是“当时日本对其期望值很高的书籍”②。

宁波从日本输入的物品主要有铜、金、银和海参、鲍鱼、鱼翅等干海产品,其中最为重要的是铜。与铜相联系的还有日本铜钱的大批流入。乾隆十七年(1752),据尹继善、庄有恭等奏称:“宽永钱文乃东洋倭地所铸,由内地商船带回,江苏之上海、浙江之宁波、乍浦等海口,行使尤多。”③另外,清初日本原从明朝输入的洪武铜钱曾大量流入舟山、宁波,一时成为当地市场的主要流通货币。此外,在中日贸易中,中国还从日本输入植物。据《唐蛮货物帐》记载,仅康熙五十年(正德元年,1711),就有 5 艘宁波船从日本购载植物返航,其中 10 月 29 日返航的 4 号宁波船载松、山茶、杜鹃 14 桶;10 月 30日返航的 5 号宁波船载松、山茶 19 桶;11 月 3 日返航的 30 号宁波船载松、山茶 25 桶;12 月 19 日返航的 27 号宁波船载山茶 3 桶;12 月 29 日返航的 42号宁波船载山茶 9 桶。④

第三节　晚清时期宁波对外贸易

1840 年中英鸦片战争之后,广州、宁波等 5 个沿海城市被划为通商口岸,史称“五口通商”。随着国外商品的涌入,为了更好地适应对外贸易形势的变化,清政府在宁波成立了新的浙海关。此后,宁波的对外贸易活动逐渐

---

① 王勇、大庭修:《中日文化史交流大系》(典籍卷),杭州:浙江人民出版社,1996 年版,第 104 页。

② (日)大庭修:《江户时代中日秘话》,徐世虹译,北京:中华书局,1997 年版,第 137 页。

③ 《清实录·高宗实录》卷四一九,乾隆十七年七月条,第 492 页。

④ (日)大庭修:《江户时代中日秘话》,徐世虹译,北京:中华书局,1997 年版,第 131 页。

恢复并持续发展。清末宁波及浙江沿海的工业化建设促动了宁波进出口贸易结构的转变,大宗出口贸易品由传统农产品逐渐变为工业制成品。不过,随着上海的崛起,宁波在江南区域的对外贸易地位逐渐下降,宁波港的经济腹地随着温州和杭州的先后开埠而大为缩小。

宁波开埠初期,对外贸易的外部环境发生重要变化。尽管外国商人涌入宁波试图迅速打开中国市场,然而宁波地区自给自足的自然经济结构对外国资本主义的商业入侵进行了坚决的抵制。同时,上海港的崛起与鸦片走私的猖獗都严重压制了宁波外贸的发展。此时宁波进出口贸易在短期萎缩之后逐渐恢复,并成为上海港的转运港。在中华民国成立之前,宁波的对外贸易呈现出曲折发展的态势。本节基于对外贸易史资料和浙海关统计数据,主要考察宁波区域港口进口洋货的变化情况。作为上海港的辅港,晚清时期,宁波已经逐渐丧失了直接对外贸易的地位,其出口货物基本从上海中转,或运销其他沿海省份和内陆地区,或从上海出口海外。不过,因为统计方式存在缺陷,有多少宁波土货通过上海中转国外已无法确认。就宁波的入港贸易而言,可分为两种:一种是洋货进口,相关货品包括直接从国外运销宁波的洋货和从上海港进口并转运宁波的洋货;一种是土货入港,其货品主要是从中国沿海其他口岸入港的土货。很显然,后者并不属于对外贸易的范畴。基于近代海关统计数据的特点,宁波直接出口和通过上海间接出口其他国家的出口数据已无法单独获得,更多的是包含于上海港的对外贸易出口数据当中。因此,本节讨论的宁波对外贸易活动主要指的是从其他国家直接进口到宁波或通过上海口岸进口并转运到宁波的外国商品,本国沿海口岸入港土货不在讨论范围。尽管如此,这里需要说明的是,晚清宁波的港口贸易管理和港口贸易关税的征收并没有对国内贸易和对外贸易进行清晰的划分。因此,在讨论浙海关对外贸易管理职能的时候仍是对宁波贸易管理的整体论述。这种情况不仅存在于晚清的宁波对外贸易,在民国时期海关统计数据中仍然存在。

一、晚清时期宁波对外贸易管理

18世纪中期以后,宁波失去对外直接贸易的资格,但负责管理沿海贸易的浙海关仍旧保留,负责进出宁波国内商船、人员和货物的管理与征税工作。中英第一次鸦片战争后,随着《南京条约》的签订,宁波成为五个通商口岸之一,于道光二十二年(1842)再次拥有了直接对外贸易的资格。不过这一时期的国际贸易形势已经发生改变,由西方主导的国际贸易与航运规则遍布全球。因此,当宁波成为通商口岸后,原有的贸易管理方式并不适应西方主导的国际贸易与航运规则。作为被迫开放的中国,已经暂时失去国际贸易的主导权,面对日益增加的来华外商船只与商品,建立与西方贸易规则接轨的新式海关成为唯一可选择的方式。加之当时的清政府也希望将外国人和外国商品限定在一定区域内,由特定的机构去管理,因此,设立新式海关逐渐成为中外双方的共识。

咸丰五年(1855)夏天,在助理赫德(Robert Hart)的陪同下,英国驻宁波副领事会见海关监督、宁绍台兵备道①,提出在宁波口岸成立新式海关税务司用于征收洋税,管理进出口贸易。有了江海关的事例在前,建立新式海关的建议得到道台的口头承诺。② 咸丰九年(1859)二月,总管各口海关总税务司李泰国向上海道提出建立宁波、镇江等 11 口新关的书面建议,并要求聘用外国人为税务司。咸丰十一年(1861)五月,清政府新成立的总理各国事务衙门决定建立宁波新关,俗称"洋关"(本书中没有特殊说明的浙海关都是指"洋关"),称宁波浙海关税务司,专征国际贸易进出口税。浙海新关税务司的官署位于宁波江北外国人居留地的甬江北岸,今天宁波市中心的老外滩还保留了浙海关的遗址。随着浙海新关的成立,原本设立在宁波江东木行路的浙海大关被称为"常关",专门征收商税和民船船钞。

宁波新成立的浙海新关和原有的浙海常关都由浙海关监督来管理。浙海关监督的官署设在宁绍台兵备道的道台衙门内,外籍税务司的职责被定义为"帮办税务",意为协助管理税务工作。浙海关首任税务司是英国人费士来(G. H. Fitz-Roy)和美国人华为士(W. W. Ward),副税务司是英国人休士(G. Hughks)。③

浙海关监督署和浙海关税务司署④的关系是:首先,主要的登记工作由海关监督署执行,浙海关监督署派出工作人员前往浙海关税务司署,作为行政人员计算关税收入,并负责非常事务登记;其次,浙海关税务司负责估算

---

① 晚清时期浙海关监督这一职务是兼职,一般由担任宁绍台兵备道的道台兼任。清代,沿海各兵备道承担本区域的海防事宜,同时管理本区域沿海商船和货物的进出口贸易。

② (美)凯瑟琳·F. 布鲁纳、(美)费正清、(美)理查德·J. 司马富:《步入中国清廷仕途——赫德日记(1854—1863)》,傅曾仁等译校,北京:中国海关出版社,2003 年版,第 177 页。

③ 中华人民共和国杭州海关译编:《近代浙江通商口岸经济社会变迁:浙海关、瓯海关、杭州关贸易报告集成》,杭州:浙江人民出版社,2002 年版,第 862 页。

④ 浙海关监督署和浙海关税务司署分别是协助浙海关监督与浙海关税务司开展工作的政府机构。

浙海关旧址

税收,浙海关监督署负责收税及保管(由指定银号代理),海关经费支出的主要部分需要浙海关监督署批示;最后,浙海关外籍工作人员尽管由总税务司任命,但需要浙海关监督署发委任状,才能在法律上得到正式承认。[1]《海关总税务司署通令》第 8 号(1864 年 6 月 21 日)的规定中:"各口岸实由当地海关监督承担主管责任,税务司之地位因而必然从属于海关监督。"[2]这一制度设计很理想,但在实际操作层面困难重重。面对国外进口货物和新式的记账与税务统计方式,以及内部通行以英文为主的上下级公函,由传统官僚组成的浙海关监督署的职能其实被大大削弱了。

作为新式海关,浙海关的人员配置和薪酬体系与传统的旧式海关有很大区别,表现最明显的是雇用了大批外国人员。咸丰十一年(1861)9 月 19 日,浙海新关成立不久,宁波口的外班人员编制为:头等验估 1 名,二等验估

---

　　[1]　《宁波海关志》编纂委员会编:《宁波海关志》,杭州:浙江科学技术出版社,2000 年版,第 59 页。

　　[2]　《海关总税务司署通令》第 8 号(1864 年 6 月 21 日),见海关总署《旧中国海关总税务司署通令选编》编译委员会编:《旧中国海关总税务司署通令选编(第一卷)》(1861—1910 年),北京:中国海关出版社,2003 年版,第 28—34 页。

1 名;头等验货 1 名,二等验货 3 名;头等钤字手 2 名,二等钤字手 2 名,三等钤字手 4 名。内班设有税务司 1 人,在出缺时以副税务司、代理税务司代理,或以帮办署理。高级帮办 1 人,低级帮办 1 人,通事 2 人,书办若干人。① 同治六年(1867)9 月 19 日,根据总税务司署第 14 号通令《为外班之编制及调配事》,确认浙海关税务司外班人员为 14 名,其中:头等巡总 1 名,三等巡总 1 名,四等巡总 1 名;一等验货 3 名,二等验货 2 名;一等钤字手 2 名,二等钤字手 4 名。② 光绪八年(1882),海关职员包括"税务司,帮办三人,洋员外班九人,华员供事三人,文案和书办十二人,此外还有些小雇员,人员一直无变化。直到 1887 年帮办人数增至四人,外班人员增至十三人,华员供事五人,文案和书办十七人。1889 年,补充华员供事一人,任警署译员。1890年,书办人数增至二十一人,而帮办人数减至三人,乃为工作所必需"③。

浙海关成立时内班工资为:浙海关税务司月俸关平银 300～400 两,代理税务司 350 两,副税务司 200 两,一等三级供事 250 两,二等供事 200 两,三等供事 150 两。相比之下,外班薪水最高为头等验估,月俸关平银 150 两,二等验估为 100 两,之后按级别依次递减 10 两,最低的三等钤字手为月俸关平银 50 两。④ 浙海关监督的工资从海关税收中提取,每年为 2.6 万关平银两。随着海关税收的增加,浙海关的整体薪水也在上涨。如同治八年(1876),浙海关税务司月薪增加到 750 两。光绪二十九年(1903),浙海关薪水作了适当调整,除税务司有所提高外,其他人员的薪水都有所降低。

浙海关的人事制度效仿英国的文官制度,外籍关员绝大多数是海关总署从外国招考进来的。内班一般都是各国著名大学文、法、经济科出身,文化程度较高。这些人到中国后,按照海关自编的中文语言教材学习中文,并按中文考试成绩提升。因此,浙海关内班职员不但能使用中文作为交际会

---

① 《宁波海关志》编纂委员会编:《宁波海关志》,杭州:浙江科学技术出版社,2000 年版,第 74 页。

② 《海关总税务司署通令》第 14 号(1867 年 9 月 19 日),见海关总署《旧中国海关总税务司署通令选编》编译委员会编:《旧中国海关总税务司署通令选编(第一卷)》(1861—1910年),北京:中国海关出版社,2003 年版,第 28—34 页。

③ (美)墨贤理(H. F. Merrill):《浙海关十年报告(1882—1891 年)》(1891 年 12 月 31日),见中华人民共和国杭州海关译编:《近代浙江通商口岸经济社会变迁:浙海关、瓯海关、杭州关贸易报告集成》,杭州:浙江人民出版社,2002 年版,第 33 页。

④ 《宁波海关志》编纂委员会编:《宁波海关志》,杭州:浙江科学技术出版社,2000 年版,第 93 页。

话,而且能看懂中文公函。而外籍外班关员多为水手出身,文化程度不高,但大部分也学中国话,能看懂中式账簿和码子。① 相比华人而言,外国人无论在工资还是晋升上都占有优势。②

关税是晚清政府财政收入的重要来源,浙海关建立后所征收的关税主要由进口税、出口税、复进口税、船钞、内地进子口税组成。此外,浙海关于同治十年(1871)开始征收药土各税,光绪十三年(1887)开始征收药土厘金。③ 咸丰十一年(1861),浙海关关税总计为 294682.780 关平银两。光绪十九年(1893),浙海关关税收入达到最高峰,为 1277986.481 关平银两。此后,浙海关关税收入呈下降趋势,到宣统三年(1911)仅为 452080.959 关平银两。

由鸦片贸易所产生的关税是晚清政府财政收入的重要来源,但自光绪十三年(1887)开始,浙海关鸦片关税严重下降。光绪十六年(1890)12 月,浙海关监督与驻宁波条约国领事一致同意并颁布《土货外运子口税票的填发和回收规定》。"浙海关的员工,在实行征收鸦片厘金新制度时有所增加,而且关税区域随着 1887 年秋天,在靠近江苏的枫泾和南浔设立鸦片分所而有所扩大。"④1892—1901 年的十年间,浙海关的鸦片关税和厘金大跌。其原因如下:首先,光绪十三年(1887)开始实行加重厘金;其次,杭州口岸于光绪二十二年(1896)开放对外贸易,该项贸易转移到了杭州;最后,一向由宁波出口的徽州茶在光绪二十三年(1897)找到一条更便捷的路线经过杭州,口岸税收进一步流失⑤。

光绪元年(1875),我国云南省边境发生了英国使馆人员马嘉里(A. R.

---

① 陈善颐:《帝国主义控制下的浙海关》,见浙江省政协文史资料委员会编:《浙江文史集粹》(经济卷上),杭州:浙江人民出版社,1996 年版,第 569—573 页。

② 马丁:《民国时期浙江对外贸易研究(1911—1936)》,北京:中国社会科学出版社,2012 年版,第 43 页。

③ 中华人民共和国杭州海关译编:《近代浙江通商口岸经济社会变迁:浙海关、瓯海关、杭州关贸易报告集成》,杭州:浙江人民出版社,2002 年版,第 878—883 页。

④ (美)墨贤理(H. F. Merrill):《浙海关十年报告(1882—1891 年)》(1891 年 12 月 31 日),见中华人民共和国杭州海关译编:《近代浙江通商口岸经济社会变迁:浙海关、瓯海关、杭州关贸易报告集成》,杭州:浙江人民出版社,2002 年版,第 20、33 页。

⑤ (德)穆麟德(P. G. Von Mollendor):《光绪二十三年(1897 年)宁波口华洋贸易情形论略》(1898 年 2 月 17 日),见中华人民共和国杭州海关译编:《近代浙江通商口岸经济社会变迁:浙海关、瓯海关、杭州关贸易报告集成》,杭州:浙江人民出版社,2002 年版,第 296—297 页。

Margary)被杀的"马嘉里事件"。英国政府以此事件为借口,向清政府施压。光绪二年(1876)9月13日,中英双方全权代表签订《烟台条约》,内容有增加温州等四处为通商口岸的条款。光绪二十一年(1895),清政府被迫与日本签订丧权辱国的《马关条约》,杭州等城市被列为通商口岸。随着瓯海关和杭州关的建立,浙海关的管辖范围和职能有所减少。在日常工作中,浙海关的职能包括港务、引水、航标、船舶登记、船舶检验、船舶丈量、卫生检疫、气象观测、邮政等许多在今天看来与海关关系不大的工作。这些职责在20世纪初期随着中国现代政府管理职能的完善逐步分割出去,但也有不少在之后的权责划分中引起很大的纠纷。

近代浙江海关的关税除了用于海关本身的运作外,其余海关收入中的相当一部分用于浙江的各项建设,其中涉及航运安全的新式灯塔基本是由浙江海关负责修建与日常维护的。晚清时期,浙江沿海的航标管理一直属于各海关的管辖范围。当时,各海关对浙江沿海的海务管辖有明确的分工,杭州湾向北沿海,属于上海江海关管辖,杭州湾往南至台州海域属于浙海关管辖,而自台州起向南沿海至福建霞浦县南关澳的海域属于瓯海关管辖。

二、晚清时期宁波对外贸易活动

对于宁波的重新开埠,西方人最初的态度是非常乐观的。同治三年(1864)的浙海关贸易报告中就记载了当时欧洲人对宁波对外贸易的态度。

> 人们不难想象,当初英国人为他们的商人开辟了宁波港的时候,对它的未来是抱着极大希望的。那时候,杭州湾没有一处地方准备建造港口,宁波自然备受注目。通过甬江及其运河,贸易可做到绍兴乡间;并且以大城市杭州为龙头,做到钱塘;钱塘江有一条支流流入安徽,贸易可通过钱塘江,穿过安徽,一直延伸到江西。因此宁波的贸易可以辐射到很远,而它的活动中心地带可以放在绍兴。我敢说,没有亲眼见到过这个地方的人是难以想象它的美景的。自然界赋予绍兴丰富的物产,人们用手工挖出了美丽的运河,运河两边筑起石围堤护岸,与欧洲都市的运河河岸一样整齐美观。从山上俯瞰乡野,城、镇、集市错落有致,那里充满生机,隐藏着财富。当初杭州被誉为人间天堂(现在已不是了),其实绍兴也称得上人间天堂。
>
> 宁波港所具有的优越性,浙江的其他两个港口(温州和台州)是没

有的。这两个港通往内地的河流是被山脉隔断的。①

不过在实际的对外贸易中,宁波口岸的表现令人大失所望,其进出口贸易总额从道光二十四年(1844)的50万元猛跌到道光二十九年(1849)的5万元,下降了90%。② 对此,郑绍昌认为,除了临近的上海迅速取代广州成为全国外贸中心,从而使得大量外商进口货物转向上海外,另一个非常重要的原因就是五口通商初期宁波的商品经济远比上海发达,宁波区域手工业制品面对外商产品有很强的竞争力。③ "在宁波,英国最好的本色棉布每码只售五便士,而中国人仍愿以每码六便士的价格购买其本国制造的、宽度不及英国布一半的土布,他们并不是不懂英国布的精美细匀,而是由于穿不起。土布所用原料为英国布的三倍,最少可以让中国人穿上两年,而英国棉布,照中国人的洗衣方法——在石板上捣捶,六个星期就不能穿了。"④此外,这一时期浙江的主要贸易产品丝和茶叶的外销方式都不利于宁波对外贸易的发展。浙江的丝织品大多采用方便的水路运往上海销售,而茶叶尽管是通过宁波中转,但都是中国人经手。外国人想要买到茶叶,只能在上海购买。马士(Hosea Ballou Morse)就认为当时宁波事实上是"没有对外贸易的"⑤。宁波的大量出口产品和进口商品都是由当地中国的经销商来负责的,外商在销售领域还无法涉足其中。当时英国驻宁波领事馆的报告也印证了这一问题。道光二十六年(1846)1月10日,英国领事罗伯冉致德庇时的报告中就汇报了一个案例:

> 本年9月,我们在这里的唯一商人麦肯齐(Mackenzie)先生舍弃了这个地方,到上海去参加他弟兄的事业去了。他对这个地方颇作了一番试验,但是未能得到支持。他的东家发现,在上海的商业情况要好一

---

① （法）日意格(P. Glquel):《同治三年(1864年)浙海关贸易报告》(1864年12月31日),见中华人民共和国杭州海关译编:《近代浙江通商口岸经济社会变迁:浙海关、瓯海关、杭州关贸易报告集成》,杭州:浙江人民出版社,2002年版,第98页。

② 姚贤镐编:《中国近代对外贸易史资料(1840—1895)》(第一册),见严中平主编:《中国近代经济史参考资料丛刊(第五种)》,北京:科学出版社,2016年版,第618页。

③ 郑绍昌:《宁波港史》,北京:人民交通出版社,1989年版,第147、150页。

④ 彭泽益:《中国近代手工业史资料(1840—1949)》(第一卷),北京:生活·读书·新知三联书店,1957年版,第507—508页。

⑤ （美）马士:《中华帝国对外关系史》(第一卷),张汇文等译,上海:上海书店出版社,2006年版,第392—393页。

些,他们当然要到最能获利的地方去销售和订购货物。

在麦肯齐先生撤退以后不久,驻在舟山的戴维逊(Davidson)先生在城内租了一所房子,并派了一个助手带了一小包英国货来。他想试验一下在宁波怎样才能赚到钱。但是,非常奇怪,他发现在本地的商号中竟有大量的英国棉布和呢绒,这些货物都是经由苏州来的,并且以低廉的价格在零售。尽管他(戴维逊先生的助手)的一小包货物是直接从舟山带来的,他却无法以同样的低价出售。①

除上海的影响因素之外,还应看到宁波在开埠后外贸萎缩的深层次原因。一是鸦片贸易名义上仍属于非法,但得到清廷默许,挤占中国市场的购买力。道光十一年至二十年(1831—1840),由宁波走私入境的鸦片有 2.3万~2.4万箱。② 道光二十九年(1849)输入宁波的鸦片为 1840 担,咸丰四年(1854)为 4495 担。③ 开埠后,宁波输入鸦片量维持着开埠前的水平,甚至超过开埠前,鸦片贸易严重影响宁波正当的商品贸易。二是自给自足的自然经济结构对外国资本主义的商业侵略的本能抵制。农民生产自己所需的农产品和满足自己使用的大部分手工业品,商品交换频率低、概率小,外国进口棉织品等工业产品的销路可想而知。马克思指出:"妨碍对华出口贸易迅速扩大的主要因素,是那个依靠小农业与家庭工业相结合而存在的中国社会经济结构。"④

此外,同治三年(1864)的浙海关贸易报告中指出了宁波对外贸易增长缓慢的另一个原因——交通,从宁波通往杭州的浙东运河极大地限制了宁波口岸商品的转运。

运河中的河坝妨碍水上运输,有时甚至得把货物卸下来。这种水坝旨在让运河保持合适的水位。它们是两个土做的斜坡平台,船在这

① B. P. P. : "Returns of the trade of the various ports of China, down to the latest period". 转引自姚贤镐编:《中国近代对外贸易史资料(1840—1895)》(第一册),见严中平主编:《中国近代经济史参考资料丛刊(第五种)》,北京:科学出版社,2016 年版,第 619—620页。

② 乐承耀:《宁波近代史纲》,宁波:宁波出版社,1999 年版,第 33 页。

③ 姚贤镐编:《中国近代对外贸易史资料(1840—1895)》(第一册),见严中平主编:《中国近代经济史参考资料丛刊(第五种)》,北京:科学出版社,2016 年版,第 427 页。

④ (德)马克思:《对华贸易》,见中共中央马克思恩格斯列宁斯大林著作编译局编译:《马克思恩格斯论中国》,北京:人民出版社,2018 年版,第 111 页。

两个坝之间往返,从这一段又到那一段。要了解这种水坝给运输造成的不便,我们可以设想一艘发往杭州的舢板,它在离上虞几英里处遇到第一个坝,然后还要遇到一两个别的坝方能到达曹娥江,每通过一个坝都得支付昂贵的费用。舢板在绍兴卸货,这些货物被装上一艘船,这船将货物运过一段河,送往另一艘船,货物将再次被卸下,又装至第三艘船。最后这第三艘船途经美丽的运河,将货物运至杭州对面的一个集市——西兴。

从而不难看出,那些被运送的商品已摊上了很多的附加费用,而这还是在运河处于良好状态的时期而言的。如果遇上旱季,从余姚到曹娥江一段水域,舢板就有多处要搁浅,那就只有请民工,甚至用水牛拉好几里,这就更意味着费用的增加了。[①]

19世纪60年代中叶后,随着国内市场的逐步转型,宁波港的贸易转运能力和对商品的消化与吸纳能力得到增强,其对外贸易进入了一个相对较快的发展时期。尤其是新式航运的兴起,使得宁波逐渐由旧式的帆船港转变为近代轮船港,三江口北侧的甬江西岸(宁波外滩)建起了新式轮船码头。宁波的进出港产品也不再局限于鱼、盐、粮食和土特产。洋货的大量进口,使宁波的对外贸易逐步融入世界市场,带动了地区经济的发展。

19世纪60—70年代,宁波进口对外贸易呈现出进口洋货净值跌而复升的趋势。同治三年至四年(1864—1865),进口洋货出现跳水,这和国际环境、美国内战影响棉业发展有关。此后十年,宁波进口洋货净值逐渐回升,除偶尔几个年份有少量下降外,上升的趋势还是比较明显的,在同治十二年(1873)又重新突破600万海关两。尽管宁波港的贸易有所回温,但必须看到的是宁波直接进口贸易占进口总额的比重较低,在进口额最好的年景也只占20％~30％。宁波港是转口贸易的接纳港,其进口商品主要来自上海等其他沿海港口。这一时期,进口洋货种类以鸦片和棉毛制品为大宗,还有少量五金原料和其他产品。除以上两种产品外,进口洋货还有洋油,以及锡、铅、钉头铁、废铁和钢等金属,其进口总体呈现上升趋势。

在光绪三年至二十二年(1877—1896),宁波口岸的进口贸易处于平缓波动期,除个别年份低于700万关平银两外,总进口净值始终徘徊在700万~

---

① （法）日意格(P. Glquel):《同治三年(1864年)浙海关贸易报告》(1864年12月31日),见中华人民共和国杭州海关译编:《近代浙江通商口岸经济社会变迁:浙海关、瓯海关、杭州关贸易报告集成》,杭州:浙江人民出版社,2002年版,第98页。

宁波外滩及甬江西侧岸线

800 万关平银两。但必须看到的是,宁波港的直接对外进口贸易在本期规模有限。尽管宁波港的直接自外洋进口的货值占其进口总值的百分比曾一度达到 24%（光绪四年,1878）,但是除了光绪三年(1877)、四年(1878)、五年(1879)、十六年(1890)这 4 年,该数值都小于 5%,保持在极低的位置。在光绪十四年(1888),该数值甚至低至 0.3%。"本口几乎可说没有直接从外国进口之贸易。所有之进口货主要是经由上海而来的洋货。"①这一时期,宁波港进口商品结构发生了一些变化,最为明显的是鸦片进口占洋货净进口比重下降。除此之外,主要的进口货物还有锡、铁、铅等金属以及糖类、煤炭、机械等,主要为制成品,这是外国资本主义在中国倾销商品的结果。

光绪二十二年(1896)杭州开埠,客观上分流了以往由宁波转运的进出口货物,进一步动摇了宁波港对外贸易的地位。光绪二十四年(1898),宁波港口贸易总额从 17123444 海关两下降到 16042136 海关两,下降足有 100 多万海关两。然而,光绪二十三年(1897)至宣统三年(1911),宁波口岸进口总

---

① （法）雷乐石(L. Rocher)：《光绪十六年(1890 年)宁波口华洋贸易情形论略》(1891年 1 月 19 日),见中华人民共和国杭州海关译编：《近代浙江通商口岸经济社会概况：浙海关、瓯海关、杭州关贸易报告集成》,杭州：浙江人民出版社,2002 年版,第 271 页。

值不降反升,除光绪二十四年(1898)、二十六年(1900)外,历年该数值均超
过光绪二十二年(1896)的总量。本期(1897—1911)最高年份光绪三十四年
(1908)总值比光绪二十二年(1896)增长 58％以上。查洋、土货净进口数值,
洋货数值持续超过土货,且洋货净进口值仍能保持着本期初期的进口量,甚
至有小幅上扬。本期进口总值最高的光绪三十四年(1908)内,土货净入港
值是光绪二十二年(1896)的 2.5 倍,洋货净进口值仅增长 16％。[①] 本期进口
洋货商品结构的最大变化就是鸦片贸易不再占据最重要的地位。在鸦片贸
易式微的形势下,棉匹头货迅速替代鸦片成为进口洋货的最大宗。然而棉
匹头货表现出来的进口数量并没有飙升,反而有所下降。从棉制品的种类
上看,不需再加工的染色细布、粗平布和英国粗细斜纹布进口下降许多,而
本色和漂白细布、漂白平布等棉制品数量稳步增长,有大量进口的白细布和
平布在本地区染色,再转销其他地区,这相对于外国棉制成品和南面汕头、
广州的制成品都有较强的竞争力。[②] 除棉匹头货之外的其他各种正当进口
洋货,大部分品种进口量都在下降,如毛货、兰靛、铁锡类金属货品、火柴、红
白糖、棉纱等品种。以毛货数量下降最剧,棉纱数量下降较少,其他品种的
数量均下降六七成。

---

① 中华人民共和国杭州海关译编:《近代浙江通商口岸经济社会概况:浙海关、瓯海
关、杭州关贸易报告集成》,杭州:浙江人民出版社,2002 年版,第 891 页。

② (挪)佘德(F. Schjoth):《浙海关十年报告(1892—1901 年)》(1901 年 12 月 31 日),
见中华人民共和国杭州海关译编:《近代浙江通商口岸经济社会变迁:浙海关、瓯海关、杭州
关贸易报告集成》,杭州:浙江人民出版社,2002 年版,第 40 页。

第五章　民国时期宁波对外贸易

辛亥革命后,新政权积极推动工商业经济的发展,同时开展协定关税问题的谈判,在增加关税收入的同时,尽力保障民族工商业的发展。同时,宁波海关的管理模式和职能也发生变化。随着中国人开始担任浙海关税务司要职,原本的浙海关监督逐渐被取消。值得注意的是,尽管浙海关仍旧负责港口与航政方面的管理工作,但随着中央和地方政府积极介入宁波港口和航政的管理工作中,以往由外国人主导的宁波海关与航政管理方式逐渐发生改变。此外,由于第一次世界大战的爆发和西方列强对中国经济渗透的放缓,中国迎来了一次工业发展的短暂有利时期。宁波的工商业在这一时期内也获得了较快的发展,在对外贸易上的体现就是出口产品中传统的农产品和手工制品占比减小,工业制品(以轻工业制品为主)比例逐渐增大,而一些初级加工产品(如香烟、面粉)的进口也在国货的竞争下逐渐减少。伴随贸易结构的变化,宁波海关关税收入增长,宁波关税收入的结构也发生变化,进口税和附加税都呈增加态势,出口税则逐渐下降并最终被取消。

第一节　民国时期宁波海关

晚清宁波开埠后,随着大量商船的涌入和进出口贸易额的增加,特别是轮船投入宁波沿海航线的货物与人员运输后,宁波港口的基础设施明显无法适应现代轮船航运业的发展。为此,主要由外国人主管的浙海关税务司承担起区域港口基础设施建设和航运规则的制定与维护任务。民国初期,由宁波海关负责宁波港口与航运工作的状况并未发生较大改变。不过,随着辛亥革命后新政府建立,主管港口和航运工作的中央机构逐渐完善,并逐渐参与到地方港口与航运管理当中。南京国民政府成立后,除中央部门介入地方港口与航运工作外,浙江省建设厅成立后,也逐渐参与地方港口与航运工作。至此,宁波海关工作由浙海关独立负责,宁波沿海的港口与航运管理工作除浙海关外,南京国民政府交通部航政局和浙江省建设厅均参与其中。这种状况随着全面抗战的爆发才发生变化。而就海关工作本身,原本对于浙海关税务司行使监督职责的浙海关监督署也随着浙海关税务司由中国人担任而被裁撤,海关管理事务由海关总署负责,海关总署的上级部门为中央政府财政部。

一、民国时期宁波海关的沿革

民国初期,宁波海关税务司均由外国人担任,而且海关中大部分中高级职位也被外国人占据,宁波的海关税收也由外国人把持。基于此,北京政府设立海关监督一职,对海关税务司的活动进行有限监督。直到南京国民政府成立后,大量中国人出任浙江海关税务司职位,海关监督与海关税务司相并列的情况才有所变化。在南京国民政府发动关税自主运动后,海关内部华洋不平等的现象才日渐缓和。1937 年全面抗战爆发后,基于国际形势的变化,西方各国开始放弃对宁波海关事务的干预。而宁波的海关管理也在战时和战后发生了非常明显的改变。

(一)1911—1927 年的宁波海关

辛亥革命后,政权鼎革使得海关的管理架构得以重组。1911 年 11 月,宁波光复并成立军政分府,浙海关监督由提督兼任,但税务司一职仍由外国人担任,其往来文件仍用英文格式。[①] 1912 年 2 月 21 日,海关总税务司安格联发布《海关总税务司署通令第 1871 号(第二辑)》,电令浙江海关悬挂中华民国国旗,取消海关旗上龙的标志,同时命令各海关文件中不得继续使用"帝国"一词。[②] 同年 6 月,浙海关监督署成立,地址在中山西路清代海关行

[①] 《与各关来往半官性函》,浙江省档案馆藏,档案号:L058-001-0023;中华人民共和国杭州海关译编:《近代浙江通商口岸经济社会变迁:浙海关、瓯海关、杭州关贸易报告集成》,杭州:浙江人民出版社,2002 年版,第 866 页。

[②] 《海关总税务司署通令第 1871 号(第二辑)》(1912 年 2 月 21 日),见海关总署《旧中国海关总税务司署通令选编》编译委员会编:《旧中国海关总税务司署通令选编(第二卷)》(1911—1930 年),北京:中国海关出版社,2003 年版,第 27 页。

署内,设海关监督一人,由当时的北京政府大总统委派。12 月 19 日,北京政府财政部拟定的《新任各关监督办事暂行规则》规定各海关监督直隶中央政府,不归各省都督节制。其后,浙江各海关监督属于专职,由北京政府大总统直接任命,不再由道尹兼任。同时,浙海关监督兼任外交部宁波交涉员,以便与各国驻宁波领事协商办理外商事务等,该兼职直到 1929 年 8 月才被取消。① 在北京政府时期,浙海关监督署先后有 7 人担任监督(见表 5-1)。② 关于海关监督的日常运营经费,根据 1913 年中央政府外交部和外交使团达成的协议,浙海关监督每月的经费为 2000 元,从海关关税税款中支付监督经费。③ 不过在实际的经费支出中,浙江海关均以海关两来进行结算。如 1913 年 9 月,浙江"枫泾分卡收到薪水银二十两,津贴银二十两,加贴雇用书识银九两,共关平银四十九两"④。

浙海关监督下设有部派会计主任 1 人、课长 1 人、课员 7 人、护员 8 人,另设稽查员 2 人。按照《浙海关监督署办理细则》的规定,浙海关监督署的职能为:税务科掌管稽查、稽征税票及文牍、庶务、收发、会计、金柜、报解、航政、护照等事宜;稽核科掌管审核、登记、簿记、表册及统计等事务。⑤ 浙海关监督署日常工作主要是监督浙海关税务司的活动及处理其上交的文件。根据海关总税务司于 1912 年 10 月 11 日颁布的《海关总税务司署通令第 1942 号(第二辑)》,海关监督与海关税务司的办事权限解释如下:

    1.按照 1911 年 12 月 16 日税务处指令,总税务司暂时保留各口岸税收以备拨付洋债赔款之用。各关内班仍全由税务司统辖。按照过去惯例,书办仍由监督选派,今后改称录事。

    2.五十里外常关由监督专管,所收税款由监督径解中央政府。五十里内常关由海关税务司兼管,所收税款备拨洋债赔款。常关用人办

---

    ① 中华人民共和国杭州海关译编:《近代浙江通商口岸经济社会变迁:浙海关、瓯海关、杭州关贸易报告集成》,杭州:浙江人民出版社,2002 年版,第 866 页。

    ② 中华人民共和国杭州海关译编:《近代浙江通商口岸经济社会变迁:浙海关、瓯海关、杭州关贸易报告集成》,杭州:浙江人民出版社,2002 年版,第 861—862 页。

    ③ 《海关总税务司署通令第 2027 号(第二辑)》(1913 年 4 月 14 日),见海关总署《旧中国海关总税务司署通令选编》编译委员会编:《旧中国海关总税务司署通令选编(第二卷)》(1911—1930 年),北京:中国海关出版社,2003 年版,第 53—54 页。

    ④ "Pay list. 212th/September Quarter,1913",浙江省档案馆藏,档案号:L058-001-0280。

    ⑤ 《宁波海关志》编纂委员会编:《宁波海关志》,杭州:浙江科学技术出版社,2000 年版,第 59—60 页。

事仍照旧会同监督办理。

3.所有新关及常关以监督名义并用印之单照,仍由监督发给。

4.新常两关征收税项应按日分报监督查核。①

表 5-1　北京政府时期浙海关监督名单统计

姓名	职务	任职时间
王　镛	署理监督	1912 年 3 月—1913 年 1 月
孙宝宣	监督	1913 年 1 月—1921 年 7 月
袁思永	监督	1921 年 7 月—1922 年 10 月
李厚棋	监督	1922 年 10 月—1925 年 4 月
袁思永	监督	1925 年 4 月—1926 年 12 月
周承芪	监督	1926 年 12 月—1927 年 1 月
张传保	监督	1927 年 2 月—1928 年 5 月

资料来源:中华人民共和国杭州海关译编:《近代浙江通商口岸经济社会概况:浙海关、瓯海关、杭州关贸易报告集成》,杭州:浙江人民出版社,2002 年版,第 861—862 页。

　　与浙海关监督署相并列的是浙海关税务司。民国初期,浙海关税务司兼管 50 里内常关。其人员与下属机构相对简单,没有大的变化。1913 年,浙海关设常关分关。1916 年 3 月,浙海关呈财政部核准,浙海关常关在定海沈家门、岱山、衢山、螺门等地添设四卡,由定海分关管辖。1917 年,浙海关公布《宁波理船章程》及《浙海关理船厅通告》。浙海关税务司有华洋职位之分,也有正式编制和非正式编制的差别。浙海关税务司有坐办、文书课、总务课、会计课、统计课等不同部门。在这些部门中,相比华人而言,外国人无论在工资还是晋升上都占有优势。② 在 1914—1919 年的编制中,洋班占了大多数职务,华人正式在编人员并不是很多。浙海关税务司的职员有内班和外班之分,内班为帮办(俗称大写)、税务员、文牍员、核税员,外班为监察长(俗称哈夫头)、验货员(秤手)、稽查员(打手)。与浙海关监督署不一样的是,浙海关税务司一职在北京政府时期都是由英、法、美、德等国家人员担任的,并且大多数时期由英国人担任(见表 5-2)。

---

　　① 《海关总税务司署通令第 1942 号(第二辑)》(1912 年 10 月 11 日),见海关总署《旧中国海关总税务司署通令选编》编译委员会编:《旧中国海关总税务司署通令选编(第二卷)》(1911—1930 年),北京:中国海关出版社,2003 年版,第 38—39 页。
　　② 马丁:《民国时期浙江对外贸易研究(1911—1936)》,北京:中国社会科学出版社,2012 年版,第 43 页。

表5-2　北京政府时期浙海关税务司名录

国籍	姓名		职务	任职时间
法	P. J. Crevedon	柯必达	税务司	1911 年 6 月 23 日—1913 年 4 月 16 日
英	J. C. Johnston	湛　参	税务司	1913 年 4 月 16 日—1915 年 4 月 7 日
德	A. H. Wilzer	威礼士	税务司	1915 年 4 月 7 日—1917 年 5 月 30 日
英	F. W. Lyons	来安士	代理税务司	1917 年 5 月 30 日—1917 年 7 月 16 日
法	R. C. Gurnier	葛尼尔	税务司	1917 年 7 月 16 日—1917 年 8 月 24 日
英	F. W. Lyons	来安士	代理税务司	1917 年 8 月 24 日—1918 年 5 月 13 日
美	E. Gilchrist	克立基	税务司	1918 年 5 月 13 日—1918 年 6 月 6 日
法	P. P. P. M. Kremer	克雷摩	署理税务司	1918 年 6 月 6 日—1919 年 3 月 31 日
法	P. P. P. M. Kremer	克雷摩	代理税务司	1919 年 3 月 31 日—1919 年 7 月 13 日
英	W. C. G. Howard	钺蔚良	副税务司	1919 年 7 月 13 日—1919 年 11 月 1 日
英	F. W. Carer	葛　礼	税务司	1919 年 11 月 1 日—1920 年 10 月 16 日
英	F. W. Carey	甘福履	税务司	1920 年 10 月 16 日—1924 年 5 月 16 日
英	A. G. Bethell	贝德乐	税务司	1924 年 5 月 16 日—1925 年 4 月 18 日
英	C. A. S. Williams	威立师	代理税务司	1925 年 4 月 18 日—1926 年 5 月 3 日
英	H. S. T. J. Wulding	威勒鼎	税务司	1926 年 5 月 3 日—1927 年 10 月 22 日
英	J. H. Cubbon	郭　本	代理税务司	1927 年 10 月 22 日—1929 年 4 月 12 日

资料来源:中华人民共和国杭州海关译编:《近代浙江通商口岸经济社会概况:浙海关、瓯海关、杭州关贸易报告集成》,杭州:浙江人民出版社,2002 年版,第862—864 页。

　　浙海关的人事制度效仿英国的文官制度,外籍关员绝大多数是海关总署从外国招考进来的。1915 年 4 月 9 日,海关总税务司公布的《海关总税务司署通令第 2354 号(第二辑)》对各海关帮办的中文水平及相应的考试做了严格的规定,此规定主要针对的是 1910 年 6 月 1 日之后参加工作的帮办,其主要内容如下:

　　1. 未取得三等文凭亦未参加三等文凭考试之帮办将在总税务司署考试同一年份接受口岸税务司考试。考试内容与总税务司署考试相同,根据考试人员在华工作时间按比例增减难度。考试成绩及考试提交之书面作品数量需报总税务司。学习华文不认真努力或华文无大进展之帮办将被解雇。

　　2. 在华工作满三年之帮办必须不迟于其后次考试时取得三等文凭资格。如不及格,将遭解职或停止提升至合格为止,自认为有能力及格时即可参加此项文凭考试。在规定时间内未能及格之帮办,确有学习华文之表现,则在停止提升及解雇前给予宽限期一年。

3.帮办在华工作满五年后必须在不迟于下一轮考试时取得二等文凭资格。如不及格,则停止提升下一轮,直至及格为止。除在规定时间内未取得三等文凭资格之帮办外,其他帮办在第二次考试前不得参加二等文凭考试,但可以参加取得三等文凭考试后之二等文凭考试。在规定时间内未能及格之帮办,如表现确有学习华文之表现,则在停止提升前给予宽限期一年。

4.已取得二等文凭,但未取得头等文凭之帮办必须在最初二等文凭考试及格后,重新参加居留中国第四年举行之二等文凭考试。如未能及格,则在重新及格前停止提升。

5.头等文凭考试可自由参加。但希望所有帮办争取应试。除极特殊情况外,只有取得头等文凭之帮办方可提升至税务司或副税务司级,或在大多数情况下有资格被任命署理税务司或署理副税务司。帮办在下次考试前,不能参加头等文凭考试,但可参加取得二等文凭后之头等文凭考试。

6.头等文凭考试及格或取得优等成绩均可认为通过。头等文凭考试及格未取得优等成绩之帮办可在任何下一轮考试中申请复试,以便取得优级头等文凭。如其他资格相同,有优级头等文凭之帮办可比仅有普通头等文凭之帮办优先被任命担任署理职务,尤其需要华文熟练之职务。

7.二等文凭考试分两部分,即:(ⅰ)口语;(ⅱ)公文用语。头等文凭考试分三部分,即:(ⅰ)公文用语笔试;(ⅱ)口语口试;(ⅲ)公文用语阅读。上述两种考试之应试者,若有部分不及格,可在第二年通过相应部分考试以弥补不及格,但在全部考试及格前不发予文凭。而优级头等文凭必须一次取得。

8.各种考试均包括笔试及口试两种。不能参加口试但笔试及格之帮办遇有机会即可接受口试。在有权参加高一级文凭考试前,如无上述机会,可任意选择参加高一级文凭考试,或参加笔试部分已及格之文凭补试。遇考虑提升时,可认为该帮办口试已及格。①

---

① 《海关总税务司署通令第 2354 号(第二辑)》(1915 年 4 月 9 日),见海关总署《旧中国海关总税务司署通令选编》编译委员会编:《旧中国海关总税务司署通令选编(第二卷)》(1911—1930 年),北京:中国海关出版社,2003 年版,第 113—120 页。

　　民国初期,浙海关的日常经费都是由北京国民政府拨付,还有一部分是直接在关税中抵扣。1920 年,宁波浙海关税务司的日常办公经费为每年72000 关平两,按月拨付 6000 关平两。① 1926 年,浙海关的日常办公经费增加到每年 90000 关平两,按月拨付 7500 关平两。② 这些经费中有 10% 是作为维持海关日常运行的资金,其中 60% 以上为海关职员及勤杂员工的工资。③ 浙海关税务司的薪水是十分可观的,如浙海关一等帮办后班来安仕的月薪为 350 两,1915 年 11 月晋级为前班后的薪水为 400 两,1916 年晋级为超等帮办后月薪增加到 500 两,1917 年 5 月晋升浙海关代理税务司的月薪为 550 两,外加代理津贴关平银 100 两。1915 年 12 月 24 日,海关总税务司发布《海关总税务司署通令第 2443 号(第二辑)》,提高(华员)钤字手前、后班的待遇,其中三等后班薪俸为关平银 30 两,前班为 40 两;二等后班薪俸为关平银 50 两,前班为 60 两;一等后班薪俸为关平银 70 两,前班为 80 两;超等钤字手后班薪俸为关平银 90 两,前班为 100 两。④ 1917 年 5 月 25 日,海关总税务司发布《海关总税务司署通令第 2681 号(第二辑)》,上调海关验货部门的待遇,其中三等验货后班薪俸为关平银 130 两,前班为 145 两;二等验货后班薪俸为关平银 160 两,前班为 175 两;头等验货后班薪俸为关平银 200～225 两,前班为 250～300 两;验估薪俸为关平银 325～350 两,超等验估薪俸为关平银 350～400 两。⑤

---

　　① 《海关总税务司署通令第 2997 号(第二辑)》(1920 年 1 月 7 日)附件二《各口岸每年经费额度及逐月应由税收提拨金额》,见海关总署《旧中国海关总税务司署通令选编》编译委员会编:《旧中国海关总税务司署通令选编(第二卷)》(1911—1930 年),北京:中国海关出版社,2003 年版,第 266 页。

　　② 《海关总税务司署通令第 3697 号(第二辑)》(1926 年 7 月 2 日)附件二《口岸年度经费与每月由税收项下提拨金额表》,见海关总署《旧中国海关总税务司署通令选编》编译委员会编:《旧中国海关总税务司署通令选编(第二卷)》(1911—1930 年),北京:中国海关出版社,2003 年版,第 266 页。

　　③ 马丁:《民国时期浙江对外贸易研究(1911—1936)》,北京:中国社会科学出版社,2012 年版,第 46 页。

　　④ 《海关总税务司署通令第 2443 号(第二辑)》(1915 年 12 月 24 日),见海关总署《旧中国海关总税务司署通令选编》编译委员会编:《旧中国海关总税务司署通令选编(第二卷)》(1911—1930 年),北京:中国海关出版社,2003 年版,第 139—140 页。

　　⑤ 《海关总税务司署通令第 2681 号(第二辑)》(1917 年 5 月 25 日),见海关总署《旧中国海关总税务司署通令选编》编译委员会编:《旧中国海关总税务司署通令选编(第二卷)》(1911—1930 年),北京:中国海关出版社,2003 年版,第 209—211 页。

1922 年,总税务司对华班帮办及供事等薪水等级进行调整,帮办最低等级薪水为关平银 100 两,供事最低等级薪水为关平银 55 两。同时,总税务司对外班华员的薪水也进行调整:新进关的称货员月薪为 18 元,工作 25 年以上可增加到 53 元;水手、巡役起始月薪为 15 元,工作 25 年以上可增加到 34 元;一般的轿夫、更夫、门役等起始工钱为每月 13 元,25 年后可升至 23 元。

(二)1927—1949 年的宁波海关

南京国民政府成立后,在财政部内设关务署管理海关行政。1928 年开始,浙江各海关监督归南京国民政府财政部关务署管辖。1928 年 3 月起,海关监督由南京国民政府财政部委派,不再兼任外交部交涉员。不过随着 1928 年 5 月 25 日蒋锡侯接任浙海关监督并兼任宁波外交交涉员,由于其与蒋介石的亲缘关系,浙海关监督的权力与其他各地海关监督相比有所增加,外交交涉员的兼职直到 1929 年 8 月才取消。① 1935 年 7 月,刘灏接替蒋锡侯担任浙海关监督一职。同年,浙海关监督署的岁出预算为 19008 元,从税款项下拨付。② 1937 年 10 月 1 日,南京国民政府裁海关监督署,"仍留监督一人分驻各口岸海关办理关务,全部档案及财产均移交海关税务司保管"③。同时,南京国民政府公布《海关监督办事暂行规程》,规定海关监督在海关税务司署办公,只有监督关务、提出改善意见、会同税务司与地方机关治商有关关务等职权。④ 1938 年 2 月 28 日,浙海关监督署被裁撤,所留人员统由浙海关税务司掌管。同年 9 月,原浙海关监督署所有房产归浙海关税务司接管。南京国民政府时期,浙海关税务司除英国人担任外,还有比利时人、美

----

① 《宁波海关志》编纂委员会编:《宁波海关志》,杭州:浙江科学技术出版社,2000 年版,第 59 页。

② 《海关总税务司署通令第 5134 号(第二辑)》(1935 年 8 月 31 日)附件一《二十四年度各海关监督署岁出预算表》,见海关总署《旧中国海关总税务司署通令选编》编译委员会编:《旧中国海关总税务司署通令选编(第三卷)》(1931—1942 年),北京:中国海关出版社,2003 年版,第 344 页。

③ 《海关总税务司署通令第 5604 号(第二辑)》(1937 年 10 月 14 日),见海关总署《旧中国海关总税务司署通令选编》编译委员会编:《旧中国海关总税务司署通令选编(第三卷)》(1931—1942 年),北京:中国海关出版社,2003 年版,第 435—436 页。

④ 《海关总税务司署通令第 5604 号(第二辑)》(1937 年 10 月 14 日)附件《海关监督办事暂行规程》,见海关总署《旧中国海关总税务司署通令选编》编译委员会编:《旧中国海关总税务司署通令选编(第三卷)》(1931—1942 年),北京:中国海关出版社,2003 年版,第 436 页。

国人、法国人及日本人担任。1933 年，中国人开始担任浙海关税务司一职（见表 5-3）。

表 5-3　南京国民政府时期浙海关税务司名录

国籍	姓名		职务	任职时间
英	J. H. Cubbon	郭本	代理税务司	1927 年 10 月 22 日—1929 年 4 月 12 日
比	A. Sadoine	萨督安	代理税务司	1929 年 4 月 20 日—1929 年 9 月 30 日
比	A. Sadoine	萨督安	税务司	1929 年 10 月 1 日—1929 年 10 月 11 日
日	T. Ebara	江原忠	税务司	1929 年 10 月 11 日—1930 年 9 月 30 日
美	H. W. Bradler	柏德立	代理税务司	1930 年 9 月 30 日—1931 年 2 月 20 日
英	E. N. Ensor	安斯迩	税务司	1931 年 3 月 30 日—1932 年 3 月 8 日
英	H. G. Lowder	劳德迩	代理税务司	1932 年 3 月 8 日—1933 年 10 月 8 日
中		卢寿汶	代理税务司	1933 年 10 月 18 日—1934 年 10 月 5 日
英	F. D. Goddard	克达德	税务司	1934 年 10 月 5 日—1934 年 11 月 6 日
中		霍启谦	代理税务司	1934 年 11 月 6 日—1936 年 3 月 16 日
法	J. M. A. Fay	费安德	税务司	1936 年 3 月 16 日—1937 年 3 月 22 日
英	K. Ashdowne	艾适丹	代理税务司	1937 年 3 月 22 日—1938 年 10 月 15 日
英	W. E. Annett	安乃第	税务司	1938 年 10 月 15 日—1940 年 3 月 23 日
英	A. J. Hope	贺溥	代理税务司	1940 年 3 月 23 日—1941 年 12 月
中		丁贵堂	副总税务司兼浙海关主任	1945 年 12 月 1 日—1946 年 5 月
中		陈善颐	代理税务司	1945 年 12 月—1946 年 1 月
中		王学俊	代理税务司	1946 年 5 月—1947 年 1 月
中		童炳	代理税务司	1947 年 1 月—1948 年 8 月
中		乔汝镛	副税务司	1948 年 8 月—1950 年 1 月

资料来源：中华人民共和国杭州海关译编：《近代浙江通商口岸经济社会概况：浙海关、瓯海关、杭州关贸易报告集成》，杭州：浙江人民出版社，2002 年版，第 862—864 页。

南京国民政府成立后，浙海关税务司还兼管江东和镇海两处常关。外班人员有超等总巡兼理船厅 1 人，洋验货员 4 人。江东常关五等巡总 1 人；镇海常关一等稽查员 7 人（1 名日本人，6 名华人），就地巡员 10 余人，水手

30 余人。① 1929 年 2 月 27 日，关务署下发《改善海关制度审议会决议》，规定各海关停招洋员，职权平等，统一薪俸标准，晋级、慰劳金、退职年限等华洋平等。1930 年常关划归浙海关管理后，浙海关的人事编制有了一次大的扩充。划归浙海关的常关包括乍浦分关、沥海口分关、古窑分关、穿山分关、定海口分关、湖头渡口分关、象山口分关、白桥口分关、家子口分关和江下口埠口分关等 11 个分关 26 个分卡，总计人员有分关长 11 人，会计 11 人，核算 8 人，征收员 12 人，稽查员 3 人，查验员 15 人，文牍 6 人，稽征员 37 人，扦巡 75 人，公役 35 人，共 213 人。1931 年 5 月 29 日，海关总税务司发布《海关总税务司署通令第 4240 号（第二辑）》，"自 1931 年 6 月 1 日起撤销五十里内各常关"②。

　　1932 年，总税务司署颁布新的《海关任职条例》，并向浙海关发出第 4399 号信函，要求浙海关进行裁员和紧缩编制。同年 5 月，浙海关税务司裁减税务员 1 名，稽查员 5 名。经过裁减后，浙海关内班职员有帮办 4 人，税务员 6 人，汉文文牍 1 人，稽查员 4 人（其中 2 人充当汉文书记）。这些人员分布在统计科、会计课、文书课等部门。③ 浙海关外班有华员 17 名。④ 而浙海关下属常关分卡一般由分关长、稽查员、巡役与水手组成。以浙海关镇海分卡为例，其有高级外勤职员 1 名（由监察员或副监察员充任），稽查员 1 名，巡役 1 名，水手 10 名。高级外勤职员即分卡主任除管理全分卡一切事务外，还须测验及报告气象，每月往浙海关所辖的灯塔（虎蹲山、七里歧⑤）及各处暗礁经海关设有标示的地方巡视一次；稽查员管理查验往来船只，负责登记、丈量、烙印一切民船，颁发挂号簿、航运凭单等，以及进出口结关；巡役职务为襄助稽查员执行一切日常工作；水手职务除任分卡内一切杂役外，还需时常巡视港道，驱逐停泊于通道内的船只（因有碍进出口轮船航路）。⑥ 1935

------

① 《调查：浙海关述略》，《关声》1928 年第 6 期。

② 《海关总税务司署通令第 4240 号（第二辑）》（1931 年 5 月 29 日），见海关总署《旧中国海关总税务司署通令选编》编译委员会编：《旧中国海关总税务司署通令选编（第三卷）》（1931—1942 年），北京：中国海关出版社，2003 年版，第 53 页。

③ 《宁波海关志》编纂委员会编：《宁波海关志》，杭州：浙江科学技术出版社，2000 年版，第 75—76 页。

④ 《浙海关外班华员现任职务分配表》，《关声》1933 年第 5 期。

⑤ 原文献中为七里歧（Square Island），结合英文标注，对照其他文献，其指的应为七里屿灯塔。

⑥ 涓洄：《关区指南：浙海关区镇海分卡小志》，《关声》1933 年第 2 期。

年1月8日,浙海关采用新的关务体制,其内班稽查员增加到6名,所需完成的任务总计有38项。而在造册房汇编年度报告书的时候,统计科总务股会派遣1名稽查员和1名税务员协助完成年度报告书的撰写工作。

南京国民政府时期,浙海关税务人员的工资特别是洋员的工资有所变化。1929年,国民政府修改薪率,对华员与洋员的工资实行同级同薪的待遇。不过由于洋员远赴千里在华工作,生活水平要求较高,因此其还有工资外的特别津贴。为应对海关薪俸的提高,经财政部批准,浙海关洋关关税收入拨款每月增拨关平银1000两,用于维持海关之用。[①] 工资调整后,浙海关税务司的基本薪水为每月关平银650两,最高每月为700两。华洋副税务司的薪水为每月550两,华洋代理人员在代理期间按照其代理职务的薪水和津贴计算。除此之外,浙海关外班华洋检查人员的薪水也有所调整。相比北京政府时期,这一时期的薪水普遍有所上调。刚入职的低等级中国雇员薪水最高可以超过以往正常薪水的15~20元,但必须在海关服务25年以上才能领取。除此之外,各口岸还有各种不同的津贴。1930年,50里外常关各分关及分口划归海关税务司管辖后,其薪水仍维持以往的标准。不过由于国民政府的货币改革,海关常关人员的薪水按照法币支取,其薪水自12~160元不等。

(三)全面抗战时期及战后的宁波海关

1937年抗日战争全面爆发后,上海、杭州先后沦陷,宁波成为内地货物及战区军用物资转运的主要口岸。受战事影响,1937年9月3日,海关总税务司发布《海关总税务司署通令第5575号(第二辑)》,暂停增加海关职员薪俸及工资。[②] 1938年9月30日,浙海关50里外常关的不动产及动产等,均由浙海关税务司接管。由于浙东沿海走私严重,浙海关税务司在绍兴新埠头、象山港翔鹤潭设立分卡。1940年5月、8月、10月,浙海关先后在象山石

---

　　① 《海关总税务司署通令第3884号(第二辑)》(1929年3月26日)附件《为改善员工条件增拨经费分配清单》,见海关总署《旧中国海关总税务司署通令选编》编译委员会编:《旧中国海关总税务司署通令选编(第二卷)》(1911—1930年),北京:中国海关出版社,2003年版,第461页。

　　② 《海关总税务司署通令第5575号(第二辑)》,见海关总署《旧中国海关总税务司署通令选编》编译委员会编:《旧中国海关总税务司署通令选编(第三卷)》(1931—1942年),北京:中国海关出版社,2003年版,第431—432页。

浦港、余姚县庵东①、镇海县穿山设立分卡。1941 年 1 月 16 日,浙海关在洋南口、英生卫、雀嘴里设立分卡。此后,由于浙东沿海被日军封锁,浙海关关船无法出海,而且很多关船也被日军飞机炸沉,大部分船员无事可做。于是浙海关颁布《关船下级员役暂准离职留资办法》,规定暂准离职留资期内,船员仍在海关员役名单内,可以自由在任何处所另谋职业;离职期内,其工资按照以往标准减半按月发放,其他津贴及奖金停止发放;离职期内需向浙海关税务司留下永久通信地址,以便联系。该文件得到总税务司的同意和批准。按照该办法,一个工龄为 5 年及以上的水手每月可领取的薪水为 25 元左右,而超等轮机师可领取 50 元。

1945 年 8 月 15 日,日本宣布无条件投降。浙江沿海港口的海运逐渐畅通,交通运输线路也恢复正常。同年 10 月 19 日,国民政府派员接收伪海关转口税宁波征收所,恢复浙海关税务司,关署迁往原江东浙海常关办公楼,并任命李广业为浙海关代理主任,作为过渡。1946 年 1 月 14 日,浙海关邮电支所正式成立;3 月 26 日,浙海关在镇海设支关,开始登记民船、征收关税、缉私检查,浙海关还兼理虎蹲山和七里屿灯塔、灯桩、浮标、立标等助航设备;9 月 13 日,总税务司令浙海关将引水业务移交全国引水管理委员会闽浙区办事处接管;12 月 2 日,浙海关新购舢板船一艘,供镇海支关使用,造价 36 万元。1947 年 3 月 31 日,浙海关署迁往江北岸外马路 66 号已经重新改建过的原浙海关低级帮办宿舍;9 月 29 日,浙海关填报《国有土地调查表暨国有土地附着物调查表》,清理关产;12 月 30 日,浙海关所属石浦港乌礁湾东明灯塔竣工。1948 年 1 月 20 日,浙海关所属定海西后门菜花山灯塔竣工;9 月 1 日,浙海关改组,划归江海关管辖,更名为江海关宁波分关,派乔汝镛负责改组,并担任宁波分关副税务司。② 宁波分关的办公地点仍在江北岸外马路 66 号,下设镇海支关。1949 年 5 月,宁波解放;同月 26 日,中国人民解放军宁波市军事管制委员会派军代表刘勇三等接管江海关宁波分关,根据"完整接管,逐步改造"的方针,宁波市军管会留用了全部海关人员。

抗战结束后,根据浙海关税务司第 6947 号通令,原战时停薪留职的关

---

① 《浙海关在余姚县设庵东分卡》,《浙光》1940 年第 9 期。

② 《浙海关奉令改组》,《业务通讯》1948 年第 83 期;《海关总税务司署通令第 7411 号》(1948 年 10 月 27 日),见海关总署《旧中国海关总税务司署通令选编》编译委员会编:《旧中国海关总税务司署通令选编(第五卷)》(1942—1949 年),北京:中国海关出版社,2003 年版,第 874 页。

员予以复职,自愿在日伪海关工作的洋员、华员、杂役一律辞退。对于新的海关人员,浙海关按照智力、办事能力、是否负责、态度与仪表、工作表现和一般操作等 6 项指标,由负责部门用百分制予以评分,作为晋级考核标准。1947 年 9 月,浙海关举行甄拔稽查员的考试,本关的额外、临时、本口稽查员及打字员、书记、办事员等均可参加。凡考试合格者,经过 6 个月的试用期后就可擢升为正式的四等稽查员,四等稽查员虽为浙海关正式职员最低等级,但其工资收入仍远高于临时聘用人员的薪水。抗战胜利后的浙海关所管辖区域为浙东沿海一带,除镇海支关外,其他常关全部取消。浙海关主要职能为征税和缉私,下设总务课、文书课、会计课、监察课、验估课和港务课等。1948 年 8 月浙海关人员编制为:代理税务司 1 人,总务课税务员 3 人,文书课 4 人(税务员 3 人,书记 1 人),会计课 4 人(税务员 3 人,查缉员 1 人),监察课 6 人(监察员 1 人,副监察员 1 人,副验货员 1 人,稽查员 3 人),验估课 4 人(验估员 1 人,副验货员 3 人),港务课兼代港务长 1 人。另有镇海支关主任 1 人,副验货员 1 人,稽查员 2 人。

　　1946—1949 年,浙海关关员的全部薪津构成包括:正薪、生活补助费、特别补助费、年终 3 个月奖金按月折发数、米代金、膳食补助金等。在正薪方面,浙海关在编灯塔管理人员的工资最高为特级灯塔台长 A,工资为 275 元;最低为候补灯塔值事人,工资为 80 元。[①] 由于战争带来的巨大创伤,物价继续上涨。通货膨胀严重影响了关员生活,尤其是初级关员的生活水平日益下降。为此,浙海关税务司对本关低级关员及雇员的每月最低生活费用依照宁波物资价格进行按月调查,据此发放生活补助费。[②] 除日常生活补助外,1946 年 10 月 14 日海关总税务司发布的《海关总税务司署通令第 6924 号》规定,海关对于员工生育、医药等项,"除职雇员本身住院医药及员工丧葬补助费,仍照前令由经费项下动支外,其他补助费仍由福利基金项下支付"。同时,从 1946 年 10 月 1 日起调整补助费用,具体补助费用包括生育补助费、药品补助费、手术化验补助费、聘任特约医师、指定医院办法等条款。[③]

　　①　《宁波海关志》编纂委员会编:《宁波海关志》,杭州:浙江科学技术出版社,2000 年版,第 98 页。

　　②　《浙海关一九四六年十一月份实发国营事业待遇项下员工生活补助费及各项津贴月报表》,浙江省档案馆藏档案,档案号:L058-001-0220。

　　③　《海关总税务司署通令第 6924 号》(1946 年 10 月 14 日),见海关总署《旧中国海关总税务司署通令选编》编译委员会编:《旧中国海关总税务司署通令选编(第五卷)》(1942—1949 年),北京:中国海关出版社,2003 年版,第 239—241 页。

二、民国时期宁波海关的日常管理

宁波的港口建设始于晚清五口通商，随着西方殖民者的到来与港口的开放，越来越多的西式轮船装载着货物与人员往来宁波港口及浙江近海航线。与传统中国木帆船相比较，经历工业革命后建造的大型轮船在形制、载重、性能及航速上都存在很大差异。因此，传统中国的港口系统必须进行现代化的改造，以适应轮船大型化的需要。在中央政府相关职能还未进一步跟进的背景下，宁波海关承担起了港口设施建设和航运管理的职能，职责范围从航标灯的修建和进出港口货物的检验检疫，延伸到相关轮船牌照的发放与航运管理。宁波海关对港口和航运的管理直到民国时期都一直存在，不过其权限随着国民政府航政管理部门的组建和完善而逐渐缩小。与晚清时期相比，民国时期宁波的港口及临港基础设施建设达到一个相当高的水平。与此相适应，在经济发展刺激下，民族资本经营的航运公司也出现井喷式的发展，进而带动宁波对外贸易的发展。

（一）民国时期宁波海关的港口管理

近代浙江海关的关税除了用于海关本身的运作外，其余海关收入中的相当一部分用于浙江港航的各项建设。《浙海关十年报告（1882—1891年）》记载了这一时期宁波地区修建的三座灯塔：

> 在这10年，宁波地区有三座灯塔展光，即邦翰岛（Bonham Island）灯塔、悬崖岛（Steep Island）灯塔，均于1883年建成；洛卡岛（Loka Island）灯塔，于1890年建成，以上均由江海关管理。建造洛卡岛灯塔时，宁波的福建商人，因为灯塔有益于宁波、福州的民船贸易而主动捐助了2000元。1886年夏天，由普陀岛上僧侣竖立一座小灯塔，塔为砖造，17英尺高，六角形，照明设备是10枝吊灯装两面反射镜，光射即约4英里。①

辛亥革命后，宁波沿海的航标管理仍旧属于宁波海关的管辖范围，日常

---

① （美）墨贤理（H. F. Merrill）：《浙海关十年报告（1882—1891年）》（1891年12月31日），见中华人民共和国杭州海关译编：《近代浙江通商口岸经济社会概况：浙海关、瓯海关、杭州关贸易报告集成》，杭州：浙江人民出版社，2002年版，第27页。

的维护工作由海关税务司下属的灯塔科负责。[①] 当时,各海关对浙江沿海的海务管辖有明确的分工,杭州湾向北沿海,属于上海江海关管辖,杭州湾往南至台州海域属于浙海关管辖,而自台州起向南沿海至福建霞浦县南关澳的海域属于瓯海关管辖。[②] 民国时期的航标设置、建筑、管理也按照这个范围进行。

根据《中国沿海灯塔志》的记载,宁波主要的灯塔有唐脑山灯塔、鱼腥脑灯塔、七里屿灯塔和虎蹲山灯塔等。[③] 宁波港甬江口外的七里屿灯塔,系晚清时期修建,"透镜,红光常明,灯光点距水面十二丈六尺"[④],晴天可以照射十五里,大雾天气以锣引导。1903 年,七里屿灯塔由常明式转变为明灭式。1920 年添置了雾枪。1925 年,宁波海关花费 24000 两上海规元[⑤]重建岛上灯塔站,新灯标高 148 英尺。还有一支 6 磅重的枪,专门用来向镇海发信号,表示邮轮已到。1932 年装上了乙炔白炽灯,每 1.5 秒自动闪光一次,光强度从原来的 60 烛光提高到 250 烛光。此外,在虎蹲山以东的游山江礁也设有灯标。[⑥] 白节山灯塔,由浙海关税务司于 1884 年修建,每夜点灯远照,以利船行。[⑦] 初期,其管理人员为宁波海关雇用的外国人;1915 年,管理人

---

① 按照 1912 年 3 月 25 日海关总税务司对海关各部门的调整,新的海关税务司包括税课司、海政局和工程局,灯塔科隶属于海政局。《海关总税务司署通令第 1887 号(第二辑)》(1912 年 3 月 25 日),见海关总署《旧中国海关总税务司署通令选编》编译委员会编:《旧中国海关总税务司署通令选编(第二卷)》(1911—1930 年),北京:中国海关出版社,2003 年版,第 30—31 页。

② 这一海务管辖的分工并不是非常明确的。如浙海关境内 1895 年展光的白玉山 (Peiyushan)灯塔就是由江海关维护的。相关记载见(挪)佘德(F. Schjoth):《浙海关十年报告(1892—1901 年)》(1901 年 12 月 31 日),见中华人民共和国杭州海关译编:《近代浙江通商口岸经济社会概况:浙海关、瓯海关、杭州关贸易报告集成》,杭州:浙江人民出版社,2002 年版,第 55 页。

③ (英)(海关副税务司)班思德(T. Roger Banister):《中国沿海灯塔志》,(海关署副税务司)李廷元译,上海:海关总税务司公署统计科,1933 年,第 253—266 页。

④ [清]朱正元辑:《浙江省沿海图说》(附表),《中国方志丛书》,台北:成文出版社,1974 年版。

⑤ 上海规元为 1856 年起通行于上海的一种作为记账单位的海关虚银记账单位,可以解决流通中使用实银一时供应不足和搬运不便等困难,又称"九八规元"。1933 年"废两改元"后,上海规元亦停止使用。

⑥ 陈梅龙、景消波译编:《近代浙江对外贸易及社会变迁》,宁波:宁波出版社,2003 年版,第 88、104、123 页。

⑦ 《添建灯塔》,《申报》1884 年 3 月 2 日,第 1 张第 2 版。

员全部换上了中国人。1915 年 6 月,甬江口江南石勘码头钢铁灯标建成,上面有一个笼和一盏红灯,用于航道引导。① 甬江内还有朱家河头灯标及上白沙灯标。除此之外,宁波唐脑山灯塔于 1915 年配备了 3.5 秒自动闪光的乙炔灯,代替了原来的单蕊喷灯,光强度提高了 7 倍(原来为 155 烛光)。1916 年又增添了新的设备,使光强度进一步提高到 2500 烛光。鱼腥脑灯塔,原先光强度为 3000 烛光,1926 年又加以改进,光强度提高到 6000 烛光;1930 年,更新了全部老式挂灯和其他仪器,装置了新的水银浮标,使光强度提高到 55000 烛光。② 而在甬江上,民国时期浙海关于 1936 年设立了江南镇张鉴碶灯桩、梅墟灯桩、游山江礁灯桩 2 座及浮筒 1 座。截至 1949 年 5 月,宁波港域有虎蹲山、七星碕、花鸟山、鱼腥脑、白节山、小龟山、洛伽山、太平山、半洋山、唐脑山、东亭山、下三星、菜花山灯塔 13 座,其中除虎蹲山、七星碕灯塔尚完好外,其余灯塔都没有灯。③ 另外,值得注意的是,为了保障航道的安全,除了海关外,宁波地方乡绅也自发集资修建灯塔。如 1903 年普陀山僧人募善款修建普陀佛顶山燃油灯塔,1914 年"镇海李氏助资改用打汽灯";1917 年舟山人刘德裕等捐建沈家门半升桶灯塔;1918 年闽商曾川流募集资金修建沈家门外马屿灯塔。④

浙江沿海海关修建的灯塔在近代浙江航运中起到了非常重要的作用。《中国沿海灯塔志》评价道:

> 宁波各灯,自成一系,与距岸较远诸灯之连锁,显然分离,对于远洋船舶,功用甚微,即于沿岸驶行船只,为助亦鲜,但于杭州湾内往来船只,裨益甚大,几为不可须臾或离,而对沪甬航线,所关尤巨。该线非独为曩昔洋货运输内地之孔道,即在今日,亦为汽艇、小轮航行必由之程。……⑤

除了修建灯塔外,浙海关还测量了宁波沿海航道、参与岸线码头修建

① 陈梅龙、景消波译编:《近代浙江对外贸易及社会变迁》,宁波:宁波出版社,2003 年版,第 104 页。
② 郑绍昌:《宁波港史》,北京:人民交通出版社,1989 年版,第 315 页。
③ 俞福海主编:《宁波市志》,北京:中华书局,1995 年版,第 779 页。
④ 陈训正、马瀛等:《定海县志》"交通志"第三"水道",台北:成文出版社,1970 年版,第 205 页。
⑤ (英)(海关副税务司)班思德(T. Roger Banister):《中国沿海灯塔志》,(海关署副税务司)李廷元译,上海:海关总税务司公署统计科,1933 年,第 253 页。

等,这些关系到港航运维的各项工作,构成了近代宁波沿海基础设施建设的重要环节。

作为浙江沿海最大最繁忙的港口,浙海关在光绪十九年(1893)对宁波港的甬江航道进行过一次细致的测量。当时主持测量的是浙海关水位观测员克列尼先生。他通过参考水位的变化对甬江航道进行勘探。从他的报告可以了解到19世纪末期甬江航道的大致情况。当时尽管甬江航道的某些河段较为狭窄,但其水深足以使一般贸易船只顺利通过。镇海的深水航道未发生明显变化,但招宝山下的沙滩正在向东、向南扩展,不过还没有影响到航运。到达宁波港的两条西部航线,一条在虎蹲岛和大陆之间,另一条在虎蹲岛和西霍山之间,但淤塞情况严重,吃水正常的帆船已无法通过。当时只有一条东部航线供外轮使用,其他两条全部停止。[①] 其后由于战争因素,宁波港曾先后两次封港,使得镇海段航道发生了一些变化,因此中国海军在海关海务部一名代表的协助下,于1921年对甬江航道进行了一次系统的勘测。[②] 这次测量发现,除了镇海段北支航道略有改变外,整个甬江主航道仍保持稳定,其水深一般在-4米以上。因此,在正常潮位时期,3000～5000吨级的轮船可以正常通行,高潮位时,可通过7000吨级的轮船。[③] 不过随着航道沿线居民倾倒垃圾废物的增多,航道淤积问题日益严重。1932年初,宁波市政当局曾打算制止这种行为,并计划用海滩的泥沙将江边的道路拓宽至63英尺,但该工程随后被放弃。[④]

晚清浙海新关建立后,随着对外贸易的发展需要,宁波港区的建设逐渐由江东扩展到江北地区,现代化的轮船码头逐渐兴建起来,其后轮船停靠岸

---

① 陈梅龙、景消波译编:《近代浙江对外贸易及社会变迁》,宁波:宁波出版社,2003年版,第75页;(挪)佘德(F. Schjoth):《浙海关十年报告(1892—1901年)》(1901年12月31日),见中华人民共和国杭州海关译编:《近代浙江通商口岸经济社会概况:浙海关、瓯海关、杭州关贸易报告集成》,杭州:浙江人民出版社,2002年版,第55页。

② 陈梅龙、景消波译编:《近代浙江对外贸易及社会变迁》,宁波:宁波出版社,2003年版,第104页;(英)安斯迩(E. N. Ensor):《浙海关十年报告(1922—1931年)》(1931年12月31日),见中华人民共和国杭州海关译编:《近代浙江通商口岸经济社会概况:浙海关、瓯海关、杭州关贸易报告集成》,杭州:浙江人民出版社,2002年版,第88页。

③ 郑绍昌:《宁波港史》,北京:人民交通出版社,1989年版,第311页。

④ 陈梅龙、景消波译编:《近代浙江对外贸易及社会变迁》,宁波:宁波出版社,2003年版,第104页;(英)安斯迩(E. N. Ensor):《浙海关十年报告(1922—1931年)》(1931年12月31日),见中华人民共和国杭州海关译编:《近代浙江通商口岸经济社会概况:浙海关、瓯海关、杭州关贸易报告集成》,第88页。

线开始向镇海扩散。几乎与此同时,宁波港的码头建设也由江东向江北及镇海转移。光绪二十七年(1901),宁波外国人居留地的公共市政委员会开始推动建设江北岸码头,并对到岸或离岸货物按每包 3 文铜钱征税。码头税开征后,宁波港区建设逐渐加快,有 13400 元用于堤岸、码头、道路的修建与拓宽。① 到民国时期,宁波港的轮船码头、轮船和帆船埠头的建设较以前有明显增加。1913 年 6 月 3 日,海关总税务司发布的《海关总税务司署通令第 2060 号(第二辑)》对港口管理特别是锚地、军火、矿物油、传染疫病、河港管理等方面内容做了更为详细的规范和解释,其中传染疫病和河港管理内容如下:

传染疫病

16.发生任何传染疫病或疑为传染性疫病,或发现有任何死于或疑为死于传染性疫病者尸体之船舶,均应按检疫章程之规定于接近港口时悬挂检疫旗,按第 2 条(d)项之规定抛锚,并须悬旗直至领得船只无疫通行证时为止。

任何人非经理船厅或本口检疫医官许可,均不得在此类船舶上下。

任何来自有疫口岸之船舶,均应遵守检疫章程,不得有违。

河港管理

17.非经理船厅许可不得建造码头或驳岸,不得系泊浮码头,趸船或浮标,亦不得从事填筑或修缮堤岸作业。

18.所有浮标听凭理船厅调度,如其位置有碍行船或其系泊不利于节约停泊空间,理船厅得令其移位,如浮标原主拒绝执行或不理睬理船厅之移位命令,理船厅得径行将其移位,费用仍由原主承担。

19.严禁将压舱物,炉灰,垃圾,废物,疏浚或其他作业掘出之废土抛入河内。船舶拟投弃炉灰或其他废物时,应于前桅冠挂出国际信号旗 Y,即有领有准单之垃圾船前往接运,按定章收费。

20.遇有港内或航道上之沉船危及航行时,如未适时按照理船厅规

---

① 陈梅龙、景消波译编:《近代浙江对外贸易及社会变迁》,宁波:宁波出版社,2003 年版,第 73 页;(挪)佘德(F. Schjoth):《浙海关十年报告(1892—1901 年)》(1901 年 12 月 31 日),见中华人民共和国杭州海关译编:《近代浙江通商口岸经济社会概况:浙海关、瓯海关、杭州关贸易报告集成》,杭州:浙江人民出版社,2002 年版,第 53 页。

定采取主动措施,即由海关海政局清除或摧毁之。①

至此,直到中华人民共和国成立前夕,港口设施的修建、航道的维护和港口货物/人员的检验检疫都是宁波海关的重要职能。

(二)民国时期宁波海关的航政管理

晚清时期,宁波的浙海关建立后就下设理船厅,职责如下:管辖岸线、水域;确定港界,指定船舶停泊处所和建筑码头,安置趸船的管理;考核并聘任引水员事宜;航道、航标的维护和设置等。浙海关当时的主要业务就是引水,并收取相应的引水费。对于进出口货物,除了由海关征收相应的进出口税和子口税等商业关税外,浙海关还征收引水费、船钞、码头捐和船舶注册费等。引水费是指轮船或篷船在进出港所支付的入口引水费,按船只吃水计收,不同河段收费不同。如宁波城区至镇海,船只吃水 1 尺收费 2 元,这就意味着吃水 3 尺的船只经过这一河段要收费 6 元;宁波至七里峙,船只吃水 1 尺收费 3 元,这就意味着出水 3 尺的船只经过这一河段要收费 9 元。船钞则针对进出港口超过 48 小时以上或上下人员与货物的船只。船钞按照吨位征收,每 4 个月征收一次。而码头捐则是对进出口货物征收的税种,每件征收制钱 3 文,其征收对象主要是华商。船舶注册费是对浙海关编号注册船只征收的注册费,每年 100 海关两。当时浙海关规定,所有货物装卸及码头作业必须在白天完成,周日及节假日不进行。

与"引水权"相对应的是宁波内河沿线的"白水权"。宁波被辟为通商口岸后,英美等国在宁波江北岸外滩一带开设领事馆,并修筑住宅、教堂等设施,形成了外国人聚集的居留地。由于对外国人居留地范围没有正式的文件规定,当时的法国天主教堂非法侵占了新江桥至宁绍码头一带的水岸线。教堂将这一带岸线出租给别人修筑码头、停靠船舶。这就是民国时期所谓的"白水权",其实质是宁波港岸线的管理主权。由于政治因素,民国早期宁波的航政管理主要围绕管理权展开。1919 年前,宁波港的引水员皆由外国人担任。1921 年,英籍引水员引领的一艘运糖船搁浅,导致船商损失惨重,沪甬两地航运界及商界给当时的浙海关施加了很大压力。在社会舆论压力下,当时宁波税务司和港务长不得不撤换 2 名外籍引水员,选用在宁波航运

---

① 《海关总税务司署通令第 2060 号(第二辑)》(1913 年 6 月 3 日),见海关总署《旧中国海关总税务司署通令选编》编译委员会编:《旧中国海关总税务司署通令选编(第二卷)》(1911—1930 年),北京:中国海关出版社,2003 年版,第 64—68 页。

界有丰富经验的周裕昌、顾复生担任引水员。随后在反帝浪潮下,浙海关港务长一职也改由中国人柯秉璋担任。相比"引水权"的收回,宁波"白水权"的问题更为复杂。1927 年 7 月下旬,宁波地方人士王斌孙、陈行荪等人致函宁波市政府,主张收回"白水权"。[①] 此后,宁波市政府借此开始制定章程,拟定收验契约的办法和日期,决心将江北岸一带私自出租的岸线一律收回。不过当宁波交涉员向宁波各国领事馆交涉的时候,立即遭到英法领事的反对和抗议。英国驻宁波领事馆领事认为宁波市政府制定的章程没有经过外国在华公使团审议,不具备约束力。据此,领事馆认为宁波市政府不能收回英商在宁波私产。而法国领事馆更是以光绪二十五年(1899)宁绍台道的照会为由,认定当时中国政府已经将这一地带所有权转于个人。此后,宁波市政府根据外交部指令,对《宁波市暂行租用江河沿岸码头章程》进行了修订,并于 1928 年 3 月 17 日上呈浙江省政府和外交部核准。但此后,宁波市政府一直未收到回复文件,此事不了了之。1931 年宁波行政区划发生变化,"白水权"问题划归鄞县管理。在当地民众要求下,鄞县政府制定《鄞县水岸线租借暂行规定》,上报浙江省政府建设厅核准后于 1932 年 1 月实施。根据该规则,宁波沿江两岸水岸线划归国有,所有个人与机构在内河岸线修筑码头等港口设施,均需要向县政府申报和租用。为此,法国驻沪总领事馆向中国政府提出抗议。在鄞县政府提出强有力证据以及外交部的积极争取下,宁波"白水权"于 1933 年 8 月正式收归国有。[②]

　　除浙海关外,1927 年南京国民政府交通部、浙江省建设厅航政局和浙江省水上警察厅也拥有部分航务管理职能。1927 年南京国民政府交通部成立后,陆续颁布了船舶法、船舶登记法等有关船舶行政管理的法规。1931 年,上海、汉口、天津、哈尔滨等地航政局相继成立,所属各地根据具体业务情况,分别设立办事处或船舶登记所。上海航政局的主要职能有:负责航路及航行标志的管理和监督;管理并经营国营航业事项;负责民营航业监督事项;负责船舶发照注册事项;负责计划筑港及疏浚航路事项;管理及监督船员、船舶、造船事项;负责改善船员待遇事项;负责处理其他航政事项。[③] 不过在上海航政局的实际运行中,上述各项职能并未全部涉及。在全面抗日

---

① 《函请收归甬江白水权》,《时事公报》1927 年 7 月 29 日。

② 傅璇琮主编:《宁波通史》(民国卷),宁波:宁波出版社,2009 年版,第 129—132 页。

③ 《上海港志》编纂委员会编:《上海港志》,上海:上海社会科学院出版社,2001 年版,第 486 页。

战争爆发之前,上海航政局仅负责中国船舶的登记及检查丈量、船员考试发证、进出口船舶登记及签证等,其余各项权力被海关、水上警察厅、各省建设厅下设航务管理部门所分割。1931 年 5 月 9 日,财政部关务署颁布的《修正轮船注册给照章程》第一条规定:"凡营业之轮船,无论官厅或公司或个人所有,均须遵照本章程呈请交通部核准注册给照;凡营业之渔轮及夹板船等适用本章程之规定。"①

在上层管理部门逐渐完善的情况下,地方航政管理体制也随之发生变化。根据南京国民政府交通部的要求,浙江省政府开始整顿本省航运,并在建设厅下设立航政局,统一管理本省航政事务。1927 年 11 月,浙江省建设厅航政局在省内 8 个区域设立管理船舶事务所。从《浙江省各区管理船舶事务所及所属各分所组织规程》中可以了解到,浙江省建设厅航政局下属的各个管理船舶事务所的职能主要有:船舶查验、船舶执照颁发、船舶取缔、船舶注册、船照收费以及其他航政事务。由此可见,船舶事务所的职权仅限于船舶和各项行政事务,港务的管理仍由海关负责。② 如 1931 年 3 月 27 日海关总税务司发布《海关总税务司署通令第 4200 号(第二辑)》,规定自 1931 年 5 月 1 日起,中国渔船须出示实业部或地方当局所发渔业执照,海关方予放行"③。

在航政管理方面,浙海关和南京国民政府交通部航政局存在职权重叠。为此,海关总税务司于 1931 年 11 月 9 日发布《海关总税务司署通令第 4349 号(第二辑)》,就海关向中国籍轮船发放船牌问题做了解释说明,并列举相关行政通告如下:

> 第 2212 号通令:
> 轮船注册给照暂行章程第二条规定,在海关发给船牌前,须先取得

---

① 《海关总税务司署通令第 4349 号(第二辑)》(1931 年 11 月 9 日)附件《财政部关务署训令政字第 5101 号中华民国二十年五月九日》,见海关总署《旧中国海关总税务司署通令选编》编译委员会编:《旧中国海关总税务司署通令选编(第三卷)》(1931—1942 年),北京:中国海关出版社,2003 年版,第 119—123 页。

② 建设委员会调查浙江经济所统计科编:《浙江经济调查》(第六册),见民国浙江史研究中心、杭州师范大学选编:《民国浙江史料辑刊》(第一辑第一册),北京:国家图书馆出版社,2008 年版,第 555—556 页。

③ 《海关总税务司署通令第 4200 号》(第二辑)(1931 年 3 月 27 日),见海关总署《旧中国海关总税务司署通令选编》编译委员会编:《旧中国海关总税务司署通令选编(第三卷)》(1931—1942 年),北京:中国海关出版社,2003 年版,第 37—39 页。

交通部核发之船舶注册证书。

第 2791 号通令：

中国籍洋式船舶必须符合上述章程。

第 2894 号通令：

由于注册证书(即交通部执照)及海关船牌均不合对外通商需要，交通部当局将适时颁发国籍一证书。

第 4295 号通令：

交通部已在若干口岸设立航政局，接管以前海关对轮船丈量检验及发放必要证件等职责，登记证书及签发之其他必要证件组成必备之船舶证件，有关交通部之船舶注册事宜将另发通令。

总税务司于 1931 年 7 月 1 日向华北及华中若干口岸发出电报：

自 1931 年 7 月 1 日起海关停止向持有交通部执照(即注册证书)之中国籍船舶发放船牌，该证书经海关查验后予以签注。但根据海关监督要求，仍可发放自发证之日起三个月内有效之临时船牌，过期后，有关船只必须出示交通部证书，否则不得航行。①

1931 年 11 月 19 日，海关总税务司发布《海关总税务司署通令第 4371 号(第二辑)》，再次对民船管理作出规范，其中容量 200 担(即 20 吨)及以上出海民船应具备 3 个证书，分别是交通部颁发的国籍证书、航政局颁发的航线证书、海关颁发之民船航运凭单。② 另外，根据海关总税务司发布的《海关总税务司署通令第 4349 号(第二辑)》和《海关总税务司署通令第 4414 号(第二辑)》，根据交通部已颁发的对华籍轮船修正轮船注册给照章程规定，自 1932 年 6 月 1 日起，海关不再向华籍船只发放牌照、内港专照及江照。③

全面抗战爆发后，为防止日本海军在中国沿海登陆，南京国民政府下令征用全国各轮船公司轮船、趸船自沉于港口航道。至此，宁波成立城防司令

---

① 《海关总税务司署通令第 4349 号(第二辑)》(1931 年 11 月 9 日)，见海关总署《旧中国海关总税务司署通令选编》编译委员会编：《旧中国海关总税务司署通令选编(第三卷)》(1931—1942 年)，北京：中国海关出版社，2003 年版，第 116—117 页。

② 《海关总税务司署通令第 4371 号(第二辑)》(1931 年 12 月 19 日)，见海关总署《旧中国海关总税务司署通令选编》编译委员会编：《旧中国海关总税务司署通令选编(第三卷)》(1931—1942 年)，北京：中国海关出版社，2003 年版，第 140—142 页。

③ 《海关总税务司署通令第 4414 号(第二辑)》(1932 年 4 月 8 日)，见海关总署《旧中国海关总税务司署通令选编》编译委员会编：《旧中国海关总税务司署通令选编(第三卷)》(1931—1942 年)，北京：中国海关出版社，2003 年版，第 1562 页。

部,接管宁波的港口与航政事务。上海沦陷后,日军侵扰浙江沿海各口岸,进攻镇海和宁波。为此,宁波城防司令部下令将招商局"新江天"轮沉于甬江口,防止日军登陆。1938 年,宁波城防司令部又下令在镇海入海口打下梅花桩,作为阻止日本军舰入侵宁波内江航道的第一道防线。镇海口的封锁使得上海前往宁波的旅客只能乘船到台、温港口,然后经陆路前往宁波。① 在宁波旅沪同乡会的请求下,宁波军事当局制定行驶舟山新办法,规定载货船只行驶舟山须提前由军事当局批准,凡特准船只可以通过封锁线,驶入宁波内港。另外,所有靠泊船只只准兼湾,不得"由沪直放"。② 同年 6 月,随着战局的缓和,宁波军事当局准许轮船搭载人员停靠舟山;往来沪甬旅客,可乘船到舟山,再由舟山乘坐小轮船抵达宁波。③ 同年 7 月,浙东防守司令部规定货轮行事办法。按照该规定,凡是停靠浙东沿海船只的押货人员必须持有证明文件,绝对禁止外轮私自搭载旅客,所载货物不能超过贸易委员会的限制;所有船只必须遵守各江戒严条例,接受沿线军警登轮查验。对于违反规定的船只,除了取消其特准航行权外,还会有相应的处分。④ 其后,伴随着日本海军的骚扰,宁波港时禁时松。1939 年初,第十集团军总司令部颁布修正通航办法。依照该办法,对于航行沪甬船只,军事当局不限制其搭载旅客,但对可以乘船的旅客做了规定:(1)本国 16～45 岁男子,未持有合法证件(身份证或当地县政府以上机关证明)的人员不得乘船;(2)因公出差公务人员须持有派遣机关证明文件,投考入学学生须持有原籍县政府或学校证明文件,否则不得乘船;(3)往来商人须填报申请书,附本人两寸照片一张,并由当地 2000 元以上商铺作保或当地县政府及以上机关证明文件,否则不得乘船;(4)轮汽船员,非持有该船证件,否则不准上下码头;(5)入口旅客,须持有合法证件,否则将斟酌情形,予以扣留、拒绝登岸或取保放行;(6)凡国内土产货物,未经许可或浙省政府规定,一概禁止装运;(7)日货禁止入口,其他国家商品,除中央或浙省政府明令限制外,一概听其输入。⑤ 另外,宁波城防司令部下令将当时停泊在甬江上的"太平轮""福安轮""大通轮""定海轮""新宁海轮""象宁轮""姚北轮"等 7 艘轮船以及"海光""海皓""海

---

① 《沪浙交通情况》,《新闻报》1938 年 3 月 23 日,第 3 张第 9 版。
② 《我军事当局规定行驶舟山新办法》,《新闻报》1938 年 5 月 22 日,第 3 张第 10 版。
③ 《舟山恢复外轮搭客,温州限制货物进出》,《新闻报》1938 年 6 月 6 日,第 3 张第 11 版。
④ 《浙东防守司令规定货轮行使办法》,《新闻报》1938 年 7 月 8 日,第 4 张第 13 版。
⑤ 《沪甬直航轮只载客装货仍受限制》,《新闻报》1939 年 1 月 31 日,第 4 张第 15 版。

星"3 艘小兵舰,再加上 8 艘大帆船,总计 18 艘船只自沉于镇海口招宝山到小金鸡山一带,作为阻止日军登陆的第二道防线。1940 年,宁波城防司令部又将"凯司登"轮和"海绥"轮沉于镇海拗鳖港转弯处作为第三道防线。[①]　至此,宁波港作为货物中转的功能丧失。除了熟悉航道的小型轮船外,大部分船只已无法停靠宁波港。其后,随着日军占领宁波,国民政府交通部直辖宁波航政办事处被迫搬迁到台州海门。

抗战胜利后,宁波海关与国民政府交通部先后恢复对宁波的航政管理。不过,相比于战前,这一时期的航政管理非常混乱,造成多起航运事故,其中最严重的是 1948 年 12 月"江亚轮"被炸沉事件。事故发生后,全船除 900 人幸免于难外,其余 2300 人左右全部死难,其中宁波籍有 2200 余人。

第二节　民国时期宁波对外贸易

自 1911 年辛亥革命后,宁波对外贸易的外部环境发生了重要变化。现代国家体系的完善促进了宁波工商业的发展,进而推动了对外贸易总量的增加。截至 1937 年全面抗战爆发前,海关统计数据显示,这一时期宁波的进出口贸易量呈爆炸式增长。不过,抗日战争的全面爆发,使宁波的对外贸易受到极大冲击。尽管在全面抗战初期由于进出口货物激增,宁波的对外贸易规模逆势扩大,但随着浙江沿海地区的逐渐沦陷,宁波正常的对外贸易被打断。在贸易税收方面,宁波海关的主要税种均有较大变化,其中进口税在中央政府与各国协商提高进口税率的基础上有大幅增加,但出口税逐步减少,主要是由于政府为提高商品竞争力,大幅降低甚至免除出口税。在其他税收逐渐降低的同时,海关附加税无论是名目还是数额都呈增加态势。

一、民国时期宁波对外贸易税收

民国时期浙海关关税除进口税、出口税、复进口税和转口税等正税外,还有各种附加税收及代征税费。其中,进口税的税率经过多次调整,超过了值百抽五的水平;出口税、复进口税和转口税则逐渐被取消;船钞成为海关征收的另一个主要税种;其他各种税费虽几经调整,但一直都没有取消。在关税征收中,浙海关仍以海关两(即关平两,每海关两约等于 1.558 元)为计

---

① 郑绍昌:《宁波港史》,北京:人民交通出版社,1989 年版,第 359 页。

值单位。1930年2月1日,改按海关金(Customs Gold Unit 的汉译)单位征收。每金单位含纯金60.1866毫克,相当于0.4美元。纳税人可按照该关逐日公布的海关金单位折合率,改以银圆缴付关税。1935年11月以后,纳税人改为用法币缴付关税。1942年4月1日起,每海关金单位的含纯金重量改为88.8671毫克,并定为相当于法币20元。1948年8月,国民政府发行金圆券,关税改用金圆券计值。这一时期,浙海关不同税种收入的变化都是十分明显的。

(一)民国时期宁波对外贸易税收的种类

1.进口税

进口税即对进入中国的外国商品所征收的税收,素有海关第一税之称。由于受不平等条约的制约,近代中国是世界上进口税率最低的国家之一。[①] 1901年《辛丑条约》签订时,为筹议赔款,清政府要求加税,才被允许把值百抽五的税则增加"切实"二字。[②] 1913年9月30日,中国政府照会相关国家,要求"修改洋货进口税则以增加进口关税收入,按现价增至切实值百抽五"[③]。为此,海关总税务司于同年10月17日发布《海关总税务司署通令第2109号》,要求各海关对1909—1913年这5年所有进口货物的平均价格,根据数量和种类制表上报海关总税务司税务处。1915年,浙海关洋货进口货值约关平银2928890两,但所征收进口税仅为101895两,远未达到值百抽五的最低税率。20世纪第二个十年,由于一战的影响,浙海关进口税从未达到12万两。1922年的太平洋及远东问题委员会处理中国税则华盛顿会议记录显示,1922年中国的海关进口关税仍未达到值百抽五的水平。[④] 南京国民政府建立后,随着关税新约的签订,中国海关进口税率达到8.5%。在此

---

① 《宁波海关志》编纂委员会编:《宁波海关志》,杭州:浙江科学技术出版社,2000年版,第191页。

② 陈诗启:《中国近代海关史》(民国部分),北京:人民出版社,1999年版,第79页。

③ 《海关总税务司署通令第2109号》(1913年10月17日),见海关总署《旧中国海关总税务司署通令选编》编译委员会编:《旧中国海关总税务司署通令选编(第二卷)》(1911—1930年),北京:中国海关出版社,2003年版,第79—80页。

④ 《海关总税务司署通令第3274号》(第二辑)》(1922年2月22日)、《海关总税务司署通令第3286号》(第二辑)》(1922年3月13日),见海关总署《旧中国海关总税务司署通令选编》编译委员会编:《旧中国海关总税务司署通令选编(第二卷)》(1911—1930年),北京:中国海关出版社,2003年版,第342—345页。

种情况下,浙海关的进口税额大幅度上升。1929 年,浙海关征收进口税关平银 284042 两,比上年增加 77%。1932 年,浙海关进口税总额已经达到1007387 两。1934 年 7 月 2 日,海关总税务司发布《海关总税务司署通令第4896 号(第二辑)》,要求各关口在收到 1934 年修订进口税则后,按照新订税则征收进口税。① 考虑到新税则的实行,以及关税货币单位的改变,浙海关的进口税额其实是呈下降趋势的,1935 年和 1936 年的进口税额分别是3014420.350 法币元和 1622758.610 法币元。② 1936 年后,浙海关的进口税额由于战争的影响更是呈断崖式下跌态势。抗日战争胜利后,海关总署逐渐恢复沿海各海关事务,并于 1945 年 9 月 16 日实施新的海关进口税,相比战前,除少部分税则税率低于 10% 以外,大部分税则税率均在 20% 以上,部分税则税率超过 50%。③ 1947 年 11 月 18 日,海关总税务司发布《海关总税务司署通令第 7178 号》,对原本免税的汽油、煤油和柴油从价征收 50% 的进口关税。④ 1948 年 5 月 17 日,海关总税务司发布《海关总税务司署通令第7308 号》,对美国救济物资进口免征关税。⑤ 1948 年 7 月 27 日,根据新修订的货物税条例,海关总税务司发布《海关总税务司署通令第 7348 号》,对进口商品所征货物税进行调整,停止征收部分商品的货物税,包括麦粉、茶叶、水泥类之半机制水灰(代水泥)、除皮统外之一切皮毛货品及毛织品等。⑥ 其

---

① 《海关总税务司署通令第 4896 号(第二辑)》(1934 年 7 月 2 日),见海关总署《旧中国海关总税务司署通令选编》编译委员会编:《旧中国海关总税务司署通令选编(第三卷)》(1931—1942 年),北京:中国海关出版社,2003 年版,第 283—285 页。

② 中华人民共和国杭州海关译编:《近代浙江通商口岸经济社会概况:浙海关、瓯海关、杭州关贸易报告集成》,杭州:浙江人民出版社,2002 年版,第 878—887 页。

③ 《海关总税务司署通令第 6727 号(渝字第 959 号)》(1945 年 9 月 24 日)附件《海关进口税全税税率简明表》,见海关总署《旧中国海关总税务司署通令选编》编译委员会编:《旧中国海关总税务司署通令选编(第五卷)》(1942—1949 年),北京:中国海关出版社,2003 年版,第 33—39 页。

④ 《海关总税务司署通令第 7178 号》(1947 年 11 月 18 日),见海关总署《旧中国海关总税务司署通令选编》编译委员会编:《旧中国海关总税务司署通令选编(第五卷)》(1942—1949 年),北京:中国海关出版社,2003 年版,第 564—568 页。

⑤ 《海关总税务司署通令第 7308 号》(1948 年 5 月 17 日),见海关总署《旧中国海关总税务司署通令选编》编译委员会编:《旧中国海关总税务司署通令选编(第五卷)》(1942—1949 年),北京:中国海关出版社,2003 年版,第 700—717 页。

⑥ 《海关总税务司署通令第 7348 号》(1948 年 7 月 27 日),见海关总署《旧中国海关总税务司署通令选编》编译委员会编:《旧中国海关总税务司署通令选编(第五卷)》(1942—1949 年),北京:中国海关出版社,2003 年版,第 797—798 页。

他部分商品货物税见表 5-4。

表 5-4　暂编货物税条例第三条所列货物进口税则

编号	种类	税率/％
1	卷烟:凡用卷烟纸卷成之纸卷烟,与用烟叶制成之雪茄烟及其他洋式烟类均属之	100
2	熏烟叶	30
3	洋酒,啤酒:凡国内制造之洋式酒类,除火酒外,均属之	100
4	火柴:凡硫化磷火柴、安全火柴均属之	20
5	糖类:凡红糖、白糖、桔糖、冰糖、方糖、块糖、精糖均属之	25
6	棉纱:凡机制本色棉纱、烧茸棉纱、下脚棉纱、人造棉所制棉纱及其他各类棉纱均属之	10
7	毛纱,毛线:凡毛纱、毛线及掺杂他种织维之毛纱、毛线均属之	15
8	皮统	15
9	水泥	15
10	饮料品:凡汽水、叶子露汁、叶子露水等均属之	20
11	锡箔及迷信用纸:凡各种锡箔及迷信用纸均属之	60
12	化妆品:凡发蜡、发油、香粉、胭脂、剃须皂、唇膏、香水、指甲油、画眉笔均属之	45

资料来源:《海关总税务司署通令第 7348 号》(1948 年 7 月 27 日)附件三《暂编货物税条例第三条所列之货物与现行海关进出口税则号列对照表》,见海关总署《旧中国海关总税务司署通令选编》编译委员会编:《旧中国海关总税务司署通令选编(第五卷)》(1942—1949年),北京:中国海关出版社,2003 年版,第 806—808 页。

2. 出口税

出口税是对本国商品出口所征的关税。浙海关除对出洋外销的土货征收出口税外,对转口往其他通商口岸的土货也征收出口税。浙江主要出口货物是丝织品、瓷器、茶叶和海产品。民国初期,浙海关的出口税占海关关税总收入的一半以上。1915 年,浙海关出口税额为关平银 322592.649 两,占浙海关关税总收入 485476.881 两的 66.4％。在实际征收出口税的过程中,中国机制货物向外洋出口的时候是免征出口税的。[①]　此外,相关档案显示,中国的茶叶出口和复进口都存在免税和减税。[②]　南京国民政府成立后,为保护国货出口,在1931年6月1日实施新的出口税则,只对出洋外销的土货征收出口税,国内转口土货改征转口税。根据新的出口税则,国民政府将98项出口商品的税率提高到7.5%,有30余项商品免征出口税。1934年,由于中国大宗出口商品逐渐衰落,政府增加免征出口税货物种类,达到77号列。翌年再次修订,增加了减税品42个号列,多数出口货物的税率减低了50%,免税货物范围也扩大了很多。在新税则下,浙海关出口税收入大幅下降。浙海关在1932年度的出口税收入仅占全部海关收入的1.16%。在减免出口税的同时,针对白银出口,海关根据政府命令,提高出口税额。1934年10月30日,海关总税务司发布《海关总税务司署通令第4971号(第二辑)》,要求自1934年10月15日起,对银本位币及中央造币厂厂条征收7.75%的出口税,其他银类征收10%的出口税。同时,"除征收出口税外,如伦敦银价折合上海汇兑之比价与中央银行当日照市核定之汇价相差之数除缴纳出口税而仍有不足时,应按其不足之数加征平衡税"[③]。浙海关出口税在1946年国民政府取消出口税后停征。

---

① 《海关总税务司署通令第3528号(第二辑)》(1924年7月1日),见海关总署《旧中国海关总税务司署通令选编》编译委员会编:《旧中国海关总税务司署通令选编(第二卷)》(1911—1930年),北京:中国海关出版社,2003年版,第383页。

② 海关总税务司于1930年9月26日和12月23日公布的《海关总税务司署通令第4128号(第二辑)》显示,海关总税务司有关华茶出口征税办法中涉及免税的通令包括:1919年10月9日第2978号通令(规定华茶申报出口外洋,无论以何船装运二年内均不征税,但在第二口岸卸货时,收货人应为全税及半税出具保结,一年内凭再出口证明注销保结);1921年8月15日第3196号通令(华茶出口外洋免税期再延长二年,并对沿海运输之红茶、茶砖及小京茶亦免征出口正税及土货复进口半税二年);1926年3月23日第3671号通令(华茶出口外洋免税期延长二年,并适用于沿海运输途中之红茶、茶砖及小京茶,最终获得政府批准);1928年11月26日第3823号通令(全部出口茶叶以及沿海运输之红茶、茶砖、小京茶免税一律无限期延长)。见海关总署《旧中国海关总税务司署通令选编》编译委员会编:《旧中国海关总税务司署通令选编(第二卷)》(1911—1930年),北京:中国海关出版社,2003年版,第513页。

③ 《海关总税务司署通令第4971号(第二辑)》(1934年10月30日),见海关总署《旧中国海关总税务司署通令选编》编译委员会编:《旧中国海关总税务司署通令选编(第三卷)》(1931—1942年),北京:中国海关出版社,2003年版,第312—314页。

3. 复进口税

复进口税即沿岸贸易税(coast duty)。根据咸丰十一年(1861)清政府与各国政府订立的《通商各口通商章程》,该税指外商在中国各通商口岸之间贩运土货转口时,除在输出口岸缴纳出口税外,另外还须在输入口岸重新缴纳的进口税。由于该税是正税的一半,所以习惯称为"复进口税"(a half duty on reimportation)。[①] 该税原来只适用于长江沿岸口岸,后扩大到各沿海口岸。1912年,浙海关征收的复进口税额为关平银35669.563两,占当年浙海关关税总额的0.79%。1915年3月1日,海关总税务司颁布《海关总税务司署通令第2336号(第二辑)》,在上海的江海关施行"由一口岸复出口至另一口岸之土货发给免重征执照而不再发存票与已完正税凭单",其他口岸如认为适宜,亦可照办。[②] 1931年1月1日,奉南京国民政府财政部的命令,浙海关停征复进口税。[③]

4. 转口税

复进口税裁撤后,根据新的出口税则,浙海关对由按照《普通行轮章程》航行的轮船载运土货从一个通商口岸到另一个通商口岸,原在起运口岸的出口税照征。因为"出洋谓之出口,由此口至彼口应称转口,以志区别",故改称转口税;转口税于1931年6月1日起在浙海关起征。[④] 转口税连同转口附加税的税率共7.5%,一并在货物起运口岸征收。由口岸运至内地或由内地运往口岸的土货,如在中途驶至另一通商口岸,或由另一通商口岸港界经过,再驶往内地或口岸,也须缴纳转口税。已完税的外国货物经加工改变

---

① 《宁波海关志》编纂委员会编:《宁波海关志》,杭州:浙江科学技术出版社,2000年版,第197页。

② 《海关总税务司署通令第2336号(第二辑)》(1915年3月1日),见海关总署《旧中国海关总税务司署通令选编》编译委员会编:《旧中国海关总税务司署通令选编(第二卷)》(1911—1930年),北京:中国海关出版社,2003年版,第109页。

③ 与土货复进口税一起取消的还有厘金五十里外常关子口半税及由厘金变名的统税、统捐、专税、货物税、铁路货捐、邮包税、落地税等。《海关总税务司署通令第4158号(第二辑)》(1930年12月31日),见海关总署《旧中国海关总税务司署通令选编》编译委员会编:《旧中国海关总税务司署通令选编(第二卷)》(1911—1930年),北京:中国海关出版社,2003年版,第530页。

④ 《海关总税务司署通令第4236号(第二辑)》(1931年5月21日),见海关总署《旧中国海关总税务司署通令选编》编译委员会编:《旧中国海关总税务司署通令选编(第三卷)》(1931—1942年),北京:中国海关出版社,2003年版,第48页。

原来状况的,应视为土货征收转口税,但民船装载往来通商口岸的土货免征转口税。商人为减轻负担,就将原来由轮船运输的货物改用其他运输工具或采取分段运输的方法,使得浙海关的转口税损失非常严重。为此,1937 年10 月 1 日,南京国民政府财政部颁布实施《整理海关转口税办法大纲》,扩大了转口税的征税范围,对民船、铁路、公路及轮船运输往来通商口岸与内地间以及内地与内地间的土货,一律照征转口税。① "税率按 1931 年税则,从价征收 7.5%,共 162 项;从量征收为 5%,共 197 项。"②1937 年抗日战争全面爆发后,因浙江海陆交通阻塞,海关转口税收入锐减,国民政府遂于 1942年 4 月 15 日裁撤该税种。

5. 船钞

船钞是按船的梁头尺寸来征收的,后来改为以载重量"担"计算。③ 船钞最初是由浙海常关对往来中国船只征收的。同治九年(1870),浙海关船钞收入为 5295.600 关平银两,之后的 30 年,海关船钞收入在大多数年份均低于这一数值。④ 光绪二十七年(1901)11 月,根据《辛丑条约》,宁波口岸 50里以内常关由税务司兼管。之后,海关船钞收入逐渐超过 10000 关平银两。到 1933 年,浙海关船钞收入达到 19958.543 关平银两。1933 年 3 月 14 日,海关总税务司发布《海关总税务司署通令第 4584 号(第二辑)》,要求船钞按国币银元征收,"自 3 月 10 日起船钞征收标准为:船舶登记吨位超过 150 吨者为每吨国币 6 角 5 分,150 吨及以下者为每吨国币 1 角 5 分;同日起停止

---

① 《海关总税务司署通令第 5585 号(第二辑)》(1937 年 9 月 21 日)附件一《整理海关转口税办法大纲》,见海关总署《旧中国海关总税务司署通令选编》编译委员会编:《旧中国海关总税务司署通令选编(第三卷)》(1931—1942 年),北京:中国海关出版社,2003 年版,第434 页。

② 《海关总税务司署通令第 5585 号(第二辑)》(1937 年 9 月 21 日)附件一《整理海关转口税办法大纲》,见海关总署《旧中国海关总税务司署通令选编》编译委员会编:《旧中国海关总税务司署通令选编(第三卷)》(1931—1942 年),北京:中国海关出版社,2003 年版,第434 页;另参见《宁波海关志》编纂委员会编:《宁波海关志》,杭州:浙江科学技术出版社,2000年版,第 198 页。

③ 《宁波海关志》编纂委员会编:《宁波海关志》,杭州:浙江科学技术出版社,2000 年版,第 197 页。

④ 中华人民共和国杭州海关译编:《近代浙江通商口岸经济社会概况:浙海关、瓯海关、杭州关贸易报告集成》,杭州:浙江人民出版社,2002 年版,第 878—887 页。

征收甲板船钞"①。1934 年和 1935 年,浙海关的船钞收入分别达到 31308.850 法币元和 36506.300 法币元。② 之后,由于战争因素,浙海关的船钞收入大幅减少,并在 1940 年因日军占领而中断。抗战胜利后,随着海关关务的恢复,船钞的征收开始恢复。1945 年 10 月 1 日,海关总税务司发布《海关总税务司署通令第 6732 号(渝字第 964 号)》,重新规定船钞的征收办法,"轮船在一百吨以上者改为每吨纳船钞法币六十五元;一百吨以下者改为每吨纳船钞法币十五元;航海木船一律照一百吨以下征率征收,其在内河行驶之木船仍旧免征"③。1947 年 2 月 14 日,海关总税务司发布《海关总税务司署通令第 7001 号》,提高船钞征收税率为"轮船在一百吨以上者每吨纳船钞国币六百五十元;一百吨以下者每吨纳船钞国币一百五十元;航海木船一律照一百吨以下征率征收,其在内河行驶之木船仍旧免征"④。1947 年 11 月 14 日,海关总税务司发布《海关总税务司署通令第 7177 号》,再次提高船钞征收税率为"轮船在一百吨以上者每吨纳船钞国币六千五百元;一百吨以下之船只每吨纳船钞国币一千五百元;航海木船一律照一百吨以下征收率征收,其在内河行驶之木船仍旧免征"⑤。1948 年 5 月 17 日,海关总税务司发布《海关总税务司署通令第 7308 号》,对美国救济物资进口免征船钞。⑥此后,随着金圆券的发行,海关总税务司于 1948 年 9 月 9 日发布《海关总税

---

① 《海关总税务司署通令第 4584 号(第二辑)》(1933 年 3 月 14 日),见海关总署《旧中国海关总税务司署通令选编》编译委员会编:《旧中国海关总税务司署通令选编(第三卷)》(1931—1942 年),北京:中国海关出版社,2003 年版,第 217—221 页。

② 中华人民共和国杭州海关译编:《近代浙江通商口岸经济社会概况:浙海关、瓯海关、杭州关贸易报告集成》,杭州:浙江人民出版社,2002 年版,第 878—887 页。

③ 《海关总税务司署通令第 6732 号(渝字第 964 号)》(1945 年 10 月 1 日),见海关总署《旧中国海关总税务司署通令选编》编译委员会编:《旧中国海关总税务司署通令选编(第五卷)》(1942—1949 年),北京:中国海关出版社,2003 年版,第 41 页。

④ 《海关总税务司署通令第 7001 号》(1947 年 2 月 14 日),见海关总署《旧中国海关总税务司署通令选编》编译委员会编:《旧中国海关总税务司署通令选编(第五卷)》(1942—1949 年),北京:中国海关出版社,2003 年版,第 358 页。

⑤ 《海关总税务司署通令第 7177 号》(1947 年 11 月 14 日),见海关总署《旧中国海关总税务司署通令选编》编译委员会编:《旧中国海关总税务司署通令选编(第五卷)》(1942—1949 年),北京:中国海关出版社,2003 年版,第 562—563 页。

⑥ 《海关总税务司署通令第 7308 号》(1948 年 5 月 17 日),见海关总署《旧中国海关总税务司署通令选编》编译委员会编:《旧中国海关总税务司署通令选编(第五卷)》(1942—1949 年),北京:中国海关出版社,2003 年版,第 700—717 页。

务司署通令第 7371 号》，按比率折算船钞征收税率为"轮船在一百吨以上者每吨纳船钞金元二分；一百吨或一百吨以下之船只每吨纳船钞金元一分；航海木船一律照一百吨以下之征收率征收，其在内河行驶之木船仍旧免征"①。

　　浙海关除征收关税外，还根据中央政府的规定，或受主管部门、地方政府的委托并经海关总署同意后，代表其他部门征收税费。这些税费由海关征收后，即移交给相关部门，缴解中央国库或作为地方财政收入。浙海关所代征的税费比较有代表性的有规费和码头捐。1912 年 4 月，浙海关对征收规费做了规定：客商递交报关单的时间在早上 6 点至晚上 6 点之间，每小时或不足 1 小时的应缴纳规费关平银 5 两；晚上 6 点至夜间 12 点，每小时或不足 1 小时的应缴纳规费关平银 10 两；晚上 12 点至次日早上 6 点，每小时或不足 1 小时的应缴纳规费关平银 20 两。1927 年 12 月，宁波市政府颁布《宁波市码头捐条例》，规定：凡进口货物均须缴纳码头捐，其捐率以应纳关税数目的 2% 计算；已在他口缴纳转口来甬的货物，捐率按估计的 1‰ 计算；各项进出口免税货物，除米麦及苞米外，每件缴纳码头捐银圆 5 厘；码头捐的征收，委托浙海关税务司督同市政府征收员办理。此外，还有一些临时性的税收，如 1921 年 1 月 16 日起"海常各关附征十分之一税收赈捐（船钞除外），为期一年"②。

　　南京国民政府成立后，根据国民政府命令，所有内地税局及煤油特税局等事务由海关及在 50 里内常关接管，并于 1929 年 2 月 1 日开始均置于海关管理之下，同时按规定征收附加税。具体如下：

　　　　(a)对进口洋货之二五附加税及奢侈品税以及进出内地之子口税，以及煤油税均予取消；

　　　　(b)土货出口二五附加税，土货复进口一点二五附加税均照征；

　　　　(c)中国机制货物征收二五附加税，即按照海关规定征收出口半税；

　　　　(d)货物通过由海关管辖之常关时按常关税则之半数缴纳附加税，

---

　　①　《海关总税务司署通令第 7371 号》(1948 年 9 月 9 日)，见海关总署《旧中国海关总税务司署通令选编》编译委员会编：《旧中国海关总税务司署通令选编(第五卷)》(1942—1949 年)，北京：中国海关出版社，2003 年版，第 845—846 页。

　　②　《海关总税务司署通令第 3102 号(第二辑)》(1920 年 12 月 21 日)，见海关总署《旧中国海关总税务司署通令选编》编译委员会编：《旧中国海关总税务司署通令选编(第二卷)》(1911—1930 年)，北京：中国海关出版社，2003 年版，第 288 页。

但在一处常关已纳附加税之货物经过其他常关时,不得再征附加税;

(e)迄今免征附加税之货物,继续享受所赋予之免税待遇。①

1931 年 11 月 30 日,海关总税务司发布《海关总税务司署通令第 4360 号(第二辑)》,将对进口及出口税征收救灾附加税,包括:1931 年 12 与 1 日至 1932 年 7 月 31 日按关税税率 10% 征收附加税;1932 年 8 月 1 日至美麦价款本息偿清之日为止按关税税率 5% 征收附加税。此外,除特定商品免征外,救灾附加税概不退税,全部收入由政府救济水灾委员会支配用途。② 1933 年 5 月 30 日,海关总税务司发布《海关总税务司署通令第 4638 号(第二辑)》,规定自 1933 年 5 月起,对应税而迄今免税的进口货物一律征收百分之五的水灾附加税,先期存入关栈的货物也不得豁免。③ 全面抗战时期,为了筹集军费,海关代征费用逐渐增加。到抗战胜利后,随着沿海海关的恢复,这些税费并没有随之取消,反而加倍征收。

1945 年 10 月 5 日,海关总税务司发布《海关总税务司署通令第 6736 号(渝字第 968 号)》,加倍征收改订仓库船只查验监视及签发准单等费,具体条目包括 16 项:上下旅客特别准单费、内港轮船执照费、丈量载客地位费、丈量吨位费、检查锅炉及机器费、签证文件费、代行领事事务费、船只在港界外起卸货物费、关栈费、火油类关栈费、装配汽车关栈费、特别准单费、货物产地证书费、炼油关栈费、报关行费、延长完税期限应缴之展期费等。④ 1947 年 2 月 26 日,海关总税务司发布《海关总税务司署通令第 7008 号》,对出口

---

① 《海关总税务司署通令第 3854 号(第二辑)》(1929 年 1 月 31 日),见海关总署《旧中国海关总税务司署通令选编》编译委员会编:《旧中国海关总税务司署通令选编(第二卷)》(1911—1930 年),北京:中国海关出版社,2003 年版,第 441 页。

② 《海关总税务司署通令第 4360 号(第二辑)》(1931 年 11 月 30 日)附件《国民政府救灾附加税征收条例》,见海关总署《旧中国海关总税务司署通令选编》编译委员会编:《旧中国海关总税务司署通令选编(第三卷)》(1931—1942 年),北京:中国海关出版社,2003 年版,第 130—133 页。

③ 《海关总税务司署通令第 4638 号(第二辑)》(1933 年 5 月 30 日)附件《国民政府救灾附加税征收条例》,见海关总署《旧中国海关总税务司署通令选编》编译委员会编:《旧中国海关总税务司署通令选编(第三卷)》(1931—1942 年),北京:中国海关出版社,2003 年版,第 232—233 页。

④ 《海关总税务司署通令第 6736 号(渝字第 968 号)》(1945 年 10 月 5 日)附件《改订仓库船只查验监视及签发准单等费数目表》,见海关总署《旧中国海关总税务司署通令选编》编译委员会编:《旧中国海关总税务司署通令选编(第五卷)》(1942—1949 年),北京:中国海关出版社,2003 年版,第 45—47 页。

商品进行 100％补贴的同时,对部分进口货物征收从价 50％的附加费。① 由于物价上涨,1947 年 9 月 2 日,海关总税务司发布《海关总税务司署通令第 7122 号》,在原价格基础上 4 倍征收改订仓库船只查验监视及签发准单等费用。② 1948 年 3 月 25 日,海关总税务司发布《海关总税务司署通令第 7272 号》,在原价格基础上 3 倍征收改订仓库船只查验监视及签发准单等费用。③ 1948 年 4 月 21 日,中国签署《关税暨贸易总协定之暂行实施议定书》,成为该协议的附签国。④ 1948 年 5 月 17 日,海关总税务司发布《海关总税务司署通令第 7308 号》,对美国救济物资进口免征一切附加费。⑤ 1948 年 7 月 15 日,经财政部审核,海关总税务司发布《海关总税务司署通令第 7339 号》,在新税则出台之前,继续征收即将到期的关税附加税和关税临时附加税。⑥ 1948 年 7 月 22 日,海关总税务司发布《海关总税务司署通令第 7344 号》,在原价格基础上加倍征收改订仓库船只查验监视及签发准单等费用。⑦ 1948 年 9 月 9 日,随着新税则的出台,海关总税务司发布《海关总税务司署通令

① 《海关总税务司署通令第 7008 号》(1947 年 2 月 26 日),见海关总署《旧中国海关总税务司署通令选编》编译委员会编:《旧中国海关总税务司署通令选编(第五卷)》(1942—1949 年),北京:中国海关出版社,2003 年版,第 362—363 页。

② 《海关总税务司署通令第 7122 号》(1947 年 9 月 2 日),见海关总署《旧中国海关总税务司署通令选编》编译委员会编:《旧中国海关总税务司署通令选编(第五卷)》(1942—1949 年),北京:中国海关出版社,2003 年版,第 500 页。

③ 《海关总税务司署通令第 7272 号》(1948 年 3 月 25 日),见海关总署《旧中国海关总税务司署通令选编》编译委员会编:《旧中国海关总税务司署通令选编(第五卷)》(1942—1949 年),北京:中国海关出版社,2003 年版,第 661—664 页。

④ 《海关总税务司署通令第 7364 号》(1948 年 9 月 1 日)抄件二《关税暨贸易总协定之暂行实施议定书签署国家及签署日期表》,见海关总署《旧中国海关总税务司署通令选编》编译委员会编:《旧中国海关总税务司署通令选编(第五卷)》(1942—1949 年),北京:中国海关出版社,2003 年版,第 840 页。

⑤ 《海关总税务司署通令第 7308 号》(1948 年 5 月 17 日),见海关总署《旧中国海关总税务司署通令选编》编译委员会编:《旧中国海关总税务司署通令选编(第五卷)》(1942—1949 年),北京:中国海关出版社,2003 年版,第 700—717 页。

⑥ 《海关总税务司署通令第 7339 号》(1948 年 7 月 15 日),见海关总署《旧中国海关总税务司署通令选编》编译委员会编:《旧中国海关总税务司署通令选编(第五卷)》(1942—1949 年),北京:中国海关出版社,2003 年版,第 771 页。

⑦ 《海关总税务司署通令第 7344 号》(1948 年 7 月 22 日),见海关总署《旧中国海关总税务司署通令选编》编译委员会编:《旧中国海关总税务司署通令选编(第五卷)》(1942—1949 年),北京:中国海关出版社,2003 年版,第 788—791 页。

第7373号》,停止征收海关附加税及关税临时附加税。① 但是,同日海关总税务司又发布《海关总税务司署通令第7374号》,对除"受关税暨贸易总协定第八号关税减让表拘束之货品外"加征进口正税40％戡乱时期附加税。② 1949年3月16日,海关总税务司发布《海关总税务司署通令第7483号》,停止征收戡乱时期附加税以减轻人民负担。③

（二）民国时期宁波海关关税的征收

由于进口货物来源地不一,再加上各地流通货币的不统一,海关在征收关税的过程中,只接受特定币种,同时将不同币种折算成关平两进行征收。1916年8月4日,海关总税务司发布《海关总税务司署通令第2550号（第二辑）》,对银圆折合率和汇率等问题作了解释,并附上《粤海关征税章程》以便各海关参照,具体内容如下:

1.关税可以用成元或中国银行银元期票与授权在香港发行之外国银行期票缴纳。

2.以银元缴纳关税之标准价值为成元,重0.72库平两,含纯银九成。海关可按数接受重量与纯度符合此标准之成元,折合率为100关平两＝156.65元。

3.海关接受中国银行与外国银行银元期票,按其与标准重量及纯度银元之当日市场比值折算。

4.海关只接受一银元以下之辅币,并按其与标准重量及纯度银元之市场比值折算。

5.赋税时不收表面损毁、边缘残缺之银元。④

① 《海关总税务司署通令第7373号》(1948年9月9日),见海关总署《旧中国海关总税务司署通令选编》编译委员会编:《旧中国海关总税务司署通令选编(第五卷)》(1942—1949年),北京:中国海关出版社,2003年版,第850—851页。
② 《海关总税务司署通令第7374号》(1948年9月9日),见海关总署《旧中国海关总税务司署通令选编》编译委员会编:《旧中国海关总税务司署通令选编(第五卷)》(1942—1949年),北京:中国海关出版社,2003年版,第853页。
③ 《海关总税务司署通令第7483号》(1949年3月16日),见海关总署《旧中国海关总税务司署通令选编》编译委员会编:《旧中国海关总税务司署通令选编(第五卷)》(1942—1949年),北京:中国海关出版社,2003年版,第1013页。
④ 《海关总税务司署通令第2550号(第二辑)》(1916年8月4日)附件四《粤海关征税章程》,见海关总署《旧中国海关总税务司署通令选编》编译委员会编:《旧中国海关总税务司署通令选编(第二卷)》(1911—1930年),北京:中国海关出版社,2003年版,第171页。

1929 年 8 月 5 日,海关总税务司发布《海关总税务司署通令第 3951 号(第二辑)》,规定亚细亚石油公司、美孚石油公司及德士古石油公司等特定石油公司在支付全部或部分新增税款(包括特种煤油税)之际,"可按关平银 100 两＝沪平银 111.40 两之固定比率计算,可用与应征税款等额并从上海付款之支票、汇票或信用证缴纳"①。1930 年 1 月 20 日,海关总税务司发布《海关总税务司署通令第 4025 号(第二辑)》,附送财政部第 14725 号令,该令主要内容为:

> 鉴于近期银价暴跌,致本年偿付关税担保外债已有不敷之虞。为保障税收,政府决定自 1930 年 2 月 1 日起,进口关税计算单位取消关平两,一律按海关金单位计算,海关金单位由政府定值为 60.1866 厘克纯金,等于 0.40 美金,或 19.7265 便士,或 0.8025 日金。自 2 月 1 日至 3 月 15 日进口税按关平 1 两合 1.5 海关金单位(按 1929 年最后 3 个月平均汇率即规银 1 两合 2 先令2.5 便士)。自 3 月 16 日起,进口税按关平银 1 两合 1.75 海关金单位(按 1929 年 1 月平均汇率即规银 1 两合 2 先令 7 便士)。但银元、银两及其他通用银币纳税仍准使用,其与海关金单位之折合率由总税务司随时于 3 日前将变更之汇率布告周知。②

对于此令,海关总税务司命令各关税务司与海关监督会同发布下列公告:

> 自 1930 年 2 月 1 日起,洋货进口关税计算单位停止使用关平两,改用新金单位。新金单位等于 60.1866 厘克纯金,合 0.40 美金,或 19.7265 便士,或 0.8025 日金。1930 年 2 月 1 日至 3 月 15 日,用关平两计算之国外进口从量税将按 1 关平两等于 1.50 新单位折合。自 1930 年 3 月 16 日起按 1 关平两等于 1.75 新单位折合。
>
> 今后银元、银两及其他通用货币纳税仍准使用。其与新单位之折

　　① 《海关总税务司署通令第 3951 号(第二辑)》(1929 年 8 月 5 日),见海关总署《旧中国海关总税务司署通令选编》编译委员会编:《旧中国海关总税务司署通令选编(第二卷)》(1911—1930 年),北京:中国海关出版社,2003 年版,第 470 页。

　　② 《海关总税务司署通令第 4025 号(第二辑)》(1930 年 1 月 20 日),见海关总署《旧中国海关总税务司署通令选编》编译委员会编:《旧中国海关总税务司署通令选编(第二卷)》(1911—1930 年),北京:中国海关出版社,2003 年版,第 487 页。

合率随时正式公布。折合率改变至少于 3 日前公布。[1]

为了让无法用金单位交纳关税的口岸可以用银圆或者银两交纳金单位关税,1932 年 11 月 25 日,海关总税务司发布《海关总税务司署通令第 4530 号(第二辑)》,决定自 1933 年 1 月 1 日起向宁波等口岸发送"Wige[2] 电报作为表示 100 金单位之等值国币(元),以取代关平银等值"[3]。同时,第 4530 号通令以 1932 年 11 月 19 日的实际兑换率为例,介绍了计算公式。1933 年 3 月 13 日和 4 月 8 日,海关总税务司再次发布《海关总税务司署通令第 4583 号(第二辑)》,就海关经费账目的计量单位作出规范。根据通令,海关自 3 月 10 日起按政府规定废除关平银,改用新银本位币,此前按照关平银征收的各种捐税及用于统计的价值记载都需要采用新银本位币计算,其中关平银 100 两约合银本位币 155.80 元,银本位币 100 元约合规平银 71.50 两。[4] 不过,在实际的征税中,除进口税以金单位交纳外,其他税种仍可用银币交纳。1935 年 11 月 19 日,海关总税务司发布《海关总税务司署通令第 5170 号(第二辑)》,要求海关接受政府银行发行的法币交纳关税,或在尚未流通法币地方接受等值的当地货币纳税。在由银行收税的口岸,应接受何种货币交纳关税则由银行决定,但各关税务司必须支持银行将等值法币记入海关每日税收账户。[5] 1942 年 4 月 1 日起,每海关金单位的含纯金重量改为 88.8671 毫克,并定为相当于法币 20 元。1948 年 8 月,国民政府发行金圆券,浙海关关税改用金圆券计值。

晚清时期,浙海关的关税由海关税务司负责征收和转运。辛亥革命爆

---

① 《海关总税务司署通令第 4025 号(第二辑)》(1930 年 1 月 20 日),见海关总署《旧中国海关总税务司署通令选编》编译委员会编:《旧中国海关总税务司署通令选编(第二卷)》(1911—1930 年),北京:中国海关出版社,2003 年版,第 487 页。

② Wige 为电码,表示 100 金单位之等值关平银。

③ 《海关总税务司署通令第 4530 号(第二辑)》(1932 年 11 月 25 日),见海关总署《旧中国海关总税务司署通令选编》编译委员会编:《旧中国海关总税务司署通令选编(第三卷)》(1931—1942 年),北京:中国海关出版社,2003 年版,第 190—192 页。

④ 《海关总税务司署通令第 4583 号(第二辑)》(1933 年 3 月 13 日/1933 年 4 月 8 日),见海关总署《旧中国海关总税务司署通令选编》编译委员会编:《旧中国海关总税务司署通令选编(第三卷)》(1931—1942 年),北京:中国海关出版社,2003 年版,第 214—216 页。

⑤ 海关总税务司发布《海关总税务司署通令第 5170 号(第二辑)》(1935 年 11 月 19 日),见海关总署《旧中国海关总税务司署通令选编》编译委员会编:《旧中国海关总税务司署通令选编(第三卷)》(1931—1942 年),北京:中国海关出版社,2003 年版,第 351—354 页。

发后,海关总税务司凭借统辖各口海关税务司、统一全国海关行政的庞大权力,"利用各省纷纷起义和清朝统治瓦解的混乱局面,夺取中国海关税款的保管权,这就完成了对中国关税从征收权到保管权的全面控制,从而为总税务司垄断中国财政打下了基础"①。中华民国成立后,中央政府财政部通令各海关监督,关税收入委托各港口之中国银行分行收存,在中国银行尚未设有分行之处所,则交由中国银行在当地特设之"派出机构"收存。对此,1913年5月24日,海关总税务司发布《海关总税务司署机密通令第7号》,密令各海关对关税收入的银行收存安排不得作出任何变更。② 随着中国政局的稳定,海关总税务司对税款的保管做了进一步的安排。1913年12月3日,海关总税务司发布《海关总税务司署通令第2125号(第二辑)》,对税款由中国银行收存一事进行规范:

> 为实施国际条约,本总税务司已制定原则,即仅准将税款交存于能够且愿意办理一般银行业务并守信之银行分支各行,不得将税款交存于属于该行委托之名为"派办处分支金库"等机构,因此类机构系政府财政部门而非银行。同时,本总税务司已声明,在签订规范合同及中央政府银行能提供必要便利条件下,并不反对由中央政府银行办理税款事宜。在税款交存于省银行或关务署指定银行之口岸,如有可能,均宜交存于中央政府银行。

> 因中国银行各地分支行可能会与各关洽谈有关交存税款事宜,本总税务司现附去与银行签订之合同汉、英文样本各一份,并认为此合同格式规范,现批准各关采纳。

> 日后,对银行佣金数额需报经本总税务司批准。

> 应注意在将税款交存于中国银行地方分支行之前,应按现行安排先发出通知。由外国银行直接办理税款之口岸,若无本总税务司之特别指令,应保持原来办法不变。今后有需进行商谈事项,各关可与银行

---

① 陈诗启:《中国近代海关史》(民国部分),北京:人民出版社,1999年版,第9页。

② 《海关总税务司署机密通令第7号》(1913年5月24日),见海关总署《旧中国海关总税务司署通令选编》编译委员会编:《旧中国海关总税务司署通令选编(第二卷)》(1911—1930年),北京:中国海关出版社,2003年版,第59页。

直接往来。①

根据浙海关档案记载,在 20 世纪 20 年代,浙海关的税款征收和汇解已经开始通过中国银行代为办理了。② 到 30 年代,随着国民政府收回关税主权,浙海关的往来税款及工资发放由中国银行处理成为常态。

(三)民国时期宁波海关税收总额的变化

辛亥革命后的 10 年间,浙海关的平均税收为关平银 441000 两,比上一个 10 年减少 181000 海关两。浙海关关税下降主要原因在于鸦片税和鸦片厘金的减少,这两项是 1912 年起停收的。此后经浙海关出口到国外的茶叶又予以免税,这样一来每年又让出了 80000 海关两。至于进口税,应该看到许多来自国外的货物是先在上海纳完税,持有免税证后再运到宁波的,因此当地从它们那里得到的税收并不能表明它们在这一口岸中的贸易地位。1912—1921 年,浙海关的进口税有大幅增长,而出口税和船钞呈逐年下跌态势。总的关税额在这一时期并无大的变化。

1922 年,浙海关税收总额为关平银 396700 两,1931 年增至 1136700 两。该数字还未包括由浙海关代征的赈捐和救灾附加税。1922—1931 年,浙海关各税种收入中,增加最快的是进口税,从 1922 年的 152100 关平银两增加到 1931 年的 860900 两。究其原因,除这一时期国际银价的下跌外,还有就是进口洋货多是从量征税。这一时期的出口税则由于 1929 年二五附税归并海关征收而有所增加。此后,尽管在 1931 年 6 月 1 日新订海关出口税税则施行,但对浙海关的贸易影响不大。

1931 年后,浙海关关税收入以法币开始计算。1932 年,浙海关关税收入总计为 2134717.020 元法币;1934 年,浙海关关税收入增加到 3571633.470 元;1936 年,这一数字下降到 1910813.410 元。相比 1934 年,1936 年浙海关进口税和转口税收入都出现大幅下跌,进口税从 2957279.630 元下降到 1622758.610 元;转口税从 264723.240 元下降到 84072.600 元。1937 年全面抗战爆发后,宁波港口航运出现畸形繁荣,关税收入逐渐增加。截止到 1940 年沦陷,宁波在 1937 年、1938 年和 1939 年的关税收入分别为

---

① 《海关总税务司署通令第 2125 号(第二辑)》(1913 年 12 月 3 日),见海关总署《旧中国海关总税务司署通令选编》编译委员会编:《旧中国海关总税务司署通令选编(第二卷)》(1911—1930 年),北京:中国海关出版社,2003 年版,第 81 页。

② "Ningbo Customs: Report on collection and remittance for the month of January 1925",浙江省档案馆藏,档案号:L058-001-0187。

2547784.540 元、3526321.430 元和 3720134.800 元,其中在进口税等税种收入大幅降低的同时,转口税出现大幅增长。抗战胜利后,宁波海关恢复并继续征收关税。这一时期的宁波关税收入主要由进口税、船钞和进出口税附加税组成。1946 年的关税收入为 53997610.960 元;1947 年的关税收入为197765229.600 元;1948 年,由于国民政府的货币改革,宁波海关上半年的关税收入为 2577291305.920 法币元,下半年的关税收入为 886.590 金圆券元。① 1949 年,宁波解放,其海关税收进入新的历史时期。

二、民国时期宁波对外贸易活动

本书主要讨论的是宁波的对外贸易,来源于中国其他沿海区域的土货入港不属于对外贸易范畴。此外,宁波的土货出口基本通过上海转运,或运销中国其他沿海口岸,或从上海出口海外,因此很难从海关档案中确认宁波出口海外商品的数量和价值。基于这些因素,本部分内容主要讨论直接进口和从上海转口而来的国外商品,同时就从宁波出口国外的贸易活动进行阐述。本部分未标注出处的数据均来源于浙海关历年统计报告,或据浙海关历年统计报告相关数据计算得出。

1911—1920 年,由于中国帝制的结束及第一次世界大战的影响,中国民族产业的发展迎来了少有的良好的内外部环境。政府奖励工商政策的实施及外资侵华步伐的减缓,都为宁波对外贸易的发展提供了契机。自 1911 年开始,随着中国改朝换代,宁波口岸洋货进口净值出现大幅度下降,其后的几年内一直处于波动状态,增长乏力。与之相对应的土货进口净值则在1914 年之前一直保持着稳定增长的态势。自 1914 年开始,宁波口岸洋、土货进口净值都出现大幅度跳水,经历了 1917 年的最低谷后开始逐渐回升。到 1920 年,土货进口净值达到本期(1911—1920 年)最大值,但洋货进口净值在本期最后 4 年呈徘徊趋势。相比洋货进口而言,土货进口净值在回升速度上都占有明显优势,但其在进口货物净值总额中的比例在大多数年份里都低于洋货进口净值。值得注意的是,自 1911 年开始,曾占洋货进口总量一半以上的鸦片几乎绝迹,而代替鸦片成为进口洋货最大宗的棉匹和棉纱进口量也大量减少。除以上产品外,宁波口岸进口的洋货还有车白糖、赤糖、锡块、葵扇、自来火、冰糖、纸烟、煤油等商品。

---

① 中华人民共和国杭州海关译编:《近代浙江通商口岸经济社会概况:浙海关、瓯海关、杭州关贸易报告集成》,杭州:浙江人民出版社,2002 年版,第 886 页。

1921—1930 年这 10 年，西方列强势力又开始大举进入中国。自 1921 年开始，宁波口岸洋货进口净值逐年上升，并在 1927 年达到一个高峰。在这期间，自 1923 年起，宁波每年都爆发抵制日货运动，1925 年、1927 年更是爆发了反英运动，这些运动的期限尽管都不长，但仍对宁波贸易进口产生了影响。1923—1924 年，宁波洋货进口净值出现短暂下滑。而从 1927 年开始，宁波洋货进口净值再次出现下滑，直到 1930 年才逐渐恢复并超过 1927 年的水平。相比之下，本期（1921—1930 年）宁波口岸土货入港净值逐渐上升，并在 1928 年达到历史最高值。其后尽管出现下滑，但是土货入港净值仍超过了 1921 年的水平。相比欧洲国家采用金本位制，中国政府在民国早期仍旧采用传统银本位制度，这一差别在 1929 年的经济危机中给宁波的对外贸易造成较大影响。1929 年世界市场银价的下跌和中国进口关税表的变更直接导致了宁波进口贸易额的萎缩，不过这一趋势在海关统计数据上是无法看到的。如果考虑到海关两和美元之间的汇率，以美元为统计单位来重新计算，就会发现 1922—1930 年这十年间宁波进口贸易变化趋势不一样。1922—1930 年，海关两与美元的汇率从 1∶0.83 跌到了 1∶0.34，相比美元，海关两的实际价值下跌了 59.04%，而这对宁波进口贸易额的影响是非常大的。如果宁波洋、土货入港净值以国际通用的美元作为计量单位，宁波口岸洋货进口净值从 1927 年就出现大幅下滑的趋势，反倒是经济危机期间跌幅有所放缓。到 1931 年，按美元计算的宁波洋货进口净值仍远远小于这十年中 1926 年的最高水平。同期，宁波口岸土货入港净值则呈现出波动型增长态势，并于 1928 年达到峰值，此后出现大幅下跌。从中可以发现，就宁波口岸进口贸易而言，世界市场银价下跌所带来的影响是非常明显的。这十年中，宁波口岸洋货进口数量自 1921 年呈现稳定增长态势。不过 1929 年资本主义世界经济危机爆发后，多项洋货进口数量开始出现大幅下滑。截至 1931 年，煤油、香烟、布匹等具有代表性的洋货进口数量已远低于 1921 年的水平。与之相反的是，1931 年宁波土货入港货品中香烟、水泥和布匹的数量较 1922 年有明显的增加。在以香烟、水泥、布料为代表的货物进口比例中，土货的数量相比洋货有明显上升，占据了一半以上的比例。由此可以看出，随着经济危机的加深，在洋货进口数量下降的同时，土货入港数量呈上升趋势，这与洋、土货入港净值比例的变化趋势相同。

从进口种类来看，根据《[民国]鄞县通志》记载，20 世纪 20 年代，宁波进

口洋货以布匹为主,其次为粮食、果品、蔬菜、药材等。① 1926—1928 年,宁波进口洋货种类如下:

> 本色棉布、漂白或染色棉布、印花棉布、他类棉布、棉花棉线棉纱及棉织品、亚麻火麻檾麻货、丝货及丝夹杂质货、毛棉制品、毛及毛制品、杂质匹货、五金及矿物、鱼介海产、荤食罐头食物日用杂物、粮食果品药材子仁香料菜蔬、糖、酒啤酒烧酒饮水等、烟草、化学产品、染料颜色、烛胶油皂蜡等、书籍地图纸及木质纸浆、生皮熟皮皮货、骨毛羽发毛角介壳筋长牙等、木材、竹木藤、煤燃料沥青柏油、瓷器搪瓷器玻璃等、石料及泥土制品、石棉(不灰木)、袋席、钮扣、扇伞御日伞、锉针、火柴及制造材料、五金线、杂货。②

20 世纪 30 年代,宁波洋货进口净值一路下跌。1933 年,宁波洋货进口净值为关平银 2106318 两,相比 1930 年下跌了 92.67%,出现这一现象的直接原因是南京国民政府对洋货进口税率的调整。同年,宁波土货进口净值为关平银 14337643 两,基本维持经济危机前的水平。同年,南京国民政府废两改元后,宁波口岸洋货进口净值一度出现恢复发展趋势,从 1934 年的 5948145 法币元上升到 1935 年的 8059920 法币元。但 1936 年,宁波洋货进口净值狂跌到 1844739 法币元。此后,随着抗日战争的全面爆发,宁波口岸洋货进口净值逐年减少。③

不过,这一时期宁波洋货在进口种类和进口来源地方面相比上一个十年均发生变化。根据《[民国]鄞县通志》记载,1931 年宁波进口洋货的主要来源地首先为国内的香港(1714760 关平银两),其次为国外的安南(1007692 关平银两)、日本(487478 关平银两)、荷属印度(236159 关平银两)、英属印度(138631 关平银两)、美国(90232 关平银两)、暹罗(39916 关平银两)、英国(36757 关平银两)、新加坡(18906 关平银两)、菲律宾(23563 关平银两)、法国(7684 关平银两)、朝鲜(1109 关平银两)、比利时(1000 关平银两)、北非洲(397 关平银两)、荷兰(172 关平银两)、加拿大(82 关平银两)、德国(2227 关

---

① 《鄞县通志·第五食货志》戊编《产销二·输入》,1935 年铅印本,《中国方志丛书·华中地方》(第 216 号),台北:成文出版社,1974 年版,第 2204 页。

② 《历年洋货输入第一表》,见《鄞县通志·第五食货志》戊编《产销二·输入》,第 2205—2209 页。

③ 中华人民共和国杭州海关译编:《近代浙江通商口岸经济社会概况:浙海关、瓯海关、杭州关贸易报告集成》,杭州:浙江人民出版社,2002 年版,第 892 页。

平银两)等地区。进口种类相比 1926 年则发生大的变化,1931 年宁波主要进口洋货种类如下:

> 洋布宁绸、棉纱、棉制品、麻袋、毛线、毛制品、锡锭块、海参、淡菜蛎干、虾米、海带、鱼翅、其他海产、果及罐头食物、咖啡、蜂蜜及杂货、[巧克力]、槟榔、八角茴香、砂仁豆蔻、米、面粉、大麦及其他食粮、丁香、代乳粉、药品、桂圆、橘子、胡椒杏仁、金针菜、各种糖、[酒]、纸烟、[碱]、化学品、栲皮、朱砂、颜料、漆及铅漆、苏木、银朱、亚喇伯胶、石蜡、纸、生牛皮、鞋底皮、皮货、鹿角犀角、介壳骨角、木材、藤皮心藤皮条、啤罗木、檀香木、秤杆木其他竹木、煤、瓷器、洋硝、绳索、皮胶鱼胶、动物、纺纱锭管、缝纫机、床架、帽袜手套皮鞋、家具及材料、橡片及树胶制品、科学仪器、机器及零件、化妆品鲜花卉、文具玩物、火炉壁炉、乱麻及火绒、杂货、未列名邮包。①

此外,随着沪杭甬铁路的开通,不少洋货和其他口岸的土货经由沪杭甬铁路输入宁波。1933 年通过沪杭甬铁路输入宁波的货物总计 43321 金②。尽管输入货物的价值不高,但铁路运输的特点使得不少入埠货物的种类与沿海航运入港货物有很大差别,具体的入埠货物种类有:

> 稻米、小麦、玉米、黄豆、其他豆类、药材、禽畜、鱼虾、蛋、牲畜皮、皮货、石类、瓷器、玻璃及玻璃器皿、煤(路用)、木炭、油漆类、芝麻、树叶茎及植物种子、壳果类、花生、水果类、蔬菜类、篾秣及草类、化学及动物肥料、植物油类、茶、糖、酒、革毡纸骨胶草制品、毛绒织品、丝、丝织品、人造丝织品、棉花、棉纱、棉织品、麻、麻织品、服饰类、化妆品类、化学品类、矿砂类、五金类(未加制造者)、金属器皿类、钢铁器皿类、机器类、铁路材料类、电气材料类、家庭及机关所用家具与设备品类、书籍新闻纸文具及仪器类、乐器玩具及游戏运动器具类、舟车及其附属品类、纸烟、烟草、罐头食物、饮食品类、木料类、纸、木竹藤筐篮柳条器、泥土与沙

---

① 《民国二十年洋货输入国别第一表》,见《鄞县通志·第五食货志》戊编《产销二·输入》,第 2217—2225 页。引用文献中加"[]"为《民国二十年洋货输入国别第二表》中增加的种类,见《鄞县通志·第五食货志》戊编《产销二·输入》,1935 年铅印本,第 2226—2227 页。
② "金"为宁波海关新的计量单位。

类、军用服装枪械类、其他。①

总体而言,从中华民国成立到中国抗日战争全面爆发这段时期,宁波口岸洋货进口额的结构经历了两次大的变化:第一次是棉布取代鸦片成为最主要进口商品;第二次是粮食取代棉布成为最主要进口商品;前者摧毁了浙东传统家庭织布业,后者瓦解了宁波传统的农业生产结构。与之相对应的是,宁波港入埠土货中,工业品超过50%,以纸烟、绸布、棉纱、面粉为主。从比例上进行比较,洋货进口净值与土货输入净值的比例由1914年的1：0.3上升到1920年的1：0.95,土货输入净值与洋货进口净值几乎相等。而在世界经济危机中,土货输入净值无论是数量还是价值都超过洋货。其后,随着1931年中国进口税率的调整,洋货进口额大幅下降,宁波港的土货入埠占据宁波输入贸易额的主体地位。②

1937年全面抗战爆发后,宁波进口洋货净值有短暂的增加,达到2121213元,其后在1938年下降到1212111元。1939年和1940年,宁波口岸的洋货进口再次增加,分别达到1667080元和10596709元。而这一时期输入的土货大多转运到其他口岸。1940年宁波沦陷后,宁波口岸的进口贸易直到1946年才得以恢复,不过其进口数额远远低于全面抗战前的水平。1946—1948年,宁波口岸的进口洋货净值分别是133847元、60966元和45034元。③

就出口贸易而言,近代浙海关对宁波出口贸易数据的统计包括运销中国其他沿海口岸及通过上海转销海外的商品,因此,民国时期宁波的出口贸易情况,很难通过海关数据去讨论当时出口的实态。但是,我们仍可以就一些具体的贸易商品来考察民国时期宁波的出口贸易情况。

在《[民国]鄞县通志》中,1926—1928年宁波口岸销往中国其他沿海口岸的土货和经由上海出口海外的土货种类如下:

> 其他动物、骨、鲜蛋、皮蛋咸蛋、鸭毛、鸡毛、鹅毛、鱿鱼墨鱼、干鱼咸鱼、虾干虾米、海蛰、罐头鱼介海产、未列名鱼介海产、头发、山羊毛、生驴马骡皮、生黄牛皮、未列名生皮、羊肠、猪肠、熟牛皮、其他熟皮、散装

---

① 《民国二十二年沪杭甬路输入货物数量表》,见《鄞县通志·第五食货志》戊编《产销二·输入》,第2229—2231页。

② 郑绍昌:《宁波港史》,北京:人民交通出版社,1989年版,第266—275页。

③ 中华人民共和国杭州海关译编:《近代浙江通商口岸经济社会概况:浙海关、瓯海关、杭州关贸易报告集成》,杭州:浙江人民出版社,2002年版,第892页。

整只火腿、麝香、灵猫皮、黑猫皮家猫皮、已硝未硝狗皮、野兔皮家兔皮、已硝未硝羔皮、羔皮褂统、浣熊皮、已硝未硝绵羊皮、灰鼠皮、黄狼皮、未硝其他皮、皮衣料皮统皮毯皮褥、牛油、黄蜡、骆驼毛、绵羊毛、未列名动物产品、笋、乳腐、蚕豆、[槟榔]、其他豌豆、其他糠(麸)、[樟脑]、桂皮、[玉蜀黍]、小麦、其他粮食、茯苓、飞棉花、棉花、五倍子、姜黄、其他染料、棕、火麻、[其他织维]、面粉、其他食粮粉、其他花卉树木、黑枣、红枣、荔枝、桂园、罐头干果制品、未列名干果制品、栗子、花生、橘子、未列名鲜果、黑木耳、蒜头、鲜姜制姜、甘草、香菌、生油、[草麻油]、麻油、桐油、其他植物油、陈皮柚皮、大黄、杏仁、棉子、莲子、瓜子、芝麻、其他子仁、棉子饼、未列名子饼、酱油、香料、冰糖、[柏油]、工夫红茶、小珠绿茶、熙春绿茶、其他绿茶、毛茶、茶梗、烟叶、[烟丝]、[其他烟草]、大头菜咸萝卜干、罐头菜蔬、未列名干鲜咸菜蔬、酒、[药酒]、未列名植物产品、[粗细斜纹布]、[土布]、[市布粗布]、[未列名棉布]、棉制毯线毯、棉制短袜长袜、各种毛巾、棉胎、废棉花、本色棉纱、[破布]、未列名棉制品、茼麻袋(从个)、茼麻袋(从担)、其他袋、地毯(过十英尺见方)、[地毯毡毯]、花边衣饰、[未列名织造品]、未列名他类织造品产物、[靴鞋]、各种便帽、蒲草帽草帽、木片帽、[金丝草帽]、[麻帽]、[未列名帽]、围巾、[汗衫裤]、[未列名短袜长袜]、未列名衣著便帽帽靴鞋、家蚕茧、烂蚕茧、[丝绣货]、绸缎、[其他茧绸]、白丝、白厂丝、乱丝头、[丝绵杂货]、[未列名丝产品]、蚕茧衣、整竹根、竹蔑竹叶等、竹器、炭、柴、上等纸、次等纸、下等纸、纸箔(锡箔)、其他纸、[藤条片皮等]、轻木材、椿木杉木桁木、棺木材、未列名木、木器(非家具)、黄铜器、铁制品、旧铁碎铁、[铁矿砂]、未列名五金矿物、[广告品]、[军衣军需品]、印本书籍、石膏、未列名建筑材料、蜡烛、小桶鼓形桶琵琶桶、明矾、[碱]、未列名化学产品、[细瓷器]、纸烟、罐头蜜饯糖果糖食、未列名蜜饯糖果糖食、各种绳、古玩、[搪瓷器景泰蓝器]、纸扇、其他扇、鱼网、家具、玻璃器、[乐器]、女红用品、神香、灯器(电灯除外)/[灯器(电灯不在内)]、[灯笼]、机器及电件/[机器及零件]、[其他肥料]、其他肥料化学肥料、火柴、草席蒲草席、其他席、地席、药材、香水脂粉、瓦器陶器、家用及洗衣肥皂、墨、其他文具、石及石器、[其他化妆品]、纸伞、生漆、未列名邮包、未列名客带杂货、其他杂货。①

　　上举商品中大多是销往中国其他沿海口岸的,如鱿鱼、墨鱼等海产品。但是,其他一些特色商品则通过上海销往海外,其中比较有代表性的有茶叶、草帽和药材。

　　1911 年宁波口岸平水茶出口比上年多 4848 担,为 115612 担,多装运上海,转销美国及英俄两国。一战爆发后,茶叶出口价格下跌,由每担 30 元跌至 25 元。因此,尽管 1915 年茶叶出口价格一度涨至 40 元,带来当年茶叶出口量激增至 115047 担,但战争导致的航路阻隔以及海运价格的上升使得棉花出口量减少,出口价格一度跌至每担 10 元。总之,一战导致的国际海运价格的上升与国际金价的低落,严重影响了宁波茶叶出口,而传统茶叶的栽种、泡制和收购方式已不适应茶叶的商品化贸易。基于此,尽管一战结束后国际茶叶市场逐渐恢复,但宁波茶叶出口量仍未恢复到战前水平。1920 年宁波平水茶出口量仅为 74190 担,比 1911 年下降了 35.83%。

　　除平水茶外,作为宁波口岸传统出口手工艺品,草帽的出口量也受到一战的影响。1912 年,宁波口岸草帽出口达到 10 年来的最高销量,为 10824000 顶,出口地主要是欧洲。随着 1914 年一战的爆发,宁波草帽出口量仅为 3229396 顶,是 1913 年销量的一半。此后,宁波草帽出口量一路下跌,到 1918 年仅有 1300000 顶。② 浙海关代理税务司来安仕(F. W. Lyons)在 1917 年的《宁波口华洋贸易情形论略》中指出:"推原其故,识者谓华工不求精巧,所织之帽其粗陋殆类米筛,而于大小广狭又少注意,近时沪、甬二埠以及美国之承办商人,因买客嫌货粗劣定而不取,以致存积待售者比比皆是。"③ 此外,1919 年中日关系紧张所导致的抵制日货运动不仅影响宁波洋货进口贸易,同时也冲击了宁波口岸草帽业的出口,因为宁波草帽手工业中

---

　　① 《历年土货输出第一表》,见《鄞县通志·第五食货志》戊编《产销二·输出》,第 2232—2243 页。引用文献中加"[ ]"为 1929—1931 年增加的种类,见《历年土货输出第二表》,《鄞县通志·第五食货志》戊编《产销二·输出》,第 2243 页。

　　② 相关数据来源于 1911—1920 年的各年海关贸易报告,详见中华人民共和国杭州海关译编:《近代浙江通商口岸经济社会概况:浙海关、瓯海关、杭州关贸易报告集成》,杭州:浙江人民出版社,2002 年版,第 332—364 页。

　　③ (英)来安仕(F. W. Lyons):《民国 6 年(1917 年)宁波口华洋贸易情形论略》(1918 年 3 月 30 日),见中华人民共和国杭州海关译编:《近代浙江通商口岸经济社会概况:浙海关、瓯海关、杭州关贸易报告集成》,杭州:浙江人民出版社,2002 年版,第 349 页。

最为畅销的木花帽是用日本木花编成的。① 1921—1930 年这 10 年间,宁波的草帽出口量基本维持在每年约 500 万顶,远高于 20 世纪第一个 10 年的水平,其中 1922 年和 1923 年宁波口岸草帽的出口量更是达到 10968479 顶和 9093807 顶的高位。究其原因,主要有两点:一是本期(1921—1930 年)国际市场金银价格汇率的波动,银价的走低对草帽这种主要销往海外市场的产品影响犹大;二是宁波草帽手工业工艺的改进,逐渐试用多种国产或外洋新奇原料,提高了草帽制成品在海外的接受度。宁波草席主要销往日本,每年日本商人会派专人前往宁波收购。1923 年日本关东大地震后,其本土工业的停顿刺激了宁波草席的出口,使得 1924 年宁波口岸草席出口达到 5046473 张,为本期最高出口量。

除此之外,宁波向以药材著称,世界各国只要有华人居住的地方,就都有宁波人开设的药铺。宁波药品齐备,中国各省所产药材都运往宁波口岸,经宁波药商加工后,销往世界各地。②

1931 年后,由于经济危机影响以及浙江沿海海盗的猖獗,宁波口岸的对外贸易日趋消沉。出口货物无论种类还是数量都有下降,出口数量为 13800526 关平银两,其中大部分运往其他通商口岸,直接运往外洋和香港的土货仅为 155651 关平银两③,输出地分别为国内的香港(136103 关平银两)、台湾(215 关平银两)以及国外的新加坡(2487 关平银两)、荷属印度(2752 关平银两)、英属印度(832 关平银两)、英国(112 关平银两)、美国(3400 关平银两)、法国(225 关平银两)、日本(377 关平银两)、菲律宾(40 关平银两)、比利时(16 关平银两)、奥地利(13 关平银两)、加拿大(6 关平银两)、朝鲜(7 关平银两)、波兰(6 关平银两)、暹罗(49 关平银两)。④ 新出口税则的实行,加之宁波至上海陆路交通的改善,使原本在宁波口岸直接销往

---

① (英)葛礼(F. W. Carer):《民国 8 年(1919 年)宁波口华洋贸易情形论略》(1920 年 4 月 19 日),见中华人民共和国杭州海关译编:《近代浙江通商口岸经济社会概况:浙海关、瓯海关、杭州关贸易报告集成》,杭州:浙江人民出版社,2002 年版,第 357 页。

② (英)甘福履(F. W. Carey):《民国 12 年(1923 年)宁波口华洋贸易情形论略》(1924 年 2 月 29 日),见中华人民共和国杭州海关译编:《近代浙江通商口岸经济社会概况:浙海关、瓯海关、杭海关贸易报告集成》,杭州:浙江人民出版社,2002 年版,第 373 页。

③ 《历年土货输出价值总表》,见《鄞县通志·第五食货志》戊编《产销二·输出》,第 2257 页。

④ 《民国二十年土货输出国别第一表》《民国二十年土货输出国别第二表》,见《鄞县通志·第五食货志》戊编《产销二·输出》,第 2258—2262 页。

国外的土货大部分经由上海或其他沿海口岸转运。宁波经沪杭甬铁路出口的土货在 1931—1933 年的出口数量分别为 32401 关平银两、37266 关平银两和 26712 关平银两,出口货物的种类有:明矾、枣子干、豆油、豆饼、匹头布、棉纱、纸烟、皮纸、虾皮、笋干、桂圆、鲜鱼、鲜果、面粉、石膏、草子、煤油、青铅、药材、火柴、瓜子、白藤、米、咸鱼、草席、糖、肥皂、点铜、粉条、锡、金丝草、菜籽、肥田粉、茶叶。①

1934 年,除草席出口数量因为免收转口税出现增长外,其他诸如棉花、药材和绿茶出口数量均有所下降。1935 年宁波镇海设立新码头后,大量宁波土货及周边土产直接由镇海口转往上海出口,因此宁波口岸本身的土货出口量统计数据呈现逐年下降的趋势。不过这一情形在 1937 年发生变化。由于战事影响,大量货物需要通过宁波口岸出口,其中比较有代表性的就是原先由镇海销往上海的草帽在全面抗战爆发后均由宁波出口。② 1940 年宁波沦陷后,宁波直接销往国外的土货禁绝,直到中华人民共和国成立前都没有恢复。

---

① 《历年由沪杭甬路输出货物数量表》,见《鄞县通志·第五食货志》戊编《产销二·输出》,第 2262—2264 页。
② 《民国 26 年(1937 年)海关中外贸易统计年刊(宁波口)》,见中华人民共和国杭州海关译编:《近代浙江通商口岸经济社会概况:浙海关、瓯海关、杭海关贸易报告集成》,杭州:浙江人民出版社,2002 年版,第 401—402 页。

结　语

人类,聚群而生。早期人类活动中,商品交换是满足人们日常生活需要的基本方式之一。随着分工的日益细化,商品交换逐渐从部落内部拓展到不同区域,而部落之间的商品交换行为构成贸易的雏形。随着贸易区域的拓展和贸易品种的增加,特别是国家出现后,贸易已经有了国内贸易和国际贸易的区分,这就是我们日常理解的对内贸易和对外贸易。

宁波的对外贸易有着悠久的历史,在大型造船与远洋航海技术还不发达的秦汉时期,从文献和出土文物就已经能看到宁波对外贸易的痕迹。此后,随着江南经济的发展,特别是连通京杭大运河的浙东运河的开通,以及宁波建城,都成为宁波对外贸易兴起的基础。宋元时期,宁波市舶司机构的设立和对出海贸易船只、货物和人员的统一管理,无不凸显这一时期宁波对外贸易的繁荣。而到明清时期,尽管出现国家海洋政策的转向,但宁波无论合法或非法形式的贸易方式都彰显着宁波对外贸易的必然性。晚清以来的宁波开埠及对外贸易的迅猛发展,也印证了宁波对外贸易的活力和韧性。在对宁波对外贸易发展历史的梳理中,有两个特征值得我们关注。

第一,宁波对外贸易的发展与宁波城市、港口的成长同步。

宁波城市的形成建立在海岸线逐渐向东偏移,原本近海海底逐渐凸出海面变成陆地的基础上。考古发现证明,远古时期宁波先民的活动自余姚向东逐渐转移,城市也从余姚江边的句章,拓展到鄞县与明州城的修建。宁波的对外贸易伴随着宁波城市的拓展和宁波港的兴起而逐步发展起来。唐代时期,宁波的对外贸易与城市发展已经十分密切。唐代明州的海运码头分布在三江口至灵桥一带,在城外临江岸有成排的木桩,有的打成梅花桩,在密布的木桩中,还夹着木板,有的底部铺着许多树梢、木头,这些措施是为了加固江岸,便于舟楫停泊。唐代从日本前来的遣唐使船只和大量商船就从这个海运码头进入明州,并沿着浙东运河和京杭运河直达唐朝东都洛阳。宋代市舶机构的设立和城池的修建,凸显了这一时期宁波对外贸易的繁荣。根据《宝庆四明志》记载,在宝庆二年(1226),胡榘重修罗城,在这次大修之后明州城门增至十个,多与海运、河运有关。宁波城市和港口的发展推动了宁波对外贸易的繁荣。同时,宁波对外贸易的发展也成为宁波城市升格的重要因素。南宋绍熙五年(1194),明州升为庆元府,元代称庆元路。到明代,浙江对外贸易事务的主管机构从杭州迁至宁波,浙江沿海兵备道的衙门也选址在宁波。作为江南区域中的重要外贸港口,宁波成为日本对华贸易的唯一城市,成为浙江仅次于省城杭州的第二大城市。宁波对外贸易的重要价值使其成为中国近代最早开放的城市之一,其现代城市与港口建设引领浙江。在对外贸易的带动下,宁波的工商业和城市建设均得到迅猛发展,现代城市市政体系更是走在全国前列。

第二,宁波对外贸易的发展与区域经济、文化的繁荣并进。

作为滨海城市,宁波"地狭人稠,生居维艰",不少居民缘海为生,从事对外贸易活动。在区域农业经济发展到极限之后,大量增加的人口从事手工业和商业活动。早期宁波对外贸易就是建立在区域经济发展的基础之上的,其发展脉络与区域经济发展同步。秦汉时期,随着王朝的统一和人口的南迁,中原地区的手工业技术逐渐在宁波传播开来,越窑青瓷是这一时期宁波对外贸易的主要商品。吴赤乌年间(238—251),印度僧那罗延至宁波慈溪五磊山结庐修行,宁波、绍兴一带出土的一些同时期堆塑釉陶罐上出现了胡人雕塑形象,这反映出宁波与南海之间已经存在海路人员往来的史实。唐五代时期,宁波的纺织业和制瓷业已经非常发达,再加上先进的造船技术,宁波的对外贸易继续向前发展。随着越窑青瓷外销区域的不断拓展,作为青瓷舶运基地的明州港,逐渐将海航触角延伸至东南亚和环印度洋地区,这一盛况一直持续至北宋。

两宋时期,包括宁波在内的江南经济已经高度发达,区域经济作物种植和手工业发展达到新的高度。另外,随着"庆历五先生"大倡文教,楼、史等四明望族崛起,阿育王寺和天童寺名列"五山",明州成为文化创生之地,以文兴商,为区域商贸的发展提供了支持。文化、思想、艺术的越海交流,甚至在很大程度上定义了宋日贸易的内涵与属性。到了元代,在国家开放对外贸易政策的刺激下,元代宁波港的地位超越了扬州、江阴、杭州、台州、温州等港,成为海上丝绸之路东海航线的枢纽港。明清时期,尽管国家对外贸易政策发生转向,宁波的对外贸易受到诸多限制,但区域经济的发展使得宁波在国内沿海贸易中仍处于优势地位。随着麦稻两熟制和甘薯、马铃薯、玉米等国外粮食品种的引进,农民能空出更多的田地扩大桑树和茶树等经济作物的种植面积,再加上纺织技术的进步,宁波的丝织品无论在数量上还是质量上都有很大突破。明清时期,宁波的丝织品与书籍成为对日贸易的重要商品。近代开埠之后,宁波的进出口产品逐渐从原料制品向工业制品转变,凸显出区域手工业技术的进步和现代工业的发展。

总体而言,宁波的对外贸易因地理环境而生,并随着宁波城市和港口的变迁、浙东经济与文化的发展而逐渐繁荣。没有区域经济、人文、城市的坚实基盘,宁波的对外贸易就成为无根之木。反之,宁波的对外贸易为宁波社会经济的发展提供了更为广阔的市场,推动宁波建立起依托港口的经济产业,扩大了浙东文化的传播圈层,进而带动宁波城市地位的上升。可以说,宁波的对外贸易、城市发展、区域经济及地域文化相互影响,并最终共同推动宁波的繁荣。

参考文献

一、文献史料

[战国]左丘明:《国语》,上海:上海古籍出版社,2015年版。

[汉]班固:《汉书》,北京:中华书局,1962年版。

[汉]司马迁:《史记》,北京:中华书局,1959年版。

[汉]袁康:《越绝书》,上海:商务印书馆,1937年版。

[晋]陈寿:《三国志》,北京:中华书局,1964年版。

[晋]陆云撰,黄葵点校:《答车茂安书》,北京,中华书局,1988年版。

[南朝宋]范晔:《后汉书》,北京:中华书局,1973年版。

[南朝梁]沈约:《宋书》,北京:中华书局,1974年版。

[唐]罗隐,李定广校注:《罗隐集系年校笺》,北京:人民出版社,2013年版。

[唐]魏徵:《隋书》,北京:中华书局,1982年版。

[唐]姚思廉:《梁书》,北京:中华书局,1974年版。

[后晋]刘昫:《旧唐书》,北京:中华书局,1975年版。

[宋]包恢:《敝帚稿略》,《景印文渊阁四库全书》集部第1178册,台北:台湾商务印书馆,1986年版。

[宋]陈旉著,万国鼎校注:《陈旉农书校注》,北京:中国农业出版社,1965年版。

[宋]范仲淹著,李勇光、王蓉贵点校:《范仲淹全集·范文正公文集》,成都:四川大学出版社,2002年版。

[宋]方勺撰,许沛藻、杨立扬点校:《泊宅编》,北京:中华书局,1983年版。

［宋］江少虞：《宋朝事实类苑》，上海：上海古籍出版社，1981年版。

［宋］李心传编撰，胡坤点校：《建炎以来系年要录》，北京：中华书局，2013年版。

［宋］李心传著，徐规点校：《建炎以来朝野杂记》，《唐宋史料丛刊》，北京：中华书局，2006年版。

［宋］楼钥：《楼钥集》，杭州：浙江古籍出版社，2010年版。

［宋］罗濬：《宝庆四明志》，《宋元方志丛刊》，北京：中华书局，1990年版。

［宋］马端临著，上海师范大学古籍所、华东师范大学古籍所点校：《文献通考》，北京：中华书局，2011年版。

［宋］梅尧臣：《梅尧臣集编年校注》，上海：上海古籍出版社，2006年版。

［宋］梅应发、［宋］刘锡：《开庆四明续志》，《宋元方志丛刊》，北京：中华书局，1990年版。

［宋］欧阳修：《新唐书》，北京：中华书局，1975年版。

［宋］欧阳修：《新五代史》，北京：中华书局，1974年版。

［宋］欧阳修著，洪本健校笺：《欧阳修诗文集校笺》，上海：上海古籍出版社，2009年版。

［宋］沈括著，侯真平校点：《梦溪笔谈》，长沙：岳麓书社，2002年版。

［宋］司马光编著，［元］胡三省音注：《资治通鉴》，北京：中华书局，1956年版。

［宋］宋敏求编，洪丕谟等点校：《唐大诏令集》，上海：学林出版社，1992年版。

［宋］苏轼著，张志烈等主编：《苏轼全集校注》，石家庄：河北人民出版社，2010年版。

［宋］苏轼著，孔凡礼点校：《苏轼文集》，北京：中华书局，1986年版。

［宋］苏辙：《栾城集》，上海：上海古籍出版社，2009年版。

［宋］王柏：《鲁斋集》，《景印文渊阁四库全书》集部第1186册，台北：台湾商务印书馆，1986年版。

［宋］王溥：《唐会要》，台北：中文出版社，1978年版。

［宋］文莹撰，郑世刚点校：《湘山野录》，北京：中华书局，1984年版。

［宋］吴自牧：《梦粱录》，杭州：浙江人民出版社，1980年版。

［宋］徐兢：《宣和奉使高丽图经》，北京：中华书局，1985年版。

［宋］徐鹿卿：《清正存稿》，胡思敬辑：《豫章丛书》，南昌：南昌古籍书店；杭州：杭州古籍书店，1985年版。

［宋］薛居正：《旧五代史》，北京：中华书局，1976年版。

［宋］袁采：《袁氏家范》，北京：中华书局，1985年版。

［宋］张津:《乾道四明图经》,《宋元方志丛刊》,北京:中华书局,1990 年版。

［宋］赵汝适:《诸蕃志》,北京:中华书局,1985 年版。

［宋］周密撰,王根林校点:《癸辛杂识》,上海:上海古籍出版社,2012 年版。

［宋］周去非撰,杨武泉校注:《岭外代答校注》,北京:中华书局,1999 年版。

［宋］周行己撰,周梦嶷笺校:《周行己集》,上海:上海社会科学院出版社,
  2002 年版。

［宋］朱彧:《萍洲可谈》,《宋元笔记小说大观》,上海:上海古籍出版社,2001
  年版。

［元］陈旅:《安雅堂集》,《景印文渊阁四库全书》集部第 1213 册,台北:台湾
  商务印书馆,1986 年版。

［元］黄溍著,王颋校注:《黄溍全集》,天津:天津古籍出版社,2008 年版。

［元］陶宗仪著,武克忠、尹贵友校点:《南村辍耕录》,济南:齐鲁书社,2007
  年版。

［元］脱脱:《辽史》,北京:中华书局,1974 年版。

［元］脱脱:《宋史》,北京:中华书局,1977 年版。

［元］汪大渊著,苏继底校释:《岛夷志略校释》,北京:中华书局,1981 年版。

［元］王元恭:《至正四明续志》,《宋元方志丛刊》,北京:中华书局,1990 年版。

［元］袁桷:《延祐四明志》,《宋元方志丛刊》,北京:中华书局,1990 年版。

［元］张翥:《蜕菴集》,《景印文渊阁四库全书》集部第 1215 册,台北:台湾商
  务印书馆,1986 年版。

［明］不注撰人:《朝鲜志》,北京:中华书局,1985 年版。

［明］陈子龙等:《明经世文编》,北京:中华书局,1962 年版。

［明］戴璟:《戴中丞遗集》,《四库全书存目丛书》集部第 74 册,济南:齐鲁书
  社,1997 年版。

［明］傅维麟:《明书》,上海:商务印书馆,1936 年版。

［明］顾炎武:《天下郡国利病书》,《四部丛刊三编》(第 25 册),上海:上海书
  店出版社,1985 年版。

［明］何乔远:《名山藏》,《续修四库全书》史部第 427 册,上海:上海古籍出版
  社,2002 年版。

［明］胡宗宪:《筹海图编》,《景印文渊阁四库全书》史部第 584 册,台北:台湾
  商务印书馆,1983 年版。

［明］黄淮、［明］杨士奇:《历代名臣奏议》,台北:学生书局,1964 年版。

［明］李延恭等:《日本考》,北京:中华书局,1983 年出版。

[明]刘惟谦等:《大明律》,《续修四库全书》史部第 862 册,上海:上海古籍出版社,2002 年版。

[明]申时行等修:《明会典》,《续修四库全书》史部第 789 册,上海:上海古籍出版社,2002 年版。

[明]沈德符:《野获编三十卷》,《续修四库全书》子部第 1174 册,上海:上海古籍出版社,2002 年版。

[明]宋濂:《元史》,北京:中华书局,1976 年版。

[明]谈迁:《国榷》,北京:中华书局,1958 年版。

[明]王圻:《续文献通考》,《续修四库全书》史部第 762 册,上海:上海古籍出版社,2002 年版。

[明]王士性:《广志绎》,北京:中华书局,1986 年版。

[明]郑晓:《今言》,北京:中华书局,1985 年版。

[明]朱纨:《甓余杂集》,《四库全书存目丛书》集部第 78 册,济南:齐鲁书社,1997 年版。

《明实录·太祖实录》,台北:"中研院"史语所,1961 年版。

《明实录·武宗实录》,台北:"中研院"史语所,1961 年版。

《明实录·孝宗实录》,台北:"中研院"史语所,1961 年版。

《明实录·英宗实录》,台北:"中研院"史语所,1961 年版。

[清]蔡新等辑:《御选明臣奏议》,《景印文渊阁四库全书》史部第 203 册,台北:台湾商务印书馆,1986 年版。

[清]陈梦雷:《古今图书集成·食货典》(第 69 册),北京:中华书局;成都:巴蜀书社,1985 年版。

[清]谷应泰:《明史纪事本末》,北京:中华书局,1977 年版。

[清]顾祖禹撰,贺次君、施和余点校:《读史方舆纪要》,北京:中华书局,2005 年版。

[清]洪若皋、虞隣:《海寇记》,见[清]许旭:《闽中纪略》,《台湾文献丛刊》(第 260 种),台北:台湾银行经济研究室,1968 年。

[清]黄以周等辑注,顾吉辰点校:《续资治通鉴长编拾补》,北京:中华书局,2004 年版。

[清]嵇曾筠等总裁,[清]刘章等监修:《[雍正]浙江通志》,上海:商务印书馆,1934 年版。

[清]江日昇:《台湾外记》,福州:福建人民出版社,1983 年版。

[清]蒋良骐:《东华录》,《续修四库全书》史部第 368 册,上海:上海古籍出版

社,2002 年版。

[清]昆冈等修,[清]刘启端等纂:《钦定大清会典事例》,《续修四库全书》史
　　部第 807、809 册,上海:上海古籍出版社,2002 年版。

[清]李恒:《国朝耆献类征初编》,《清代传记丛刊》,台北:明文书局,1985
　　年版。

[清]林绳武:《海滨大事记》,《台湾文献丛刊》(第 213 种),台北:台湾银行经
　　济研究室,1968 年。

[清]夏燮:《明通鉴》,《续修四库全书》史部第 364 册,上海:上海古籍出版
　　社,2002 年版。

[清]徐松辑,刘琳等校点:《宋会要辑稿》,上海:上海古籍出版社,2014 年版。

[清]于万川修,[清]俞樾纂:《[光绪]镇海县志》,《续修四库全书》史部第 707
　　册,上海:上海古籍出版社,2002 年版。

[清]张廷玉等:《明史》,北京:中华书局,1974 年版。

《清实录·高宗实录》,北京:中华书局,1986 年版。

《清实录·圣祖实录》,北京:中华书局,1986 年版。

《清实录·世祖实录》,北京:中华书局,1986 年版。

[清]朱正元辑:《浙江省沿海图说》,《中国方志丛书》,台北:成文出版社,
　　1974 年版。

赵尔巽等:《清史稿》,北京:中华书局,1976 年版。

李前泮修,张美翊纂:《奉化县志》,《中国方志丛书》,台北:成文出版社,1975
　　年版。

朱杰人、严佐之、刘永翔编:《朱子全书》,上海:上海古籍出版社;合肥:安徽
　　教育出版社,2002 年版。

(韩)金富轼:《三国史记》。

(韩)郑麟趾等:《高丽史》,《四库全书存目丛书》史部第 159 册,济南:齐鲁书
　　社,1996 年版。

(韩)崔溥:《漂海录》。

(韩)洪凤汉等编:《增补文献备考》,首尔:明文堂,1981 年版。

(日)藤原时平等:《三代实录》。

(日)三善为康:《朝野群载》。

(日)皇圆:《扶桑略记》。

（日）《类聚三代格》。

（日）藤原实资：《小右记》。

（日）真人元开：《唐大和尚东征传》。

（日）圆仁：《入唐求法巡礼行记》。

（日）圆珍：《行历抄》。

（日）《入唐五家传》。

（日）成寻：《参天台五台山记》。

（日）戒觉：《渡宋记》（九条家旧藏本）。

（日）荣西：《兴禅护国论》。

（日）铁牛圆心：《圣一国师年谱》。

（日）虎关师炼：《元享释书》。

（日）策彦周良著，牧田諦亮校订：《策彦和尚初渡集》，见牧田諦亮编：《策彦
入明記の研究》（上），京都：法藏馆，1955 年版。

（日）瑞溪周凤：《善邻国宝记》。

二、论文类（按发表时间排序）

涓洵：《关区指南：浙海关区镇海分卡小志》，《关声》1933 年第 2 期。

林家劲：《两宋时期中国与东南亚的贸易》，《中山大学学报·哲学社会科学
版》1964 年第 4 期。

叶文程：《宋元时期泉州港与阿拉伯的友好交往——从"香料之路"上新发现
的海船谈起》，《厦门大学学报·哲学社会科学版》1978 年第 1 期。

傅筑夫：《人口因素对中国社会经济结构的形成和发展所产生的重大影响》，
《中国社会经济史研究》1982 年第 3 期。

林士民：《宁波考古新发现》，《宁波文史资料》1984 年第 2 期。

洪用斌：《元代的棉花生产和棉纺业》，《中国社会经济史研究》1984 年第
3 期。

卢苇：《宋代海外贸易和东南亚各国关系》，《海交史研究》1985 年第 1 期。

周中夏：《宁波港历史上的衰落》，《海交史研究》1985 年第 1 期。

顾文璧、林士民：《宁波现存日本国太宰府博多津华侨刻石之研究》，《文物》
1985 年第 7 期。

（日）三上次男：《斯里兰卡发现中国瓷器和伊斯兰国家陶瓷——斯里兰卡出
土的中国瓷器调查纪实》，《南方文物》1986 年第 1 期。

陈尚胜：《明代浙江市舶司兴废问题考辨》，《浙江学刊》1987 年第 2 期。

（韩）崔光南：《东方最大的古代贸易船舶的发掘——新安海底沉船》，郑仁甲
　　等译，《海交史研究》1989 年第 1 期。

（韩）尹武炳：《新安打捞文物的特征及历史意义》，张仲淳译，《海交史研究》
　　1989 年第 1 期。

（日）田中克子、横田贤次郎：《太宰府・鸿胪馆出土の初期贸易陶磁の検
　　讨》，《贸易陶瓷研究》1994 年第 14 号。

林士民：《宁波考古概略》，《浙东文化》1994 年第 1、2 期合刊。

樊文礼：《登州与唐代的海上交通》，《海交史研究》1994 年第 2 期。

王仲殊：《论日本出土的青龙三年铭方格规矩四神镜——兼论三角缘神兽镜
　　为中国吴的工匠在日本所作》，《考古》1994 年第 8 期。

（日）田岛公：《大宰府鸿胪の终焉——八世纪—十一世纪の对外交易システ
　　ムの解明》，《日本史研究》1995 年第 389 号。

陈高华：《元代的航海世家澉浦杨氏——兼说元代其他航海家族》，《海交史
　　研究》1995 年第 1 期。

竺菊英：《开埠前宁波对外贸易历史地位探析》，《中国社会经济史研究》1995
　　年第 1 期。

李玉昆：《〈宣和奉使高丽图经〉与宋代的海外交通》，《中国航海》1997 年第
　　1 期。

李玉昆：《宋元时期泉州的香料贸易》，《海交史研究》1998 年第 1 期。

文彬：《"是邦控岛夷，专集聚商舸"——元代的庆元港》，《宁波经济》1998 年
　　第 5 期。

（日）大庭康时：《集散地遗迹としての博多》，《日本史研究》1999 年第
　　448 号。

王慕民：《十六、十七世纪葡萄牙与宁波之关系》，《澳门研究》1999 年第
　　10 期。

樊树志：《"倭寇"新论——以"嘉靖大倭寇"为中心》，《复旦学报・社会科学
　　版》2000 年第 1 期。

张伟：《略论明州在宋丽官方贸易中的地位》，《宁波大学学报・人文科学版》
　　2000 年第 4 期。

（日）榎本涉：《明州市舶司と东アジア海交易圈》，《历史学研究》2001 年第
　　756 号。

（日）榎本涉：《宋代の「日本商人」の再检讨》，《史学杂志》2001 年第 110 编第

2 号。

（日）山内晋次：《平安期日本の対外交流と中国海商人》，《日本史研究》2001
　　年第 464 号。

陈国灿：《论宋代两浙路的城镇发展形态及其等级体系》，《浙江学刊》2001 年
　　第 1 期。

陈国灿：《宋代两浙路的市镇与农村市场》，《浙江师大学报·哲学社会科学
　　版》2001 年第 2 期。

陈国灿：《略论南宋时期江南市镇的社会形态》，《学术月刊》2001 年第 2 期。

陈国灿：《宋代两浙路的市镇与农村市场》，《浙江师大学报·哲学社会科学
　　版》2001 年第 2 期。

陈国灿：《宋代太湖流域农村城市化现象探析》，《史学月刊》2001 年第 3 期。

（韩）全海宗：《论丽宋交流》，《浙东文化》2002 年第 1 期。

黎海波、熊燕军：《宋代东南沿海地区丝织业发展状况》，《华南农业大学学
　　报·哲学社会科学版》2004 年第 3 期。

王冬青：《明朝海禁政策与近代西方国家的第一次对华军事冲突》，《军事历
　　史研究》2004 年第 2 期。

樊文礼：《唐代"登州海行入高丽道"的变迁与赤山法华院的形成》，《中国历
　　史地理论丛》2005 年第 2 辑。

何锋：《12 世纪南宋沿海地区舰船数量考察》，《中国社会经济史研究》2005
　　年第 3 期。

齐吉祥：《中国古代船舶的两项重大发明——舵和水密隔舱》，《历史教学》
　　2005 年第 4 期。

（韩）赵胤宰：《略论韩国百济故地出土的中国陶瓷》，《故宫博物院院刊》2006
　　年第 2 期。

程妮娜：《元代朝鲜半岛征东行省研究》，《社会科学战线》2006 年第 6 期。

丁建军、华仙：《一个面向市场的新型种植行业：宋代的花卉种植业》，《中国
　　经济史研究》2006 年第 1 期。

魏华仙：《宋代花卉的商品性消费》，《农业考古》2006 年第 1 期。

陆敏珍：《宋代明州的人口规模及其影响》，《浙江社会科学》2006 年第 2 期。

何锋：《中国的海洋——明朝海上力量建设考察》，厦门大学博士学位论文，
　　2007 年。

龚缨晏、陈雪军：《康熙"1692 年宽容敕令"与浙江》，《浙江社会科学》2007 年
　　第 2 期。

王列辉:《近代宁波港腹地的变迁》,《中国经济史研究》2008 年第 1 期。

熊燕军:《宋代东南沿海地区丝织品的生产与外销》,《农业考古》2008 年第 1 期。

白斌、王慕民:《明代浙江市舶司废止考》,《海交史研究》2008 年第 1 期。

葛金芳、常征江:《宋代"钱荒"成因再探》,《湖北大学学报·哲学社会科学版》2008 年第 2 期。

郭艳茹:《明代海外贸易管制中的寻租、暴力冲突与国家权力流失:一个产权经济学的视角》,《世界经济》2008 年第 2 期。

杨妮、王丁国:《元代浙江之海外贸易》,《浙江纺织服装职业技术学院学报》2008 年第 3 期。

(日)久保智康:《新安沉船装载的金属工艺品——其特点以及新安沉船返航的性质》,彭涛译,《南方文物》2008 年第 4 期。

刘恒武:《五代时期吴越国与日本之间的"信函外交"》,《社会科学战线》2009 年第 1 期。

孟繁清:《元代海运与河运研究综述》,《中国史研究动态》2009 年第 9 期。

刘恒武、杨心珉:《从浙东海交活动看两宋政权对高丽政策的转变与得失》,《江苏社会科学》2010 年第 2 期。

刘恒武:《越窑青瓷的海外输出与浙东海上交通的变迁》,《西北大学学报·哲学社会科学版》2010 年第 4 期。

林国聪、孟原召、王光远:《浙江宁波渔山小白礁一号沉船遗址调查与试掘》,《中国国家博物馆馆刊》2011 年第 11 期。

刘丽、张剑光:《唐代后期江南户数新论》,《上海师范大学学报·哲学社会科学版》2011 年第 2 期。

陈伟庆:《宋代日本物品输入考》,《西安电子科技大学学报·社会科学版》2012 年第 6 期。

李庆新:《南宋海外贸易中的外销瓷、钱币、金属制品及其他问题——基于"南海Ⅰ号"沉船出水遗物的初步考察》,《学术月刊》2012 年第 9 期。

王结华、许超、张华琴:《句章故城考古的主要收获与初步认识》,《南方文物》2012 年第 3 期。

张剑光:《关于唐代水利建设重心的一些思考——以浙东、浙西和河南、河东四道为核心》,《山西大学学报》2012 年第 4 期。

赵莹波:《宋日贸易研究——以在日宋商为中心》,南京大学博士学位论文,2012 年。

高美京：《新安船出水陶瓷器研究述论》，《故宫博物院院刊》2013年第5期。

王结华、许超、张华琴：《句章故城若干问题之探讨》，《东南文化》2013年第2期。

花兴、魏崇武《宋与高丽的典籍交流考论》，《国家图书馆学刊》2013年第2期。

王结华：《"句章故城考古调查与勘探成果论证会"会议纪要》，《东南文化》2013年第2期。

王子今：《汉武帝时代的海洋探索与海洋开发》，《中国高校社会科学》2013年第7期。

王子今：《秦汉时期的海洋开发与早期海洋学》，《社会科学战线》2013年第7期。

杨志娟：《回回海商集团与元代海洋政策》，《烟台大学学报·哲学社会科学版》2013年第3期。

丁雨：《晚唐至宋初明州城市的发展与对外陶瓷贸易刍议》，《故宫博物院院刊》2014年第6期。

张如安：《贾舶交至气象新——唐代明州港的崛起》，《中国港口》2014年第9期。

李鑫：《唐宋时期明州港对外陶瓷贸易发展及贸易模式新观察——爪哇海域沉船资料的新启示》，《故宫博物院院刊》2014年第2期。

刘恒武：《宁波——港通天下》，《华夏地理》2014年第5期。

刘恒武：《旅日宋人的活跃与浙东石刻艺术的东渐》，《南开日本研究》2014年第1期。

白云翔：《从韩国上林里铜剑和日本平原村铜镜论中国古代青铜工匠的两次东渡》，《文物》2015年第8期。

黄纯艳：《宋代海船人员构成及航海方式》，《海交史研究》2015年第2期。

包春磊：《南海"华光礁Ⅰ号"沉船水下考古试析》，《南海学刊》2015年第3期。

魏志江、魏楚雄：《论十至十四世纪中韩海上丝绸之路与东亚海域交涉网络的形成》，《江海学刊》2015年第3期。

刘恒武、陈竞翘：《萨摩塔与宋日海上丝绸之路》，《日语学习与研究》2015年第5期。

刘凤鸣：《唐中后期东方海上丝绸之路繁荣原因探析》，《中国高校社会科学》2015年第6期。

刘丽:《唐代苏州农业发展原因述略》,《中国经济史研究》2015 年第 6 期。

林国聪、金涛、王光远:《浙江象山县"小白礁 I 号"清代沉船 2012 年发掘简报》,《考古》2015 年第 6 期。

蒲三霞:《宋代花卉交易盛行原因》,《西昌学院学报·社会科学版》2016 年第 1 期。

王荣华、俞旭辉:《竞争中求生存——以宁波港口贸易(1875—1896)为中心的考察》,《宁波大学学报·人文科学版》2016 年第 2 期。

许超、张华琴、王结华:《唐代明州初治地望考辨》,《东南文化》2016 年第 1 期。

黄纯艳:《宋代船舶与南方民众的日常生计》,《中国社会经济史研究》2016 年第 2 期。

滕宇鹏、刘恒武:《明代日本、朝鲜的中国认知——以策彦周良、崔溥为中心的考察》,《当代韩国》2016 年第 3 期。

(日)森达也:《宋元外销瓷的窑口与输出港口》,《考古与文物》2016 年第 6 期。

刘未:《中国东南沿海及东南亚地区沉船所见宋元贸易陶瓷》,《考古与文物》2016 年第 6 期。

严小青:《冲突与调适:16—19 世纪广州口岸的中外香料贸易》,《广东社会科学》2016 年第 6 期。

袁泉、秦大树:《新安沉船出水花瓶考》,《考古与文物》2016 年第 6 期。

黄纯艳:《宋代船舶的数量与价格》,《云南社会科学》2017 年第 1 期。

刘祥学、林枚:《明代宫廷香料来源与消费述论》,《故宫博物院院刊》2017 年第 6 期。

张亚光、毕悦:《元代陆上丝路贸易的制度构建》,《北京大学学报·哲学社会科学版》2017 年第 6 期。

吴晶晶:《元代市舶司制度研究》,内蒙古民族大学硕士学位论文,2017 年。

王结华:《从句章到明州——宁波早期港城发展的考古学观察》,《中国港口》2017 年第 S1 期。

秦大树、任林梅:《早期海上贸易中的越窑青瓷及相关问题讨论》,《遗产与保护研究》2018 年第 3 期。

梅依洁:《浙东地区出土吴晋时期魂瓶上的胡人形象及其相关问题》,《中国港口》2018 年第 S1 期。

项坤鹏:《管窥 9—10 世纪我国陶瓷贸易的域外中转港现象——以东南亚地

区为焦点》,《东南文化》2018 年第 6 期。

林国聪、金涛、王光远:《浙江象山县"小白礁 I 号"清代沉船 2014 年发掘简报》,《考古》2018 年第 11 期。

丁涛:《北宋东南钱荒缘由考辨》,《中华文化论坛》2018 年第 12 期。

孟原召:《40 年来中国古外销陶瓷的发现与研究综述》,《海交史研究》2019 年第 4 期。

苏金花:《唐宋明州制瓷业发展述论——以考古资料为主的考察》,《中国经济史研究》2019 年第 5 期。

范佳楠:《新安沉船与 14 世纪的中日海上贸易》,《自然与文化遗产研究》2019 年第 10 期。

辛光灿:《9—10 世纪东南亚海洋贸易沉船研究——以"黑石号"沉船和"井里汶"沉船为例》,《遗产与保护研究》2019 年第 10 期。

余军:《宋代"海上陶瓷之路"探研》,《宋史研究论丛》2020 年第 1 期。

刘恒武:《跨越海洋的输日佛教石刻研究》,《中国社会科学报》2020 年 12 月 22 日第 8 版。

修晓波:《元代丝绸之路对民族融合的影响》,《浙江社会科学》2020 年第 10 期。

三、今人著作(按出版时间排序)

(英)(海关副税务司)班思德(T. Roger Banister):《中国沿海灯塔志》,(海关署副税务司)李廷元译,上海:海关总税务司公署统计科,1933 年。

(日)木宫泰彦:《日华文化交流史》,东京:富山房,1955 年版。

彭泽益编:《中国近代手工业史资料(1840—1949)》(第一卷),北京:生活·读书·新知三联书店,1957 年版。

陈训正、马瀛等:《定海县志》,台北:成文出版社,1970 年版。

(日)大庭修编:《唐船进港回棹录·岛原本唐人风说书·割符留帐》,大阪:关西大学东西学术研究所,1974 年。

张传保、汪焕章:《鄞县通志》,1935 年铅印本,《中国方志丛书·华中地方》(第 216 号),台北:成文出版社,1974 年版。

(日)木宫泰彦:《日中文化交流史》,胡锡年译,北京:商务印书馆,1980 年版。

陈高华、吴泰:《宋元时期的海外贸易》,天津:天津人民出版社,1981 年版。

王文楚:《两宋和高丽海上航路初探》,《文史》第 12 辑,北京:中华书局,1981

年版。

佚名：《嘉靖东南平倭通录》，见中国历史研究社编：《倭变事略》，上海：上海书店，1982 年版。

（日）奈良国立博物馆：《正仓院展》（系列图录），奈良：奈良国立博物馆，1982—1995 年。

（日）三上次男：《陶瓷之路》，李锡经、高喜美译，北京：文物出版社，1984 年版。

张彬村：《十六世纪舟山群岛的走私贸易》，见《中国海洋发展史论文集》（第一辑），台北："中研院"三民主义研究所，1984 年。

（摩洛哥）伊本·白图泰：《伊本·白图泰游记》，马金鹏译，银川：宁夏人民出版社，1985 年版。

陈佳荣：《古代南海地名汇释》，北京：中华书局，1986 年版。

漆侠：《宋代经济史》，上海：上海人民出版社，1988 年版。

郑绍昌：《宁波港史》，北京：人民交通出版社，1989 年版。

（英）C. R. 博克舍：《十六世纪中国南部行记》，何高济译，北京：中华书局，1990 年版。

郭正忠：《宋代盐业经济史》，北京：人民出版社，1990 年版。

中国书店编辑：《元典章》，北京：中国书店出版社，1990 年版。

陈尚胜：《明代海防与海外贸易》，《中外关系史论丛》第 3 辑，北京：世界知识出版社，1991 年版。

葛剑雄：《中国人口发展史》，福州：福建人民出版社，1991 年版。

三门县志编纂委员会编：《三门县志》，杭州：浙江人民出版社，1992 年版。

（美）牟复利、（英）崔瑞德：《剑桥中国明代史》，思炜等译，北京：中国社会科学出版社，1992 年版。

龙登高：《宋代东南市场研究》，昆明：云南大学出版社，1994 年版。

喻常森：《元代海外贸易》，西安：西北大学出版社，1994 年版。

李华瑞：《宋代酒的生产和征榷》，保定：河北大学出版社，1995 年版。

李金明、廖大珂：《中国古代海外易史》，南宁：广西人民出版社，1995 年版。

万明：《从明中叶华南地区看郑和下西洋的社会效果》，《中外关系史论丛》（第 5 辑），北京：书目文献出版社，1995 年版。

俞福海主编：《宁波市志》，北京：中华书局，1995 年版。

王勇、大庭修：《中日文化史交流大系》（典籍卷），杭州：浙江人民出版社，1996 年版。

浙江省政协文史资料委员会编:《浙江文史集粹》(经济卷上),杭州:浙江人民出版社,1996 年版。

渭生:《宋丽关系史研究》,杭州:杭州大学出版社,1997 年版。

吴宏岐:《元代农业地理》,西安:西安地图出版社,1997 年版。

王辑五:《中国日本交通史》,北京:商务印书馆,1998 年版。

陈诗启:《中国近代海关史》(民国部分),北京:人民出版社,1999 年版。

乐承耀:《宁波近代史纲》,宁波:宁波出版社,1999 年版。

《宁波海关志》编纂委员会编:《宁波海关志》,杭州:浙江科学技术出版社,2000 年版。

万明:《中国融入世界的步履——明与清前期海外政策比较研究》,北京:社会科学文献出版社,2000 年版。

《上海港志》编纂委员会编:《上海港志》,上海:上海社会科学院出版社,2001 年版。

茋岚:《7—14 世纪中日文化交流的考古学研究》,北京:中国社会科学出版社,2001 年版。

宁波气象志编纂委员会编:《宁波气象志》,北京:气象出版社,2001 年版。

夏秀瑞、孙玉琴主编:《中国对外贸易史》,北京:对外贸易经济大学出版社,2001 年版。

陈国灿:《宋代江南城市研究》,北京:中华书局,2002 年版。

林士民、沈建国:《万里丝路——宁波与海上丝绸之路》,宁波:宁波出版社,2002 年版。

(日)山内晋次:《日宋貿易の展開》,见加藤友康:《摂関政治と王朝文化》(日本の時代史 6),东京:吉川弘文馆,2002 年版。

中华人民共和国杭州海关译编:《近代浙江通商口岸经济社会变迁:浙海关、瓯海关、杭州关贸易报告集成》,杭州:浙江人民出版社,2002 年版。

陈梅龙、景消波译编:《近代浙江对外贸易及社会变迁》,宁波:宁波出版社,2003 年版。

海关总署《旧中国海关总税务司署通令选编》编译委员会编:《旧中国海关总税务司署通令选编(第一卷)》(1861—1910 年),北京:中国海关出版社,2003 年版。

海关总署《旧中国海关总税务司署通令选编》编译委员会编:《旧中国海关总税务司署通令选编(第二卷)》(1911—1930 年),北京:中国海关出版社,2003 年版。

海关总署《旧中国海关总税务司署通令选编》编译委员会编:《旧中国海关总税务司署通令选编(第三卷)》(1931—1942 年),北京:中国海关出版社,2003 年版。

海关总署《旧中国海关总税务司署通令选编》编译委员会编:《旧中国海关总税务司署通令选编(第五卷)》(1942—1949 年),北京:中国海关出版社,2003 年版。

黄纯艳:《宋代海外贸易》,北京:社会科学文献出版社,2003 年版。

龙登高:《江南市场史十一至十九世纪的变迁》,北京:清华大学出版社,2003 年版。

张剑光:《唐五代江南工业布局研究》,南京:江苏古籍出版社,2003 年版。

郑学檬:《中国古代经济重心南移和唐宋江南经济研究》,长沙:岳麓书院,2003 年版。

(日)山内晋次:《奈良平安期の日本と東アジア》,东京:吉川弘文馆,2003 年版。

(日)保立道久:《黄金国家》,东京:青木书店,2004 年版。

范中义、全晰纲:《明代倭寇史略》,北京:中华书局,2004 年版。

陈剩勇:《浙江通史·明代卷》,杭州:浙江人民出版社,2005 年版。

(日)村井章介:《寺社造营料唐船を見直す——貿易·文化交流·沈船》,《港町と海域世界》,东京:青木书店,2005 年版。

冻国栋:《中国人口史》(第二卷),上海:复旦大学出版社,2005 年版。

桂栖鹏等:《浙江通史·元代卷》,杭州:浙江人民出版社,2005 年版。

(日)国立历史民俗博物馆:《東アジア中世海道——海商·港·沈没船》,东京:每日新闻社,2005 年版。

林士民:《再现昔日的文明——东方大港宁波考古研究》,上海:上海三联书店,2005 年版。

王菱菱:《宋代矿冶业研究》,保定:河北大学出版社,2005 年版。

吴建华:《明清江南人口社会史研究》,北京:群言出版社,2005 年版。

江静:《元日贸易特征论——以庆元港为考察对象》,《宁波与海上丝绸之路》,北京:科学出版社,2006 年版。

(美)马士:《中华帝国对外关系史》(第一卷),张汇文等译,上海:上海书店出版社,2006 年版。

(日)门田诚一:《古代東アジア地域相の考古学的研究》,东京:学生社,2006 年版。

王慕民、张伟、何灿浩:《宁波与日本经济文化交流史》,北京:海洋出版社,
　　2006 年版。

(日)榎本涉:《東アジア海域と日中交流——九—十四世紀》,东京:吉川弘
　　文館,2007 年版。

(日)榎本涉:《元朝の倭船対策と日元貿易》,《東アジア海域と日中交流》,
　　东京:吉川弘文館,2007 年版。

刘恒武、王力军:《试论宁波港城的形成与浙东对外海上航路的开辟》,见宁
　　波"海上丝绸之路"申报世界文化遗产办公室等:《宁波与"海上丝绸之
　　路"国际学术研讨会论文集》,北京:科学出版社,2007 年版。

(意)马可波罗:《马可波罗行纪》,冯承钧译,北京:东方出版社,2007 年版。

吴春明:《环中国海沉船:古代帆船、船技与船货》,南昌:江西高校出版社,
　　2007 年版。

葛金芳:《南宋手工业史》,上海:上海古籍出版社,2008 年版。

建设委员会调查浙江经济所统计科编:《浙江经济调查》(第六册),见民国浙
　　江史研究中心、杭州师范大学选编:《民国浙江史料辑刊(第一辑)》(第
　　一册),北京:国家图书馆出版社,2008 年版。

王结华:《宁波文物考古研究文集》,北京:科学出版社,2008 年版。

王玉茹主编:《中国经济史》,北京:高等教育出版社,2008 年版。

张锦鹏:《南宋交通史》,上海:上海古籍出版社,2008 年版。

(日)山内晋次:《日宋貿易と「硫黄の道」》,东京:山川出版社,2009 年。

傅璇琮主编:《宁波通史·民国卷》,宁波:宁波出版社,2009 年版。

李伯重:《唐代江南农业的发展》,北京:北京大学出版社,2009 年版。

刘恒武:《杭州湾北岸与舟山之间海上交通变迁考略》,见郭万平、张捷主编:
　　《舟山普陀与东亚海域文化交流》,杭州:浙江大学出版社,2009 年版。

刘恒武:《宁波古代对外文化交流——以历史文化遗存为中心》,北京:海洋
　　出版社,2009 年版。

方健:《南宋农业史》,北京:人民出版社,2010 年版。

乐承耀:《宁波经济史》,宁波:宁波出版社,2010 年版。

《宁波历代文选》编委会编:《宁波历代文选·散文卷》,宁波:宁波出版社,
　　2010 年版。

(日)佐伯弘次:《博多と寧波》,见(日)荒野泰典等编:《通交·通商圏の拡
　　大》,东京:吉川弘文館,2010 年版。

王力军:《宋代明州与高丽》,北京:科学出版社,2011 年版。

黄文杰:《悦·读宁波》,宁波:宁波出版社,2011年版。

马丁:《民国时期浙江对外贸易研究(1911—1936)》,北京:中国社会科学出版社,2012年版。

(英)Mikael S."Adolphson:The coin Conundrum in Twelfth Century Japan",见林立群编:《跨越海洋:"海上丝绸之路与世界文明进程"国际学术论坛文选》,杭州:浙江大学出版社,2012年版。

林立群编:《跨越海洋:"海上丝绸之路与世界文明进程"国际学术论坛文选》,杭州:浙江大学出版社,2012年版。

林士民:《宁波造船史》,杭州:浙江大学出版社,2012年版。

马丁:《民国时期浙江对外贸易研究(1911—1936)》,北京:中国社会科学出版社,2012年版。

刘丽:《7—10世纪苏州发展研究》,北京:中国社会科学出版社,2013年版。

(日)伊藤幸司:《入明記からみた東アジアの海域交流——航路、航海技術、航海神信仰、船旅と死について》,东京:汲古书院,2013年版。

胡舒扬:《宋代中国与东南亚的陶瓷贸易——以鳄鱼岛沉船(Pulau Buaya wreck)资料为中心》,见上海中国航海博物馆、中国博物馆协会航海博物馆专业委员会编:《人海相依:中国人的海洋世界》,上海:上海古籍出版社,2014年版。

宁波市文物考古研究所:《句章故城:考古调查与勘探报告》,北京:科学出版社,2014年版。

姚贤镐编:《中国近代对外贸易史资料(1840—1895)》(第一册),见严中平主编:《中国近代经济史参考资料丛刊(第五种)》,北京:科学出版社,2016年版。

黄文杰:《文·化宁波:宁波文化的空间变迁与历史表征》,杭州:浙江大学出版社,2015年版。

刘恒武:《唐宋明州港区变迁的考察》,见包伟民主编:《中国城市史研究论文集》,杭州:杭州出版社,2016年版。

黄纯艳:《造船业视域下的宋代社会》,上海:上海人民出版社,2017年版。

刘恒武、马敏:《元代浙江港口与海上丝绸之路》,见陈国灿、于逢春主编:《环东海文明互动与东亚区域格局研究》,北京:中国商务出版社,2018年版。

中共中央马克思恩格斯列宁斯大林著作编译局编译:《马克思恩格斯论中国》,北京:人民出版社,2018年版。

白斌、刘玉婷、刘颖男:《宁波海洋经济史》,杭州:浙江大学出版社,2018
  年版。

姜莉:《花卉与宋代社会生活》,成都:四川大学出版社,2018 年版。

王霞:《宋朝与高丽往来人员研究》,北京:中国社会科学出版社,2018 年版。

张伟、刘恒武:《宁波区域文化资源概览》(宁波事卷),杭州:浙江大学出版
  社,2019 年版。

王力军主编:《中国海上丝绸之路研究年鉴 2017》,杭州:浙江大学出版社,
  2019 年版。

王结华、罗鹏:《青瓷千年映钱湖》,宁波:宁波出版社,2020 年版。

四、新闻·档案·网站资料

《添建灯塔》,《申报》1884 年 3 月 2 日,第 1 张第 2 版。

"Pay list. 212th/September Quarter, 1913",浙江省档案馆藏,档案号:L058-
  001-0280。

"Ningbo Customs: Report on collection and remittance for the month of
  January 1925",浙江省档案馆藏,档案号:L058-001-0187。

《函请收归甬江白水权》,《时事公报》1927 年 7 月 29 日。

《调查:浙海关述略》,《关声》1928 年第 6 期。

《浙海关外班华员现任职务分配表》,《关声》1933 年第 5 期。

《沪浙交通情况》,《新闻报》1938 年 3 月 23 日,第 3 张第 9 版。

《我军事当局规定行驶舟山新办法》,《新闻报》1938 年 5 月 22 日,第 3 张第
  10 版。

《舟山恢复外轮搭客,温州限制货物进出》,《新闻报》1938 年 6 月 6 日,第 3
  张第 11 版。

《浙东防守司令规定货轮行使办法》,《新闻报》1938 年 7 月 8 日,第 4 张第 13
  版。

《沪甬直航轮只载客装货仍受限制》,《新闻报》1939 年 1 月 31 日,第 4 张第
  15 版。

《浙海关在余姚县设庵东分卡》,《浙光》1940 年第 7 卷第 9 期。

《浙海关一九四六年十一月份实发国营事业待遇项下员工生活补助费及各
  项津贴月报表》,浙江省档案馆藏档案,档案号:L058-001-0220。

《与各关来往半官性函》,浙江省档案馆藏,档案号:L058-001-0023。

宁波文化遗产保护网：http://www.nbwb.net/pd_kg/info.aspx? Id＝
　　24661&type＝2。

浙江省文物考古研究所等：《浙江余姚井头山发现史前贝丘遗址》，《中国文
　　物报》2020 年 6 月 19 日第 1 版。

附　录　二十五史宁波对外贸易相关史料汇编

《后汉书》卷八五《东夷列传》

建武中元二年,倭奴国奉贡朝贺,使人自称大夫,倭国之极南界也。光武赐以印绶。安帝永初元年,倭国王帅升等献生口百六十人,愿请见。

会稽海外有东鳀人,分为二十余国。又有夷洲及澶洲。传言秦始皇遣方士徐福将童男女数千人入海,求蓬莱神仙不得,徐福畏诛不敢还,遂止此洲,世世相承,有数万家。人民时至会稽市。会稽东冶县人有入海行遭风,流移至澶洲者。所在绝远,不可往来。

《晋书》卷三《帝纪第三》

泰始二年,十一月己卯,倭人来献方物。

《宋书》卷五《本纪第五》

(元嘉)七年春正月……倭国王遣使献方物。

(元嘉)十五年……武都王、河南国、高丽国、倭国、扶南国、林邑国并遣使献方物。

(元嘉)二十年……河西国、高丽国、百济国、倭国并遣使献方物。

《宋书》卷九七《夷蛮列传》

义熙十二年,以百济王余映为使持节、都督百济诸军事、镇东将军、百济王。高祖践阼,进号镇东大将军。少帝景平二年,映遣长史张威诣阙贡献。元嘉二年,太祖诏之曰:"皇帝问使持节、都督百济诸军事、镇东大将军、百济王。累叶忠顺,越海效诚,远王纂戎,聿修先业,慕义既彰,厥怀赤款,浮桴骊水,献琛执贽,故嗣位方任,以藩东服,勉勖所莅,无坠前踪。今遣兼谒者闾丘恩子、兼副谒者丁敬子等宣旨慰劳称朕意。"其后每岁遣使奉表,献方物。……世祖大明元年,遣使求除授,诏许。二年,庆遣使上表曰:"臣国累叶,偏受殊恩,文武良辅,世蒙朝爵。行冠军将军右贤王余纪等十一人,忠勤宜在显进,伏愿垂愍,并听赐除。"仍以行冠军将军右贤王余纪为冠军将军。以行征虏将军左贤王余昆、行征虏将军余晕并为征虏将军。以行辅国将军余都、余义并为辅国将军。以行龙骧将军沐衿、余爵并为龙骧将军。以行宁朔将军余流、麋贵并为宁朔将军。以行建武将军于西、余娄并为建武将军。太宗泰始七年,又遣使贡献。

《梁书》卷五四《诸夷列传》

普通二年,王余隆始复遣使奉表,称"累破句骊,今始与通好",而百济更为强国。其年,高祖诏曰:"行都督百济诸军事、镇东大将军、百济王余隆,守藩海外,远修贡职,乃诚款到,朕有嘉焉。宜率旧章,授兹荣命。可使持节、都督百济诸军事、宁东大将军、百济王。"五年,隆死,诏复以其子明为持节、督百济诸军事、绥东将军、百济王。……中大通六年、大同七年,累遣使献方物;并请《涅盘》等经义、《毛诗》博士,并工匠、画师等,敕并给之。太清三年,不知京师寇贼,犹遣使贡献;既至,见城阙荒毁,并号恸涕泣。侯景怒,囚执之,及景平,方得还国。

《旧唐书》卷一九九《东夷》

百济国,本亦扶余之别种……武德四年,其王扶余璋遣使来献果下马。七年,又遣大臣奉表朝贡。高祖嘉其诚款,遣使就册为带方郡王、百济王。自是岁遣朝贡,高祖抚劳甚厚。

日本国者,倭国之别种也。……长安三年,其大臣朝臣真人来贡方物。

……开元初,又遣使来朝,因请儒士授经。诏四门助教赵玄默就鸿胪寺教之,乃遗玄默阔幅布以为束修之礼,题云"白龟元年调布"。人亦疑其伪。所得锡赉,尽市文籍,泛海而还。其偏使朝臣仲满,慕中国之风,因留不去,改姓名为朝衡,仕历左补阙、仪王友。衡留京师五十年,好书籍,放归乡,逗留不去。天宝十二年,又遣使贡。上元中,擢衡为左散骑常侍、镇南都护。贞元二十年,遣使来朝,留学生橘免势、学问僧空海。元和元年,日本国使判官高阶真人上言:"前件学生,艺业稍成,愿归本国,便请与臣同归。"从之。开成四年,又遣使朝贡。

《宋史》卷三七《宁宗一》

庆元五年,秋七月甲寅,禁高丽、日本商人博易铜钱。

《宋史》卷四八七《外国三》

(熙宁)七年,遣其臣金良鉴来言,欲远契丹,乞改途由明州诣阙,从之。郡县供顿无旧准,颇扰民,诏立式颁下,费悉官给。又以其不迳华言,恐规利者私与交关,令所至禁止。徽问遗二府甚厚,诏以付市易务售缣帛答之。又表求医药、画塑之工以教国人,诏罗拯募愿行者。

元丰元年,始遣安焘假左谏议大夫、陈睦假起居舍人往聘。造两舰于明州,一曰凌虚致远安济,次曰灵飞顺济,皆名为神舟。自定海绝洋而东,既至,国人欢呼出迎。徽具袍笏玉带拜受诏,与焘、睦尤礼,馆之别宫,标曰顺天馆,言尊顺中国如天云。徽已病,仅能拜命,且乞医药。二年,遣王舜封挟医往诊治。徽又使柳洪来谢,海中遇风,失所贡物。洪上章自劾,敕书安慰。寻献日本所造车,曰:"诸侯不贡车服,故不敢与土贡同。"前此贡物至,辄下有司估直,赏以万缣,至是命勿复估,以万缣为定数。……八年,遣其弟僧统来朝,求问佛法并献经像。

哲宗立,遣使金上琦奉慰,林暨致贺,请市刑法之书、《太平御览》、《开宝通礼》、《文苑英华》。诏惟赐《文苑英华》一书,以名马、锦绮、金帛报其礼。……五年,复通使,赐银器五千两。七年,遣黄宗悫来献《黄帝针经》,请市书甚众。礼部尚书苏轼言:"高丽入贡,无丝发利而有五害,今请诸书与收买金箔,皆宜勿许。"诏许买金箔,然卒市《册府元龟》以归。元符中,遣士宾贡。

徽宗立,遣任懿、王嘏来吊贺。崇宁二年,诏户部侍郎刘逵、给事中吴栻往使。颙卒，子俣嗣。贡使接踵，且令士子金端等五人入太学，朝廷为置博士。政和中，升其使为国信，礼在夏国上，与辽人皆隶枢密院；改引伴、押伴官为接送馆伴。赐以《大晟燕乐》、笾豆、簠簋、尊罍等器，至宴使者于睿谟殿中。宣和四年，俣卒。初，高丽俗兄终弟及，至是诸弟争立，其相李资深立俣子楷。来告哀，诏给事中路允迪、中书舍人傅墨卿奠慰。俣之在位也，求医于朝，诏使二医往，留二年而归，楷语之曰："闻朝廷将用兵伐辽。辽兄弟之国，存之足为边捍。女真狼虎耳，不可交也。业已然，愿二医归报天子，宜早为备。"归奏其言，已无及矣。

　　钦宗立，贺使至明州，御史胡舜陟言："高丽靡敝国家五十年，政和以来，人使岁至，淮、浙之间苦之。彼昔臣事契丹，今必事金国，安知不窥我虚实以报，宜止勿使来。"乃诏留馆于明而纳其贽币。明年始归国。

　　绍兴元年十月，高丽将入贡，礼部侍郎柳约言："四明残破之余，荒芜单弱，恐起戎心，宜屯重兵以俟其至。"十一月，诏柳约奉使高丽，不果行。二年闰四月，楷遣其礼部员外郎崔惟清、阁门祗候沈起入贡金百两、银千两、绫罗二百匹、人参五百斤，惟清所献亦三之一。上御后殿引见，赐惟清、起金带二，答以温诏遣还。是月，定海县言，民亡入高丽者约八十人，愿奉表还国。诏候到日，高丽纲首卓荣等量与推恩。十二月，闻高丽遣知枢密院事洪彝叙等六十五人来贡，议以临安府学馆其使。言者谓虽在兵间，不可无学，恐为所窥。诏以法惠寺为同文馆以待之。既而卒不至。六年，高丽持牒官金稚圭至明州，赐银帛遣之，惧其为金间也。三十二年三月，高丽纲首徐德荣诣明州言，本国欲遣贺使。守臣韩仲通以闻，殿中侍御史吴芾奏曰："高丽与金人接壤，昔稚圭之来，朝廷惧其为间，亟遣还。今两国交兵，德荣之请，得无可疑？使其果来，犹恐不测，万一不至，贻笑远方。"诏止之。

　　隆兴二年四月，明州言高丽入贡。……庆元间，诏禁商人持铜钱入高丽，盖绝之也。

《宋史》卷四八九《外国五》

　　阇婆国在南海中。……先是，宋元嘉十二年，遣使朝贡，后绝。淳化三年十二月，其王穆罗茶遣使陀湛、副使蒲亚里、判官李陀那假澄等来朝贡。陀湛云中国有真主，本国乃修朝贡之礼。国王贡象牙、真珠、绣花销金及绣丝绞、杂色丝绞、吉贝织杂色绞布、檀香、玳瑁、槟榔盘、犀装剑、金银装剑、藤织花簟、白鹦鹉、七宝饰檀香亭子。其使别贡玳瑁、龙脑、丁香、藤织花簟。先是,朝贡使泛舶船六十日至明州定海县,掌市舶,监察御史张肃先驿奏其使饰服之状与尝来入贡波斯相类。译者言云:今主舶大商毛旭者,建溪人,数往来本国,因假其乡导来朝贡。又言其国王一号曰夏至马啰夜,王妃曰落肩娑婆利,本国亦署置僚属。又其方言目舶主为"莿荷",主妻曰"莿荷比尼赎"。其船中妇人名眉珠,椎髻,无首饰,以蛮布缠身,颜色青黑,言语不能晓,拜亦如男子膜拜;一子,项戴金连锁子,手有金钩,以帛带紫之,名阿噜。其国与三佛齐有仇怨,互相攻占。本国山多猴,不畏人,呼以霄霄之声即出。或投以果实,则其大猴二先至,土人谓之猴王、猴夫人,食毕,群猴食其余。使既至,上令有司优待;久之使还,赐金币甚厚,仍赐良马戎具,以从其请。其使云:邻国名婆罗门,有善法察人情,人欲相危害者皆先知之。大观三年六月,遣使入贡,诏礼之如交阯。

《宋史》卷四九一《外国七》

雍熙元年,日本国僧奝然与其徒五六人浮海而至,献铜器十余事,并本国《职员今》《王年代纪》各一卷。奝然衣绿,自云姓藤原氏,父为真连;真连,其国五品品官也。奝然善隶书,而不通华言,问其风土,但书以对云:"国中有《五经》书及佛经、《白居易集》七十卷,并得自中国。土宜五谷而少麦。交易用铜钱,文曰'乾文大宝'。畜有水牛、驴、羊,多犀、象。产丝蚕,多织绢,薄致可爱。乐有中国、高丽二部。四时寒暑,大类中国。国之东境接海岛,夷人所居,身面皆有毛。东奥州产黄金,西别岛出白银,以为贡赋。国王以王为姓,传袭至今王六十四世,文武僚吏皆世官。"

后数年,仁德还,奝然遣其弟子喜因奉表来谢曰:"日本国东大寺大朝法济大师、赐紫、沙门奝然启:伤鳞入梦,不忘汉主之恩;枯骨合欢,犹亢魏氏之敌。虽云羊僧之拙,谁忍鸿儒之诚。奝然诚惶诚恐,顿首顿首,死罪。奝然附商船之离岸,期魏阙于生涯,望落日而西行,十万里之波涛难尽,顾信风而东别,数千里之山岳易过。妄以下根之卑,适诣中华之盛。于是,宣旨频降,恣许荒外之跋涉;宿心克协,粗观宇内之瑰奇。况乎金阙晓后,望尧云于九禁之中,岩扃晴前,拜圣灯于五台之上。就三藏而禀学,巡数寺而优游。遂使莲华回文,神笔出于北阙之北,贝叶印字,佛诏传于东海之东。重蒙宣恩,忽趁来迹。……又别启,贡佛经,纳青木函;琥珀、青红白水晶、红黑木槵子念珠各一连,并纳螺细花形平函;毛笼一,纳螺钿二口;葛笼一,纳法螺二口,染皮二十枚;金银莳绘筥一合,纳发鬘二头,又一合,纳参议正四位上藤佐理手书二卷,及进奉物数一卷、表状一卷;又金银莳绘砚一筥一合,纳金砚一、鹿毛笔、松烟墨、金铜水瓶、铁刀;又金银莳绘扇筥一合,纳桧扇二十枚、蝙蝠扇二枚;螺钿梳函一对,其一纳赤木梳二百七十,其一纳龙骨十橛;螺钿书案一、螺钿书几一;金银莳绘平筥一合,纳白细布五匹;鹿皮笼一,纳貂裘一领;螺钿鞍辔一副,铜铁镫、红丝鞦、泥障;倭画屏风一双;石流黄七百斤。

　　咸平五年,建州海贾周世昌遭风飘至日本,凡七年得还,与其国人滕木吉至,上皆召见之。世昌以其国人唱和诗来上,词甚雕刻肤浅无所取。询其风俗,云妇人皆被发,一衣用二三缣。又陈所记州名年号。上令滕木吉以所持木弓挽射,矢不能远,诘其故,国中不习战斗。赐木吉时装钱遣还。景德元年,其国僧寂照等八人来朝,寂照不晓华言,而识文字,缮写甚妙,凡问答并以笔札。诏号圆通大师,赐紫方袍。天圣四年十二月,明州言日本国太宰府遣人贡方物,而不持本国表,诏却之。其后亦未通朝贡,南贾时有传其物货至中国者。

　　熙宁五年,有僧诚寻至台州,止天台国清寺,愿留。州以闻,诏使赴阙。诚寻献银香炉,木槵子、白琉璃、五香、水精、紫檀、琥珀所饰念珠,及青色织物绫。神宗以其远人而有戒业,处之开宝寺,尽赐同来僧紫方袍。是后连贡方物,而来者皆僧也。元丰元年,使通事僧仲回来,赐号慕化怀德大师。明州又言得其国太宰府牒,因使人孙忠还,遣仲回等贡绢二百匹、水银五千两,以孙忠乃海商,而贡礼与诸国异,请自移牒报,而答其物直,付仲回东归,从之。

　　乾道九年,始附明州纲首以方物入贡。淳熙二年,倭船火儿滕太明殴郑作死,诏械太明付其纲首归,治以其国之法。三年,风泊日本舟至明州,众皆不得食,行乞至临安府者复百余人。诏人日给钱五十文、米二升,俟其国舟至日遣归。十年,日本七十三人复飘至秀州华亭县,给常平义仓钱米以振之。绍熙四年,泰州及秀州华亭县复有倭人为风所泊而至者,诏勿取其货,出常平米振给而遣之。庆元六年至平江府,嘉泰二年至定海县,诏并给钱米遣归国。

《宋史》卷十九《徽宗一》

(崇宁元年)秋七月,诏杭州、明州置市舶司。

《宋史》卷二三《钦宗》

（靖康元年）冬十月丁巳，高丽入贡，令明州递表以进，遣其使还。

《宋史》卷八八《地理四》

两浙路，盖禹贡扬州之域，当南斗、须女之分。东南际海，西控震泽，北又滨于海。有鱼盐、布帛、粳稻之产。人性柔慧，尚浮屠之教。俗奢靡而无积聚，厚于滋味。善进取，急图利，而奇技之巧出焉。余杭、四明，通蕃互市，珠贝外国之物，颇充于中藏云。

《宋史》卷一六七《职官七》

提举市舶司。掌蕃货海舶征榷贸易之事，以来远人，通远物。元祐初，诏福建路于泉州置司。大观元年，复置浙、广、福建三路市舶提举官。明年，御史中丞石公弼请以诸路提举市舶归之转运司，不报。建炎初，罢闽、浙市舶司归转运司，未几复置。绍兴二十九年，臣僚言："福建、广南各置务于一州，两浙市舶乃分建于五所。"乾道初，臣僚又言两浙提举市舶一司抽解骚扰之币，且言福建、广南皆有市舶，物货浩瀚，置官提举实宜，惟两浙冗蠹可罢。从之。仍委逐处知州、通判、知县、监官同检视，而转运司总之。

《宋史》卷一八六《食货下八》

开宝三年，徙建安榷署于扬州。江南平，榷署虽存，止掌茶货。四年，置市舶司于广州，后又于杭、明州置司。凡大食、古逻、阇婆、占城、勃泥、麻逸、三佛齐诸蕃并通货易，以金银、缗钱、铅锡、杂色帛、瓷器，市香药、犀象、珊瑚、琥珀、珠琲、镔铁、鼊皮、玳瑁、玛瑙、车渠、水精、蕃布、乌樠、苏术等物。……雍熙中，遣内侍八人赍敕书金帛，分四路招致海南诸蕃。商人出海外蕃国贩易者，令并诣两浙市舶司请给官券，违者没入其宝货。淳化二年，诏广州市舶，除榷货外，他货之良者止市其半。大抵海舶至，十先征其一，价直酌蕃货轻重而差给之，岁约获五十余万斤、条、株、颗。太平兴国初，私与蕃国人贸易者，计直满百钱以上论罪，十五贯以上黥面流海岛，过此送阙下。淳化五年申其禁，至四贯以上徒一年，稍加至二十贯以上，黥面配本州为役兵。

熙宁五年,诏发运使薛向曰:"东南之利,舶商居其一。此言者请置司泉州,其创法讲求之。"七年,令舶船遇风至诸州界,亟报所隶,送近地舶司榷赋分买;泉、福濒海舟船未经赋买者,仍赴司勘验。时广州市舶亏岁课二十万缗,或以为市易司扰之,故海商不至,令提举司究诘以闻。既而市易务吕邈入舶司闹取蕃商物,诏提举司劾之。九年,集贤殿修撰程师孟请罢杭、明州市舶,诸舶皆隶广州一司。令师孟与三司详议之。是年,杭、明、广三司市舶,收钱、粮、银、香、药等五十四万一百七十三缗、匹、斤、两、段、条、个、颗、脐、只、粒,支二十三万八千五十六缗、匹、斤、两、段、条、个、颗、脐、只、粒。元丰二年,贾人入高丽,资及五千缗者,明州籍其名,岁责保给引发船,无引者如盗贩法。先是,禁入私贩,然不能绝;至是,复通中国,故明立是法。三年,中书言,广州市舶已修定条约,宜选官推行。诏广东以转运使孙迥,广西以陈倩,两浙以副使周直孺,福建以判官王子京,罢广东帅臣兼领。

元祐三年,锷等复言:"广南、福建、淮、浙贾人,航海贩物至京东、河北、河东等路,运载钱帛丝绵贸易,而象犀、乳香珍异之物,虽尝禁榷,未免欺隐。若板桥市舶法行,则海外诸物积于府库者,必倍于杭、明二州。使商舶通行,无冒禁罹刑之患,而上供之物,免道路风水之虞。"

崇宁元年,复置杭、明市舶司,官吏如旧额。三年,令蕃商欲往他郡者,从舶司给券,毋杂禁物、奸人。初,广南舶司言,海外蕃商至广州贸易,听其往还居止,而大食诸国商亦丐通入他州及京东贩易,故有是诏。凡海舶欲至福建、两浙贩易者,广南舶司给妨船兵仗,如诣诸国法。广南舶司鬻所市物货,取息毋过二分。政和三年,诏如至道之法,凡知州、通判、官吏并舶司、使臣等,毋得市蕃商香药、禁物。

隆兴二年,臣僚言:"熙宁初,立市舶以通物货。旧法抽解有定数,而取之不苛,输税宽其期,而使之待价,怀远之意实寓焉。迩来抽解既多,又迫使之输,致货滞而价减。择其良者,如犀角、象齿十分抽二,又博买四分;珠十分抽一,又博买六分。舶户惧抽买数多,止贩粗色杂货。若象齿、珠犀比他货至重,乞十分抽一,更不博买。"乾道二年,罢两浙路提举,以守倅及知县、监官共事,转运司提督之。三年,诏广南、两浙市舶司所发舟还,因风水不便、船存樯坏者,即不得抽解。七年,诏见任官以钱附纲首商旅过蕃买物者有罚,舶至除抽解和买,违法抑买者,许蕃商越诉,计赃罪之。

《宋史》卷三二一《丰稷传》

丰稷,字相之,明州鄞人。登第,为谷城令,以廉明称。从安焘使高丽,海中大风,樯折,舟几覆,众惶扰莫知所为,稷独神色自若。焘叹曰:"丰君未易量也。"知封丘县,神宗召对,问:"卿昔在海中遭风波,何以不畏?"对曰:"巨浸连天,风涛固其常耳,凭仗威灵,尚何畏!"

《宋史》卷三五四《楼异传》

楼异,字试可,明州奉化人。……政和末,知随州,入辞,请于明州置高丽一司,创百舟,应使者之须,以遵元丰旧制。

《元史》卷十七《世祖十四》

(至元二十九年)六月甲子,平江、湖州,常州、镇江、嘉兴、松江、绍兴等路水,免至元二十八年田租十八万四千九百二十八石。戊辰,诏听僧食盐不输课。己巳,日本来互市,风坏三舟,惟一舟达庆元路。……癸未,以征爪哇,暂禁两浙、广东、福建商贾航海者,俟舟师已发后,从其便。

(至正二十九年)冬十月戊子朔,诏福建廉访司知事张师道赴阙,师道至,乞汰内外官府之冗滥者。诏麦术丁、何荣祖、马纪、燕公楠等与师道同区别之。数月,授师道翰林直学士。日本舟至四明,求互市,舟中甲仗皆具,恐有异图,诏立都元帅府,令哈剌带将之,以防海道。

(至正三十年)夏四月己亥,行大司农燕公楠、翰林学士承旨留梦炎言:"杭州、上海、橄浦、温州、庆元、广东、泉州置市舶司凡七所,唯泉州物货三十取一,余皆十五抽一,乞以泉州为定制。"从之。仍并温州舶司入庆元,杭州舶司入税务。

《元史》卷九一《百官七》

市舶提举司。至元二十三年,立盐课市舶提举司,隶广东宣慰司。三十年,立海南博易提举司。至大四年罢之,禁下番船只。延祐元年,弛其禁,改立泉州、广东、庆元三市舶提举司。每司提举二员,从五品;同提举二员,从六品;副提举二员,从七品;知事一员。

《元史》卷九四《食货二》

元自世祖定江南，凡邻海诸郡与蕃国往还互易舶货者，其货以十分取一，粗者十五分取一，以市舶官主之。其发舶回帆，必着其所至之地，验其所易之物，给以公文，为之期日，大抵皆因宋旧制而为之法焉。于是至元十四年，立市舶司一于泉州，令忙古䚟领之。立市舶司三于庆元、上海、澉浦，令福建安抚使杨发督之。每岁招集舶商，于蕃邦博易珠翠香货等物。及次年回帆，依例抽解，然后听其货卖。……十九年，又用耿左丞言，以钞易铜钱，令市舶司以钱易海外金珠货物，仍听舶户通贩抽分。二十年，遂定抽分之法。是年十月，忙古䚟言，舶商皆以金银易香木，于是下令禁之，唯铁不禁。二十一年，设市舶都转运司于杭、泉二州，官自具船、给本，选人入蕃，贸易诸货。其所获之息，以十分为率，官取其七，所易人得其三。凡权势之家，皆不得用己钱入蕃为贾，犯者罪之，仍籍其家产之半。其诸蕃客旅就官船卖买者，依例抽之。二十二年，并福建市舶司入盐运司，改曰都转运司，领福建漳、泉盐货市舶。二十三年，禁海外博易者，毋用铜钱。二十五年，又禁广州官民，毋得运米至占城诸蕃出籴。二十九年，命市舶验货抽分。是年十一月，中书省定抽分之数及漏税之法。凡商旅贩泉、福等处已抽之物，于本省有市舶司之地卖者，细色于二十五分之中取一，粗色于三十分之中取一，免其输税。其就市舶司买者，止于卖处收税，而不再抽。漏舶物货，依例断没。三十年，又定市舶抽分杂禁，凡二十一条，条多不能尽载，择其要者录焉。泉州、上海、澉浦、温州、广东、杭州、庆元市舶司凡七所，独泉州于抽分之外，又取三十分之一以为税。自今诸处，悉依泉州例取之，仍以温州市舶司并入庆元，杭州市舶司并入税务。凡金银铜铁男女，并不许私贩入蕃。行省行泉府司、市舶司官，每年于回帆之时，皆前期至抽解之所，以待舶船之至，先封其堵，以次抽分，违期及作弊者罪之。三十一年，成宗诏有司勿拘海舶，听其自便。元贞元年，以舶船至岸，隐漏物货者多，命就海中逆而阅之。二年，禁海商以细货于马八儿、呗喃、梵答剌亦纳三蕃国交易，别出钞五万锭，令沙不丁等议规运之法。大德元年，罢行泉府司。二年，并澉浦、上海入庆元市舶提举司，直隶中书省。是年，又置制用院。七年，以禁商下海罢之。至大元年，复立泉府院，整治市舶司事。二年，罢行泉府院，以市舶提举司隶行省。四年，又罢之。延祐元年，复立市舶提举司，仍禁人下蕃，官自发船贸易，回帆之日，细物十分抽二，粗物十五分抽二。七年，以下蕃之人将丝银细物易于外国,又并提举司罢之。至治二年,复立泉州、庆元、广东三处提举司,申严市舶之禁。三年,听海商贸易,归征其税。泰定元年,诸海舶至者,止令行省抽分。其大略如此。

《元史》卷九七《食货五》

(至正)十九年,朝廷遣兵部尚书伯颜帖术儿、户部尚书齐履亨征海运于江浙,由海道至庆元,抵杭州。

《元史》卷九九《兵二》

(至元十八年)十一月,诏以征东留后军,分镇庆元、上海、澉浦三处上船海口。

至大二年七月,枢密院臣言:"去年日本商船焚掠庆元,官军不能敌。江浙省言,请以庆元、台州沿海万户府新附军往陆路镇守,以蕲县、宿州两万户府陆路汉军移就沿海屯镇。"……四年十月,以江浙省尝言:"两浙沿海濒江隘口,地接诸蕃,海寇出没,兼收附江南之后,三十余年,承平日久,将骄卒惰,帅领不得其人,军马安置不当,乞斟酌冲要去处,迁调镇遏。"枢密院官议:"庆元与日本相接,且为倭商焚毁,宜如所请,其余迁调军马,事关机务,别议行之。"

《元史》卷一〇四《刑法三》

诸市舶金银铜钱铁货、男女人口、丝绵段匹、销金绞罗、米粮军器等,不得私贩下海,违者舶商、船主、纲首、事头、火长各杖一百七,船物没官,有首告者,以没官物内一半充赏,廉访司常加纠察。诸市舶司于回帆物内,三十分抽税一分,辄以非理受财者,计赃,以枉法论。诸舶商、大船给公验,小船给公凭,每大船一,带柴水船、八橹船各一,验凭随船而行。或有验无凭,及数外夹带,即同私贩,犯人杖一百七,船物并没官,内一半付告人充赏。公验内批写物货不实,及转变渗泄作弊,同漏舶法,杖一百七,财物没官;舶司官吏容隐,断罪不叙。诸番国遣使奉贡,仍具贡物,报市舶司称验,若有夹带,不与抽分者,以漏舶论。诸海门镇守军官,辄与番邦回舶头目等人,通情渗泄舶货者,杖一百七,除名不叙。诸中卖宝货,诸中卖宝货,耗蠹国财者,禁之。

《元史》卷一五四《俊奇传》

（至元）十八年，与右丞欣都将舟师四万，由高丽金州合浦以进，时右丞范文虎等将兵十万，由庆元、定海等处渡海，期至日本一岐、平户等岛合兵登岸。

《元史》卷一八四《王克敬传》

王克敬字叔能，大宁人。……调奉议大夫、知顺州，以内外艰不上。除江浙行省左右司都事。延祐四年，往四明监倭人互市。先是，往监者惧外夷情叵测，必严兵自卫，如待大敌。克敬至，悉去之，抚以恩意，皆帖然无敢哗。有吴人从军征日本陷于倭者，至是从至中国，诉于克敬，愿还本乡。或恐为祸阶，克敬曰："岂有军士怀恩德来归而不之纳邪！脱有衅，吾当坐。"事闻，朝廷嘉之。

《明史》卷六《成祖二》

（永乐三年）是年，苏门答剌、满剌加、古里、浡泥来贡，封其长为王。日本贡马，并俘获倭寇为边患者。爪哇东、西，占城，碟里，日罗夏治，合猫里，火州回回入贡。暹罗，琉球山南、山北入贡者再，琉球中山入贡者三。

《明史》卷八一《食货五》

明初，东有马市，西有茶市，皆以驭边省戍守费。海外诸国入贡，许附载方物与中国贸易。因设市舶司，置提举官以领之，所以通夷情，抑奸商，俾法禁有所施，因以消其衅隙也。洪武初，设于太仓黄渡，寻罢。复设于宁波、泉州、广州。宁波通日本，泉州通琉球，广州通占城、暹罗、西洋诸国。琉球、占城诸国皆恭顺，任其时至入贡。惟日本叛服不常，故独限其期为十年，人数为二百，舟为二艘，以金叶勘合表文为验，以防诈伪侵轶。后市舶司暂罢，辄复严禁濒海居民及守备将卒私通海外诸国。

永乐初，西洋剌泥国回回哈只马哈没奇等来朝，附载胡椒与民互市。有司请征其税。帝曰："商税者，国家抑逐末之民，岂以为利。今夷人慕义远来，乃侵其利，所得几何，而亏辱大体多矣。"不听。三年，以诸番贡使益多，乃置释于福建、浙江、广东三市舶司以馆之。福建曰来远，浙江曰安远，广东曰怀远。寻设交址云屯市舶提举司,接西南诸国朝贡者。初,入贡海舟至,有司封识,俟奏报,然后起运。宣宗命至即驰奏,不待报随送至京。

武宗时,提举市舶太监毕真言:"旧制,泛海诸船,皆市舶司专理,近领于镇巡及三司官,乞如旧便。"礼部议:"市舶职司进贡方物,其泛海客商及风泊番船,非敕旨所载,例不当预。"中旨令如熊宣旧例行。宣先任市舶太监也,尝以不预满剌加诸国番舶抽分,奏请兼理,为礼部所劾而罢。刘瑾私真,谬以为例云。

嘉靖二年,日本使宗设、宋素卿分道入贡,互争真伪。市舶中官赖恩纳素卿贿,右素卿,宗设遂大掠宁波。给事中夏言言倭患起于市舶。遂罢之。市舶既罢,日本海贾往来自如,海上奸豪与之交通,法禁无所施,转为寇贼。二十六年,倭寇百艘久泊宁、台,数千人登岸焚劫。浙江巡抚朱纨访知舶主皆贵官大姓,市番货皆以虚直,转鬻牟利,而直不时给,以是构乱。乃严海禁,毁余皇,奏请镌谕戒大姓,不报。二十八年,纨又言:"长澳诸大侠林恭等勾引夷舟作乱,而巨奸关通射利,因为向导,躏我海滨,宜正典刑。"部复不允。而通番大猾,纨辄以便宜诛之。御史陈九德劾纨置乖方,专杀启衅。帝逮纨听勘。纨既黜,奸徒益无所惮,外交内讧,酿成祸患。汪直、徐海、陈东、麻叶等起,而海上无宁日矣。三十五年,倭寇大掠福建、浙、直,都御史胡宗宪遣其客蒋洲、陈可愿使倭宣谕。还报,倭志欲通贡市。兵部议不可,乃止。

《明史》卷二〇五《朱纨传》

初,明祖定制,片板不许入海。承平久,奸民阑出入,勾倭人及佛郎机诸国入互市。闽人李光头、歙人许栋踞宁波之双屿为之主,司其质契。势家护持之,漳、泉为多,或与通婚姻。假济渡为名,造双桅大船,运载违禁物,将吏不敢诘也。或负其直,栋等即诱之攻剽。负直者胁将吏捕逐之,泄师期令去,期他日偿。他日至,负如初。倭大怨恨,益与栋等合。而浙、闽海防久隳,战船、哨船十存一二,漳、泉巡检司弓兵旧额二千五百余,仅存千人。倭剽掠辄得志,益无所忌,来者接踵。

纨巡海道,采金事项高及士民言,谓不革渡船则海道不可清,不严保甲则海防不可复,上疏具列其状。于是革渡船,严保甲,搜捕奸民。闽人资衣食于海,骤失重利,虽士大夫家亦不便也,欲沮坏之。纨讨平覆鼎山贼。明年将进攻双屿,使副使柯乔、都指挥黎秀分驻漳、泉、福、宁,遏贼奔逸,使都司卢镗将福清兵由海门进。而日本贡使周良违旧约,以六百人先期至。纨奉诏便宜处分。度不可却,乃要良自请,后不为例。录其船,延良入宁波宾馆。奸民投书激变,纵防范密,计不得行。夏四月,镗遇贼于九山洋,俘日本国人稽天,许栋亦就擒。栋党汪直等收余众遁,镗筑塞双屿而还。番舶后至者不得入,分泊南麂、礁门、青山、下八诸岛。

《明史》卷三二二《外国三》

(洪武三年)时良怀年少,有持明者,与之争立,国内乱。是年七月,其大臣遣僧宣闻溪等赍书上中书省,贡马及方物,而无表。帝命却之,仍赐其使者遣还。未几,其别岛守臣氏久遣僧奉表来贡。帝以无国王之命,且不奉正朔,亦却之,而赐其使者,命礼臣移牒,责以越分私贡之非。又以频入寇掠,命中书移牒责之。乃以九年四月,遣僧圭廷用等来贡,且谢罪。帝恶其表词不诚,降诏戒谕,宴赍使者如制。十二年来贡。十三年复贡,无表,但持其征夷将军源义满奉丞相书,书辞又倨。乃却其贡,遣使资诏谯让。十四年复来贡,帝再却之,命礼官移书责其王,并责其征夷将军,示以欲征之意。

成祖即位,遣使以登极诏谕其国。永乐元年又遣左通政赵居任、行人张洪偕僧道成往。将行,而其贡使已达宁波。礼官李至刚奏:"故事,番使入中国,不得私携兵器鬻民。宜敕所司核其舶,诸犯禁者悉籍送京师。"帝曰:"外夷修贡,履险蹈危,来远,所费实多。有所赍以助资斧,亦人情,岂可概拘以禁令。至其兵器,亦准时直市之,毋阻向化。"十月,使者至,上王源道义表及贡物。帝厚礼之,遣官偕其使还,赍道义冠服、龟钮金章及锦绮、纱罗。

明年十一月来贺册立皇太子。时对马、台岐诸岛贼掠滨海居民,因谕其王捕之。王发兵尽歼其众,挚其魁二十人,以三年十一月献于朝,且修贡。帝益嘉之,遣鸿胪寺少卿潘赐偕中官王进赐其王九章冕服及钱钞、锦绮加等,而还其所献之人,令其国自治之。使者至宁波,尽置其人于甑,烝杀之。明年正月又遣侍郎俞士吉赍玺书褒嘉,赐赍优握。封其国之山为寿安镇国之山,御制碑文,立其上。六月,使来谢,赐冕服。五年、六年频入贡,且献所获海寇。使还,请赐仁孝皇后所制《劝善》《内训》二书,即命各给百本。十一月再贡。十二月,其国世子源义持遣使来告父丧,命中官周全往祭,赐谥恭献,且致赙。又遣官赍敕,封义持为日本国王。时海上复以倭警告,再遣官谕义持剿捕。

宣德七年正月，帝念四方蕃国皆来朝，独日本久不贡，命中官柴山往琉球，令其王转谕日本，赐之敕。明年夏，王源义教遣使来。帝报之，赍白金、彩币。秋复至。十年十月，以英宗嗣位，遣使来贡。

天顺初，其王源义政以前使臣获罪天朝，蒙恩宥，欲遣使谢罪而不敢自达，移书朝鲜王令转请，朝鲜以闻。廷议敕朝鲜核实，令择老成识大体者充使，不得仍前肆扰，既而贡使亦不至。

成化四年夏，乃遣使贡马谢恩，礼之如制。其通事三人，自言本宁波村民，幼为贼掠，市与日本，今请便道省祭，许之。戒其勿同使臣至家，引中国人下海。十一月，使臣清启复来贡，伤人于市。有司请治其罪，诏付清启，奏言犯法者当用本国之刑，容还国如法论治。且自服不能铃束之罪，帝俱赦之。自是，使者益无忌。十三年九月来贡，求《佛祖统纪》诸书，诏以《法苑珠林》赐之。使者述其王意，请于常例外增赐，命赐钱五万贯。二十年十一月复贡。弘治九年三月，王源义高遣使来，还至济宁，其下复持刀杀人。所司请罪之，诏自今止许五十人入都，余留舟次，严防禁焉。十八年冬来贡，时武宗已即位，命如故事，铸金牌勘合给之。

正德四年冬来贡。礼官言："明年正月，大祀庆成宴。朝鲜陪臣在殿东第七班，日本向无例，请殿西第七班。"从之。礼官又言："日本贡物向用舟三，今止一，所赐银币，宜如其舟之数。且无表文，赐敕与否，请上裁。"命所司移文答之。五年春，其王源义澄遣使臣宋素卿来贡，时刘瑾窃柄，纳其黄金千两，赐飞鱼服，前所未有也。素卿，鄞县朱氏子，名缟，幼习歌唱。倭使见，悦之，而缟叔澄负其直，因以缟偿。至是，充正使，至苏州，澄与相见。后事觉，法当死，刘瑾庇之，谓澄已自首，并获免。七年，义澄使复来贡，浙江守臣言："今畿辅、山东盗充斥，恐使臣遇之为所掠，请以贡物贮浙江官库，收其表文送京师。"礼官会兵部议，请令南京守备官即所在宴赍，遣归，附进方物，皆予全直，毋阻远人向化心。从之。

嘉靖二年五月，其贡使宗设抵宁波。未几，素卿偕瑞佐复至，互争真伪。素卿贿市舶太监赖恩，宴时坐素卿于宗设上，船后至又先为验发。宗设怒，与之斗，杀瑞佐，焚其舟，追素卿至绍兴城下，素卿窜匿他所免。凶党还宁波，所过焚掠，执指挥袁琎，夺船出海。都指挥刘锦追至海上，战没。巡按御史欧珠以闻，且言："据素卿状，西海路多罗氏义兴者，向属日本统辖，无入贡例。因贡道必经西海，正德朝勘合为所夺。我不得已，以弘治朝勘合，由南海路起程，比至宁波，因洁其伪，致启衅。"章下礼部，部议："素卿言未可信，不宜听入朝。但衅起宗设,素卿之党被杀者多,其前虽有投番罪,已经先朝宥赦,毋容问。惟宣谕素卿还国,移咨其王,令察勘合有无,行究治。"帝已报可,御史熊兰、给事张翀交章言:"素卿罪重不可贷,请并治赖恩及海道副使张芹、分守参政朱鸣阳、分巡副使许完、都指挥张浩。闭关绝贡,振中国之威,寝狡寇之计。"事方议行,会宗设党中林、望古多罗逸出之舟,为暴风飘至朝鲜。朝鲜人击斩三十级,生擒二贼以献。给事中夏言因请逮赴浙江,会所司与素卿杂治,因遣给事中刘穆、御史王道往。至四年,狱成,素卿及中林、望古多罗并论死,系狱。久之,皆瘐死。时有琉球使臣郑绳归国,命传谕日本以擒献宗设,还袁琎及海滨被掠之人,否则闭关绝贡,徐议征讨。

九年,琉球使臣蔡瀚者,道经日本,其王源义晴附表言:"向因本国多事,干戈梗道。正德勘合不达东都,以故素卿捧弘治勘合行,乞贷遣。望并赐新勘合、金印,修贡如常。"礼官验其文,无印篆,言:"倭谲诈难信,宜敕琉球王传谕,仍遵前命。"十八年七月,义晴贡使至宁波,守臣以闻。时不通贡者已十七年,敕巡按御史督同三司官核,果诚心效顺,如制遣送,否则却回,且严居民交通之禁。明年二月,贡使硕鼎等至京申前请,乞赐嘉靖新勘合,还素卿及原留贡物。部议:"勘合不可遽给,务缴旧易新。贡期限十年,人不过百,舟不过三,余不可许。"诏如议。二十三年七月,复来贡,未及期,且无表文。部臣谓不当纳,却之。其人利互市,留海滨不去。巡按御史高节请治沿海文武将吏罪,严禁奸豪交通,得旨允行。而内地诸奸利其交易,多为之囊橐,终不能尽绝。

日本故有孝、武两朝勘合几二百道,使臣前此入贡请易新者,而令缴其旧。至是良持弘治勘合十五道,言其余为素卿子所窃,捕之不获。正德勘合留十五道为信,而以四十道来还。部议令异时悉缴旧,乃许易新,亦报可。

祖制,浙江设市舶提举司,以中官主之,驻宁波。海舶至则平其直,制驭之权在上。及世宗,尽撤天下镇守中官,并撤市舶,而滨海奸人遂操其利。初市犹商主之,及严通番之禁,遂移之贵官家,负其直者愈甚。……已大恨,而大奸若汪直、徐海、陈东、麻叶辈素窟其中,以内地不得逞,悉逸海岛为主谋。倭听指挥,诱之入寇。海中臣盗,遂袭倭服饰、旗号,并分艘掠内地,无不大利,故倭患日剧,于是廷议复设巡抚。三十一年七月,以金都御史王忬任之,而势已不可扑灭。

《清史稿》卷十二《高宗本纪三》

乾隆二十四年六月丙子,英吉利商船赴宁波贸易,庄有恭奏却之。谕李侍尧传集外商,示以禁约。

八月己丑,申禁英吉利商船逗留宁波。

《清史稿》卷一二四《食货五》

厥后泰西诸国通商,茶务因之一变。其市场大者有三:曰汉口,曰上海,曰福州。汉口之茶,来自湖南、江西、安徽,合本省所产,溯汉水以运于河南、陕西、青海、新疆。其输至俄罗斯者,皆砖茶也。上海之茶尤盛,自本省所产外,多有湖广、江西、安徽、浙江、福建诸茶。江西、安徽红绿茶多售于欧、美各国。浙江绍兴茶输至美利坚,宁波茶输至日本。福州红茶多输至美洲及南洋群岛。此三市场外,又有广州、天津、芝罘三所,洋商亦麕集焉。盖茶之性喜燠恶寒,喜湿恶燥,又必避慓烈之风,最适于中国。泰西商务虽盛,然非其土所宜,不能不仰给于我国,用此驲驲遍及全球矣。

《清史稿》卷一二五《食货六》

是时始开江、浙、闽、广海禁,于云山、宁波、漳州、澳门设四海关,关设监督,满、汉各一笔帖式,期年而代。定海税则例,免海口内桥津地方抽税,分设西新、龙江二关课税专官。二十四年,西新仍归户部。免外国贡船税,减洋船丈抽例十之三。二十五年,定州县海船隐匿处分。时海禁初开,沿海渔船,州县既征渔课,海关复税梁头,民甚苦之。上用福建巡抚张仲举言,定渔船五尺以上,梁头税统归地方官征收。先是康熙四年罢抽税溢额议叙例。至十四年,又定溢额多寡,分别加级升用。及是,上以苛取累商,复停止溢额议叙。二十六年,浒墅监督桑额征收溢额二万一千有奇,上以扰累闾阎,罪之。永减闽海税额六千四百两有奇。二十八年,蠲沿海鱼虾船及民间日用物糊口贸易之税,著为令。先是沙沟于二十六年归并淮关,其朦胧、轧东、岔河等处悉免稽查。至是以沙沟系朦胧、轧东总汇,不宜再增一税,将朦胧归海关,轧东归淮关,沙沟免税。复归并西新户关于龙江工关。三十三年,仍差部员督收山海关税,张家口税归宣化府兼收。三十四年,分设浙海关署于宁波、定海,令监督往来巡视。三十五年,定洋海商船往天津运米至奉天者,但收货物正税。三十六年,严关差官自京私带年满旧役谋占总科库头之禁。

三十七年,永减粤海关额税三万二百两有奇。三十八年,上恐各关差苛取瘠商,停罢额外盈余银。设河宝营,差满官督收大青山木税。四十年,裁陕西三原县商税,归潼关、龙驹寨、大庆关兼收。裁通会河分司,通州木厂归通永道管理。四十一年,大青木税归并杀虎口兼辖。四十六年,以金州、牛庄交山海关监督巡察越关漏税。设渝关于重庆,归川东道征收木税。四十七年,仍差工部司员督收荆关税。五十三年,以临清关税缺额,改归巡抚监收。未几,凤阳、天津、杭州、荆州、江海、浙海、淮安、板闸及淮关,先后改交各巡抚监收。停瓜州税,裁税课大使。定台湾收泊江、浙等省商船,经过厦门就验者不重征。福建糖船至厦门者,赴关纳税,其往江浙贸易者免征。设横城税口,归山海关监督监收,增税千两,作为定额。六十一年,禁各番部落夹带硝磺军器出边,其进口税许从轻减。

(乾隆)五十七年,定粤海关到关船货,责成督抚查明,按月册咨。一年期满,与监督清册核对不符,参办。五十八年,定西洋除贡船外,别项商船不得免征。以杭州织造改归盐政,南北二新关交巡抚管理。开山西得胜口归杀虎口监督稽征。时英吉利货船求往江、浙宁波、珠山及天津、广东等处收泊交易,上不许,仍令照例于澳门互市,向粤海关纳税,并征船料。

洋关之设,自五口通商始。前此虽有洋商来粤贸易,惟遵章向常关纳税而已。道光十九年,有趸船缴烟之役。是秋各商船来粤者,皆为英兵船所阻,不得入口。粤海税课,以洋货为大宗,至是征收短绌。二十二年秋,英人要求通商口岸,允于沿海广州、福州、厦门、宁波、上海五口开埠通商。明年,定洋货税则值百征五,先于广州、上海开市。洋货进口,按则输纳。后由华商运入内地,所过税关,只照估价若干,每两加税不过某分。二十四年,定《法商条约》:一,允法人赴五口通商船只,不得进别口及沿海岸私行交易,违者货没官;一,法商出入五口,照则输货税船钞外,不再收别项规费;一,商船进口,二日不缴船牌货单,由领事照会海关者,每逾一日罚洋五十元,但不得过二百元,倘未领海关牌照,擅自开舱卸货,罚银五百元,货并没官;一,船进口未卸货,在二日内可往别口,即在彼口纳税;一,船进口二日外全完船钞,百五十吨以上吨纳银五钱,以下吨纳一钱;一,估价之货有损坏者,得核减税银;一,船进口按卸货之多寡输纳,余货如带往别口卸卖,即在彼口输税。二十五年,定比利时商约,照章纳税输钞。二十七年,定瑞典那威商约,税钞亦如之。

（咸丰）九年，设粤海关于广州。允俄人于上海、宁波、福州、厦门、广州、台湾、琼州七口通商，税则视各国例。定《美约》亦如之，并允于潮州、台湾两口开市，照新章完纳税钞。十年，设潮海关于汕头。允英人于汉口、九江通商。以英人李泰国为总税务司，帮司各口税务。设天津、牛庄、登州三口通商大臣。十一年，设浙海关，归宁绍台道监督，津海关归通商大臣统辖。并设闽海、镇江、九江三关。定各国洋税自上年八月始，每三月结报一次，四结奏销一次。英、美二国于九江、汉口开埠，俄亦于汉口通商，于是定长江及各口通商章程。洋货入江，于上海纳正税及子口税；土货出口，纳出口税；复进口时，完一正税，准扣二成；若完半税，不扣二成，再入内地，仍照纳税厘。又定《德商约》，其税约与英同。

《清史稿》卷一五○《交通二》

（光绪六年）十一月，学士梅启照言："招商局自归并旗昌轮船，各国轮船之利渐减，然只在香港、福州、宁波、上海、天津、牛庄、长江等处码头，不如推广，竟令其赴东西洋各国。请饬南北洋大臣，督令局员，酌派丰顺、保大等船，先赴东洋试行。行之有效，渐及于西洋，则贸迁有无之利，中外分之。"明年，祭酒王先谦亦以为言。均下所司核议。先是招商局船驶往新嘉坡、小吕宋、日本等处，不足与外轮竞利，寻即停罢。嗣遣和众船往夏威仁国之檀香山、美之旧金山两埠，华人麕集，航业颇振。

招商轮船航行各埠，悉自沪始。驶行长江者曰江轮，驶行海洋者曰海轮。停泊口岸，大小不一，惟商务殷阗之所，设货栈焉。以故上海设总栈，而苏之镇江、南京，皖之芜湖，赣之九江，鄂之汉口，浙之宁波、温州，闽之福州、汕头，粤之广州、香港，鲁之烟台，奉之营口，直之塘沽、天津，皆设行栈，而通州以漕运所关，亦设栈焉。江轮、海轮，时统名之为大轮。其与大轮并行于内江外海，或驶行大轮所不能达之处，则有小轮。光绪初，商置小轮之行驶，仅限于通商口岸。十年，明申禁令，小轮不得擅入内河。官商雇用，须江海关给照乃可。然只限于苏杭之间。其输运客货、驶入江北内河者，皆在所禁。

（光绪）三十年，商部参议王清穆言："植商业之基础，莫如内河航政一事。凡铁路之尚未通者,可借航路控接之,凡轨路所不能达者,可由航路转输之。江、鄂诸省,若汉湘,若九南,若镇扬、镇浦、苏杭、苏沪、常镇各航路,四通八达,往往为外人所经营,其公司多不过数万金,视轨路之动需千百万者,难易迥殊,华商之力尚能兴办,洵为今日切要之举。请饬各省有航路处所,于华商轮船公司亟予保护。未设者,提倡筹办。"报可。自是小轮公司**渐推渐广**,闽、粤滨海之区,轮樯如织,随处可通。直则有往来安东、天津、大连、营口、牛庄、烟台、龙口、义马岛、威海卫、海参崴之小轮,苏则有往来镇江、清江浦、通州、海门、上海、苏、杭、江宁、扬州、六合之小轮,皖则有往来芜湖、庐州、安庆、宁国、巢县之小轮,赣则有往来南昌、九江、吴城、湖口、丰城、樟树镇、吉安、饶州之小轮,湘、鄂则有往来汉口、黄州、沙市、宜昌、武昌、嘉鱼、长沙、株州、常德、咸宁、岳州、湘潭、益阳、仙桃镇、老河口之小轮,桂则有往来梧州、南宁、贵县、柳州之小轮,浙则有往来宁波、温州、穿山、定海、象山、宁海、台州、海门、沈家门、普陀山、余姚、西坞、瑞安、平望、震泽、南浔之小轮,川则有往来宜昌、重庆、嘉定、叙府之小轮,各公司盈亏不一,而航路四达,商旅便之,实与江海大轮有相辅而行之利。此外则有各省官用小轮暨专用小轮,是又于商轮之外特设者也。

《清史稿》卷一五五《邦交三》

道光二十四年,法乘广东雷州人杀其士民二人,以兵舰据广州湾,来商租借,言为停船屯煤之所,无损中国主权,而所租借跨高、雷二府之间,由海岸以入内地,所得东海、硇洲各岛,及赤坎、志满、新墟等处,均归人租借。又得吴川之半岛及通明港。是年,又以兵强占上海、宁波四明公所义地,宁人罢市,几激变。久之始定。

《清史稿》卷一五六《邦交四》

美利坚在亚美利加洲。初来华,货船常至粤东。道光二十一年,英因鸦片之役,诏停贸易,美为英人请准货船入口,不许。二十二年,与英和,许宁波互市。美商船由定海驶至宁波,请报税通商,浙抚刘韵珂以闻。朝旨以美通商向在粤东,不许。已,复请增商埠,将军伊里布以闻,许之,命与英并议税则。明年三月,美商船驶至上海求通商,拒以税则未定。既闻英《通商章程》已议定,复请援英例开市;又称进口洋参、铅斤二项税则繁重,请减轻,以百斤取五为率。江督耆英等以洋参、铅斤岁来无多,允酌改。美人福士又请入觐,不许。冬十月,福士忽称有使臣顾盛来粤,仍求觐见,并递国书,欲与中国商议定约,并称没兰的弯兵船欲赴天津。谕令折回,不省。二十四年四月,美兵船进黄浦,阻之,答以进口专为约束商民,防范海盗,无他意。又责中国款待,要求甚坚者十款。着英等屡与驳诘。于是酌定条款:如商船纳钞已毕,因货未全销,改往别口转售,免重征;又商船进口,并未开舱即欲他往,限二日出口,不征税钞;又商船进口,纳清税饷,欲将已卸之货运往别口售卖,免重纳税钞;此外又许其于贸易港口租地建礼拜堂及殡葬处所;又许延请中国士人教习方言、佐理笔墨,及采买中国各项书籍。又增入商人擅赴五口外私行交易,及走私漏税、携带鸦片及违禁货物,听中国官自行办理治罪一款。遂定议。寻进国书,着英请赐诏书褒美,许之。二十六年,谕通商、传教只许在五口,不得羁留别地。缘美人在定海传教非条约所许故也。十一月,美使义华业来粤呈递国书,初欲入觐面呈,着英等以条约折之,乃已。

《清史稿》卷一六〇《邦交八》

葡萄牙在欧罗巴极西。明正德年初至中国舟山、宁波、泉州。隆庆初,至广东香山县濠镜请隙地建屋,岁纳租银五百两,实为欧罗巴通市粤东之始。

《清史稿》卷五二八《属国三》

暹罗,在云南之南,缅甸之东,越南之西,南濒海湾。……(康熙)六十一年,部议暹罗入贡照安南国例,加赐国王缎八、纱四、罗八、织金纱罗各二;王妃缎、织金缎、纱、织金纱、罗、织金罗各二。是年,国王奏称彼国有红皮船二,前被留禁,请令广东督抚交贡使带回。帝可其请,并谕礼部曰:"暹罗米甚丰足,若运米赴福建、广东、宁波三处各十万石贸易,有裨地方,免其税。部臣与暹罗使臣议定,年运三十万石,逾额米粮与货物照例收税。"

后　记

　　本书系 2020 年度宁波市文化研究工程项目"宁波对外贸易史"（WHZMS20-3）结题成果。课题团队中，刘恒武（宁波大学人文与传媒学院教授）长期从事海丝史和宁波对外交流史研究；白斌（宁波大学人文与传媒学院讲师）一直致力于宁波海洋经济史和港史研究，亦曾参与《宁波外事志》的编撰；金城（华东师范大学历史系博士后）则主攻两浙沿海经济史，近年参编《中国海上丝绸之路研究年鉴》，熟悉宁波对外贸易史相关研究动态。三人专攻各异，研究时段上也各有偏重，但正因如此，彼此能够取长补短、互辅相成。本书从框架设定、初稿撰成，到逐章修改，再到统稿校订，各个环节均经过了课题团队的交流讨议，同时，考虑到团队成员各自不同的学术积累，各章执笔亦有分工，具体如下：

　　绪言——刘恒武；

　　第一章——刘恒武、金城；

　　第二章、第三章——金城、刘恒武；

　　第四章——白斌、刘恒武；

　　第五章、结语——白斌；

　　附录——白斌、金城；

　　各章文物、景观照片——刘恒武；

　　统稿——刘恒武。

　　本书撰写过程中得到宁波大学人文与传媒学院张伟教授、龚缨晏教授、尚永琪教授、张如安教授、唐燮军教授、童杰副院长、贾庆军副教授、马骥博士、张凯副教授等诸多同事的助力，同时，宁波市文化遗产管理研究院王结华院长与林国聪副院长、宁波博物院王力军院长、宁波中国港口博物馆冯毅馆长、保国寺博物馆徐学敏馆长、《宁波日报》理论版李磊明主编、宁波出版社袁志坚总编、宁波市文化旅游研究院黄文杰研究员、浙大宁波理工学院外语学院蔡亮副院长以及传媒与设计学院陈雪军教授等学长同仁也给予了多方支持,在此一并致以诚挚的谢意!

　　另外,衷心感谢宁波市社科规划办在本研究项目各环节上的指导,同时也感谢浙江大学出版社编辑团队为本书所做的辛勤付出。

刘恒武

2021 年 5 月于宁波大学